IMPERIO AZTECA

HISTORIA
DE UNA
IDEA

IMPERIO AZTECA
HISTORIA DE UNA IDEA

José Luis de Rojas

Para Gabriela en [illegible] [illegible] en
esta ventura [illegible]
que [illegible] [illegible]
un nuevo doctor al
[illegible]
V. [illegible] 6-6-18

[illegible]

ROSA Mª PORRÚA
EDICIONES

Diseño de portada e ilustración
Diseño de interiores
Beatriz Rubio Fernández
Primera edición
ISBN: 978-84-946031-2-9

Rosa Mª Porrúa Ediciones

beatriz@rmporrua.com
www.rmporrua.es
Impreso en España

Para Mercedes y Alonso

ÍNDICE

Introducción

El origen de este libro es un curso de Doctorado impartido en el Departamento de Historia de América II (Antropología de América) de la Universidad Complutense de Madrid. Como tal pretendía mostrar la evolución de la visión que hemos tenido del Imperio azteca, haciendo el énfasis en la manera que la idea ha ido evolucionando y en el análisis de los materiales empleados para ello. Desde ese punto de vista ha sido un curso de historiografía y de técnicas de análisis y pretendía complementar las enseñanzas impartidas en la licenciatura a través de un estudio de caso. Estaba organizado en diez sesiones de tres horas cada una, en las que se discutían algunas lecturas seleccionadas y se comentaban los trabajos pertinentes a cada sesión. La organización era temporal, comenzando por los textos más antiguos y siguiendo el orden cronológico, salvo en la presentación de los documentos más utilizados y en la inclusión de la sesión dedicada al tributo, por la vinculación que el estudio de este tema ha tenido con la valoración de los documentos y, en gran número de casos, con las visiones de la configuración del Imperio Mexica. En la conversión del curso en libro hemos llevado a su lugar los comentarios sobre las lecturas y hemos mantenido la ordenación, salvo en las sesiones ocho y nueve del curso, tituladas respectivamente *El siglo XX: los 90 "en inglés"* y *El siglo XX: los 90 "en castellano"*, que han sido refundidos en un capítulo. También las sesiones tres y cuatro, tituladas conjuntamente *Las fuentes de Barlow I y II*, pasan a ser una unidad. En cada capítulo informamos en nota de las lecturas que fueron seleccionadas para el mismo.

Hemos mantenido la misma estructura del curso en lo que se refiere a las citas, que aparece en su lengua original, seguidas de una traducción nuestra al castellano. De esta forma, servimos los intereses de los lectores que desean estudiar lo que dicen los autores en sus mismos términos, y los de aquellos que prefieren una lectura continua en una sola lengua.

El curso trata fundamentalmente del siglo XX. En el primer capítulo se exponen las ideas sobre el tema que hubo antes, a modo de introducción, y en el último, al hablar de las perspectivas, se incluyen algunos trabajos recientes, para conformar la descripción de los rumbos que creemos que debe tomar la investigación. No incluimos definiciones iniciales de los términos azteca ni imperio, pues el grueso del libro trata, precisamente, de los cambios que las mismas han tenido a lo largo de los años y la evolución de la investigación.

Queremos agradecer aquí a los alumnos que han tomado el curso su participación, pues la discusión con ellos de estos temas ha permitido ir mejorando año con año, los contenidos y la forma de explicarlos. Especialmente he de agradecer la disposición, siempre abierta a comentar todos los temas de interés común que han surgido, del Dr. Michael E. Smith, de la Arizona State University en Tempe. Él es un protagonista importante de estas páginas, y un corresponsal atento que desmiente el tópico de la incomunicación entre angloparlantes e hispanoparlantes. De manera especial quiero dedicarle la fusión de los capítulos ocho y nueve, que presagian una mayor colaboración en el futuro, asunto en el que es un abanderado y a cuya práctica nos sumamos con entusiasmo. Tengo que expresar también mi deuda con quienes trabajan en "asuntos del imperio" conmigo: Juan José Batalla, Isabel Bueno y Carlos Santamarina.

Numerosas conversaciones con ellos, a lo largo de los años, han contribuido —y espero que sigan haciéndolo— a mi mejor comprensión del Imperio Mexica y de la forma en que lo hemos evaluado.

Juan José y Carlos han colaborado también con atentas revisiones del manuscrito.

Por último, la dedicatoria va a quienes más tiempo me sufren, en los quehaceres diarios y en los "trances de escritura", Mercedes y Alonso. En ellos reside mi estímulo diario para seguir adelante.

Capítulo I
La idea del imperio aplicada a los aztecas[1]

Entre los motivos que impulsaron la realización de este trabajo está la falta de bibliografía específica sobre el asunto, la carencia de una obra de referencia que permita al estudioso, y sobre todo al que se inicia en este tema, una rápida puesta al día en el asunto. Prácticamente contamos con el artículo de Moriarty (1969) y no conocemos nada más hasta Rojas (2002) que es un derivado del trabajo que ahora presentamos, pues el libro de Keen (1984 [1971]) tiene una temática más amplia y un campo temporal distinto. Además, la publicación, en un mismo año de dos obras capitales para nuestro tema fue el impulso definitivo (Carrasco 1996 y Berdan, Blanton, Boone, Hodge, Smith y Umberger 1996).

El repaso breve a los primeros siglos responde a dos motivos. El primero es que no hay estudios del "imperio" y el segundo es que los escritos donde aparecen los aztecas son empleados como fuentes por los autores posteriores. Nos servirá el breve repaso de presentación de las obras más importantes para centrarnos el resto del libro en el uso que de ellos se ha realizado en el siglo XX. La lectura de Orozco y Berra nos permitió conocer las maneras en boga en el siglo XIX y "abrir boca" con un gran historiador -frecuentemente dado de lado hoy- que sí se preocupó del "imperio azteca".

Siglo XVI

Es necesario comenzar por la primera descripción del mundo azteca que nos ha llegado. Se trata, por supuesto, de las *Cartas de relación de la Conquista de México*, escritas por Hernán Cortés y con numerosas ediciones en varias lenguas ya en el mismo siglo XVI. En ellas aparece reiteradamente la importancia de Mocte-

1 Las lecturas seleccionadas fueron Moriarty 1969 y Orozco y Berra 1978[1880] II: 146-196.

zuma y muchas apreciaciones sobre tamaño de ejércitos y población de ciudades. La presencia de guarniciones, los espías de Motecuhzoma y sus embajadores nos proporcionan alguna información sobre lo que buscamos, pero nada sistemático.

> Hay en esta gran ciudad muchas casas muy buenas y muy grandes, y la causa de haber tantas casas principales es que todos los señores de la tierra vasallos del dicho Muteczuma tienen sus casas en la dicha ciudad y residen en ella cierto tiempo del año. (Cortés, Segunda Carta, 1979: 73)

> El señorío de tierras que este Muteczuma tenía no se ha podido alcanzar cuánto era, porque a ninguna parte, docientas leguas de un cabo y de otro de aquella su gran ciudad, enviaba sus mensajeros que no fuese cumplido su mandato, aunque había algunas provincias en medio destas tierras con quien él tenía guerra. Pero lo que se alcanzó, y yo dél pude comprehender, era su señoría casi tanto como España, porque hasta sesenta leguas desta parte de Putunchan, que es el río de Grijalba, envió mensajeros a que se diesen por vasallos de vuestra majestad los naturales de una ciudad que se llama Cumatán, que había desde la gran ciudad a ella docientas y treinta leguas; porque las ciento y cincuenta yo he fecho andar a los españoles. Todos los más de los señores destas tierras y provincias, en especial los comarcanos, residían, como ya he dicho, mucho tiempo del año en aquella gran ciudad, e todos o los más tenían sus fijos primogénitos en el servicio del dicho Muteczuma. En todos los señoríos destos señores tenía fuerzas hechas, y en ellas gente suya, y sus gobernadores y cogedores del servicio y renta que de cada provincia le daban, y había cuenta y razón de lo que cada uno era obligado a dar, porque tienen caracteres y figuras escritas en el papel que facen, por donde se entienden. (Cortés, Segunda Carta, 1979: 74-75).

En la Tercera Carta, de 15 de mayo de 1522, se encuentra mucha información sobre la actitud de los distintos señoríos sometidos a Motecuhzoma, dando unos batalla y otros aliándose con los españoles.

Bernal Díaz del Castillo escribió en el último tercio del siglo XVI su *Historia Verdadera de la Conquista de la Nueva España,* en la que resalta el papel protagonista de los capitantes junto a Cortés y ataca reiteradamente a Francisco López de Gómara, secretario de Cortés en España, que nunca había ido a la Nueva España y quien, al entender de Bernal, había deformado los hechos en la segunda parte de su *Hispania Victrix*, dedicado a la Conquista de México y publicado en 1552. Esta obra fue prontamente secuestrada y de la de Bernal hay varios manuscritos, viendo la luz por primera vez en Madrid en 1632. Lo cierto es que Bernal sigue la capitulación de Gómara casi al pie de la letra y ha sido preferido por su carácter de testigo durante mucho tiempo, aunque recientemente Michel Graulich (1996) ha expuesto serias dudas sobre la misma presencia del autor en los hechos que relata, que hemos comentado en otra parte (Rojas 2004). Al igual que con Cortés, hay que revisar la obra para encontrar alguna información, tarea que ya hicimos en nuestra contribución a la edición facsimilar del manuscrito de Guatemala, llevada a cabo por Francisco de Icaza en la coedición de editorial Porrúa, el Gobierno de Guatemala y el Gobierno del Estado de Chiapas, en 1992. En "La estructura indígena percibida por un enemigo" (pp. 267-285) señalábamos que la lectura del texto de Bernal refleja su interés marginal por la estructura del Imperio (Rojas 1992: 270). Aun así, algunas cosas aparecen:

> Acuérdome que era en aquel tiempo su mayordomo mayor un gran cacique que le pusimos por nombre Tapia, y tenía cuenta de todas las rentas que le traían al Montezuma, con sus libros hechos de su papel, que se dice amatl, y tenía destos libros una gran casa llena dellos (Díaz, Cap. XCI 1984, I: 325).

Las comunicaciones son un tema capital en un imperio, y el de Moctezuma las tenía:

> Y los indios hicieron mucho acato a Cortés a su usan-

> za, y le dijeron que fuese bien venido, e que un criado del gran Montezuma, su señor, les enviaba a saber qué hombres éramos e qué buscábamos, e que si algo hubiésemos menester para nosotros y los navíos, que se lo dijésemos, que traerían recaudo para ello (Díaz, Cap. XXXVII 1984, I: 160).

> ... y luego comenzó el Montezuma un muy buen parlamento, e dijo que en gran manera se holgaba de tener en su casa y reino unos caballeros tan esforzados, como era el capitán Cortés y todos nosotros, e que había dos años que tuvo noticia de otro capitán que vino a lo de Champotón, e también el año pasado le trajeron nuevas de otro capitán, que vino con cuatro navíos, e que siempre lo deseó ver... (Díaz cap. LXXXIX, 1984, I: 316).

> Y parece que el Tendile traía consigo grandes pintores, que los hay tales en México, y mandó pintar al natural rostro, cuerpo y facciones de Cortés y de todos los capitanes y soldados y navíos y velas e caballos, y a doña Marina e Aguilar, hasta dos lebreles, e tiros e pelotas, e todo el ejército que traíamos e lo llevó a su señor (Díaz, Cap. XXXVIII 1984, I: 162-163).

Cortés tuvo conciencia de esta celeridad de la comunicación y la empleó a su conveniencia, como en el episodio de los recaudadores en Cempoala. El centralismo aparece ya en los informes de Bernal y el interés en la persona de Motecuhzoma y su capital supera a las noticias sobre las provincias, que se suelen reducir a capitanes, ejércitos y guarniciones o fortalezas. La necesaria organización de ese entramado aparece pocas veces. Hay dos momentos en que se vislumbra algo. El primero cuando los gobernadores de la provincia de Cotlaxtla establecieron contacto con los españoles:

> Y otro día, sábado, víspera de pascua, vinieron muchos indios que envió un principal que era gobernador de Montezuma, que se decía Pitalpitoque... Y otro día, pascua santa de resurrección, vino el gobernador que habían dicho, que se decía Tendile, hombre de nego-

> cios, e trajo con él a Pitalpitoque, que también era entre ellos principal (Díaz, Cap. XXXVIII 1984, I: 161).
>
> Y según después supimos, estos Tendile y Pitalpitoque eran gobernadores de unas provincias que se dicen Cotastlan, Tustepeque, Guazapaltepeque, Tlataltetеclo, y de otros pueblos que nuevamente tenían sojuzgados (Díaz cap. XXXVIII 1984, I: 162).

Graulich (1996) ha demostrado que aquí Bernal Díaz se equivocó, pues Tendile y Pitalpitoque eran una sola persona. El cambio, para el estudio de la estructura del Imperio, es importante, pues podemos caer en la tentación de aceptar gobernadores "pareados", donde no los había.

El otro momento es el aludido episodio de Cempoala:

> Estando en estas pláticas vinieron unos indios del mismo pueblo a decir a todos los caciques que allí estaban hablando con Cortés, cómo venían cinco mexicanos que eran los recaudadores de Montezuma, e como los vieron se les perdió la color y temblaban de miedo, y dejan solo a Cortés y los salen a recibir, y de presto los enraman una sala y les guisan de comer y les hacen mucho cacao, que es la mejor cosa que entre ellos beben.
>
> Y después que hubieron comido mandaron llamar al cacique gordo e a los demás principales y les dijeron muchas amenazas y les riñeron que por qué nos habían hospedado en sus pueblos y les dijeron que tenían ahora que hablar y ver con nosotros. E que su señor Montezuma no era servido de aquello, porque sin su licencia y mandado no nos habían de recoger en su pueblo ni dar joyas de oro (Díaz, Cap. XLVI 1984, I: 185).
>
> ... e luego Cortés mandó llamar al cacique gordo y a todos los más principales, y les dijo que quién eran aquellos indios, que les hacían tanta fiesta. Y dijeron que los recaudadores del gran Montezuma, e que vienen a ver por qué causa nos recibían en el pueblo sin licencia de su señor, y que les demandan ahora veinte indios e indias para sacrificar a sus dioses (Díaz, Cap. XLVI 1984, I: 185).

El Cacique Gordo temió las represalias de Motecuhzoma, lo que nos ilustra sobre su poder y costumbres. Y poco más.

Una de las fuentes más empleadas hoy día es la *Historia General de las cosas de la Nueva España* de fray Bernardino de Sahagún. Escrita en la segunda mitad del siglo XVI y conocida por sus coetáneos y algunos frailes posteriores, estuvo perdida hasta fines del siglo XVIII, no viendo las primeras impresiones hasta el XIX, por lo que su impacto habrá que buscarlo a partir de entonces. El libro VIII se ocupa "De los Reyes y Señores, y de la manera que tenían en sus elecciones, y en el Gobierno de sus Reinos". Aparecen las dinastías de varios lugares y la descripción de costumbres de los señores. Algo de organización se puede buscar en el capítulo XIV "De la manera de las casas reales", pero no hay descripción de la organización de ningún imperio o reino. El libro XII está dedicado a la conquista y comparte sus características con los autores que ya hemos visto.

Por cierto que hay un curioso cambio que afecta a los señores tenochcas entre los *Primeros Memoriales* y el *Códice Florentino*. En los primeros, tanto los señores de Tenochtitlan como los de Texcoco anteriores a Itzcoatl y Nezahualcoyotl, están sentados en petates, y a partir de los mencionados, en *icpalli*, mientras que en el segundo, todos aparecen representados de la misma forma. Podríamos estar ante la evidencia de que hubo un cambio en los títulos de los máximos mandatarios de Texcoco y Tenochtitlan, que además nos estaría indicando una cierta movilidad en los rangos de los pueblos sometidos.

Fray Diego Durán también escribió en el siglo XVI y también permaneció oculto hasta el siglo XIX. El manuscrito se encuentra en la Biblioteca Nacional de Madrid y contiene tres libros: "Libro de los ritos y ceremonias en las fiestas de los dioses y celebración de ellas" (1570); "El calendario antiguo" (1579) y la "Historia de las Indias de Nueva España e islas de la tierra firme" (1581) que ha dado nombre al conjunto. Está relacionado con otras obras que Barlow agrupó como deudores de una hipotética "Crónica x" (Barlow 1945). La Historia de Durán comienza con la salida de los aztecas de Aztlan y llega a la conquista española, ciñéndose sobre todo a los *tlahtoque*. No suele dar fechas, aunque en general los acontecimientos son secuenciales, por lo que nos permite ir sacando noticias sobre la formación del imperio y eventualmente sobre su organización. Interesantes son las noticias sobre rebeliones y sus castigos, pero el lector debe hacer el trabajo de reconstrucción, pues ningún capítulo está dedicado a describir la organización. Es una historia factual.

Lo mismo ocurre con la *Crónica mexicana* de Hernando Alvarado Tezozomoc, de fines del siglo XVI pero publicada por primera vez por Manuel Orozco y Berra, junto al *Códice Ramírez*, formando ambas parte del mismo grupo que Durán. Su semejanza llega a su utilidad. A Tezozomoc se atribuye una obra en nahuatl fundamentalmente genealógica llamada *Crónica mexicayotl*, que es útil para hacer historia política, pero tampoco contiene ninguna descripción general.

Siglo XVII

Fernando de Alva Ixtlilxochitl y Domingo de San Antón Muñón Chimalpahin Quauhtlehuanitzin nos han dejado relatos factuales también, en los que hay que bucear para sacar datos. Tampoco fueron publicadas en su tiempo.

Fray Juan de Torquemada tuvo otro destino. Fue un "éxito editorial" y gracias a él y a la costumbre de incorporar obras de cronistas precedentes hemos tenido noticia de Motolinía, Sahagún o Mendieta. La obra de Torquemada tiene un título acorde con su magnitud: De los veintiún libros rituales y monarquía indiana, con el origen y guerras de los indios occidentales, de sus poblazones, descubrimiento, conquista, conversión y otras cosas maravillosas de la mesma tierra. Los dos primeros libros son de historia política, pero sin descripción del imperio. El libro tercero está dedicado a diversos señoríos y tiene capítulos como el XVIII "Donde se trata de los mayorazgos y casas solariegas que estos señores tenían y como se fundaban; y los tributos y maneras de reconocimiento que los menores de estas familias hacían a dichas casas". No se trata de los aztecas, pero son nahuas y mesoamericanos también. El cuarto está dedicado a la conquista española. El libro XI trata de las maneras de gobierno, desde los orígenes del mundo y aparecen capítulos sobre Tlaxcala, Cholula, Huexotzinco, y sobre los modos y ceremonias de la sucesión.

CAPÍTULO XXV. Que trata de la gobernación y monarquía de México y orden de su república, y del dictado de Cihuacohuatl, que es como en nuestro gobierno el virrey.

Habla del *tlahtoani* o rey, y de su segundo de a bordo, el *cihuacoatl*, tratándolos de "supremos jueces" y continuando con otros jueces sometidos a ellos, pero de estructura del imperio, recaudación de tributos, o gobierno de las provincias no dice nada. El capítulo siguiente está dedicado a Texcoco:

> CAPÍTULO XXVI. Donde se trata la gobernación y modo de regimiento del reino y república de Tetzcuco, segundo reino principal de esta Nueva España.

Describe brevemente el gobierno de Nezahualcoyotl y de su hijo Nezahualpilli, y a continuación tenemos un párrafo donde aparece algo de estructura, aunque continúa la insistencia en el carácter judicial de las diversas instancias:

> Tenía este reino quince provincias sujetas a su señorío, pero no en todas había jueces de estos inmediatos y supremos; para lo cual ordenó uno de estos prudentísimos reyes que hubiese seis Audiencias, como cancillerías, en seis particulares pueblos, a las cuales eran reducidas todas las dichas provincias, y a ellas venían de todo el reino a negociar las cosas que se les ofrecía, según y como estaba repartida la jurisdicción, o conforme le venía más a cuento por cercanía. En estas mismas Audiencias y pueblos nombrados para los negocios que ocurriesen, se recogían todos los tributos reales por los mismos jueces y ministros de las dichas Audiencias. Había en la ciudad de Tetzcuco (que era la

corte) dentro de la casa real dos salas de consejo, como yo lo he visto en sus antiguas pinturas, con todo lo más que digo en este capítulo y en cada sala dos jueces. Había diferencia entre los dichos jueces, porque los de la una sala eran de más autoridad que los de la otra; éstos se llamaban jueces mayores y esotros menores; los mayores oían de causas graves y que pertenecían a la determinación del rey; los segundos de otras, no tan graves, sino más leves y livianas. Para estos dos jueces supremos se apelaban las causas graves, los cuales las admitían, pero no determinaban, ni sentenciaban sin parecer y acuerdo de el rey. Estos jueces, y los de las demás Audiencias y cancillerías, que eran dos, en cada una, luego que amanecía se sentaban en el lugar de su juzgado a proseguir las causas pendientes y oír las que de nuevo se presentaban; acudía toda la gente negociante, cada cual con la queja o pleito que trataba; y en oírlos y despacharlos gastaban la mayor parte de la mañana, la cual pasada, les traían de comer de palacio a los jueces que residían en la corte, y a los otros de la misma casa del juzgado, que comúnmente llaman *Tecpan*; y después de haber comido y reposado un poco volvían a tener audiencia, para acabar de despachar a los que a la mañana no habían podido; y acabado el día se iban a sus casas. De donde se conoce que estos jueces oían por todo el día a los negociantes, que es una de las condiciones que ha de tener el juez, porque pensar que un hombre que trata litigio y anda gastando su hacienda en la prosecución de él, que no viendo la cara del juez y hallando la puerta de su casa cerrada, ha de tener consuelo, es manifiesto engaño; porque lo que ha menester, el que pleitea, es la continua comunicación de aquella persona que tiene poder y autoridad para rematar y concluir sus cuidados.

De diez a diez días y, a más tardar, de doce a doce, hacía junta el rey de todos los jueces, así de las Audiencias del reino, como de los de sus consejos y en ella consultaba los casos arduos y de importancia del reino; y todo lo que en esta junta y consulta se había de platicar iba ya muy bien examinado por los dichos señores del consejo. Había en cada sala un escribano que servía oficio de secretario, y todo lo que se trataba y había de quedar por memoria lo asentaba con sus caracteres y pinturas, de manera que era pintor; y en este estilo de escribir, que era pintar, formaba las personas que entre sí trataban pleito y los testigos y cosas sobre que se trataba, las razones de las partes y sentencia de los jueces; todo lo cual iba tan claro e inteligible que no hacía dificultad entenderlo y saberlo.

En estas consultas se acababan todos los pleitos y causas entre partes, no dando lugar el rey a que pasasen adelante. Y si el caso era tan grave que pedía mayor consejo y más acordada deliberación, se suspendía hasta la consulta que llamaban Napoallatolli, que quiere decir consejo y palabra de ochenta días. Tenía cada sala de las dichas otro ministro que hacía oficio de alguacil mayor, cuya autoridad se extendía a prender la gente principal, cuando por los señores le era mandado; y eran conocidos en las mantas que vestían, por ser particulares y proprias de su oficio. Donde quiera que estos dichos ministros llegaban se les hacía muy buen hospedaje y recibían con muy grande actamiento, por tenerlos por principales ministros y mensajeros del rey y de los de su consejo; llamábanse achcacauhtli, que quiere decir mayores; y a los jueces tecuhtlatoque, señores que gobiernan el bien público y lo hablan.

Había otros ministros menores, como alguaciles, que servían de emplazar a los que habían de parecer en juicio, y cuando éstos eran enviados por los jueces a alguna parte fuera de la ciudad donde residían, iban con grandísimo cuidado y presteza, sin poner dificultad en el tiempo ni en la hora, fuese de día o de noche, lloviendo o nevando, con sol o con aire, que de cualquier manera que fuese, iba luego sin dilación y ejecutaba el mandamiento de los señores que le enviaban.

En las otras provincias y pueblos sujetas a la principal ciudad, donde residía la corte o cancillería, había jueces ordinarios, los cuales tenían limitada la autoridad y no sentenciaban pleitos, sino los que eran de menor

> cuantía y poca calidad; pero podían prender a todos los delincuentes, como nuestras justicias ordinarias, y examinar sus causas y hacerles información y no más. Y remitíanlos a los supremos o guardábanlas para los ayuntamientos ordinarios de ochenta en ochenta días, que a estas juntas concurrían todos los jueces del reino, así mayores, como menores; y en ellas presidía el rey, donde los denunciaban y entregaban a los superiores. Esta junta, que se hacía por este tiempo, duraba diez o doce días, que era a manera de las cortes que se acostumbran en otros reinos, en la cual se determinaban y sentenciaban todas las causas que habían estado pendientes dentro del término de aquellos ochenta días; y en esta congregación se conferían también todas las cosas del común y república, y se proveían las más convenientes para su paz y conservación.
>
> Había salario y quitación que se daba a estos jueces, en esta manera: Tenía el rey señaladas tierras competentes, donde se sembraban los mantenimientos necesarios para su sustentación; había en estas mismas tierras ciertos vecinos que las sembraban y cogían los frutos y daban a los dichos jueces, según la parte que de los dichos frutos les venía, y éstos eran como renteros suyos, que no se ocupaban de otra cosa. Y si moría alguno de estos jueces durante el tiempo de su oficio, aunque le hubiese tenido perpetuo y de por vida, no corría esta renta a sus hijos y herederos; pero pasaba luego al otro juez, que era nombrado por el rey y puesto en su lugar. (Torquemada, libro XI, 1975-83, 4: 71-72).

Encontramos más noticias en el libro XIV, capítulo VIII, titulado: De cómo se recogían las rentas reales de estos reinos de México, Tetzcuco y Tlacupan:

> La manera que había en recoger las rentas reales era, que cada reino de estos tres, es a saber, Mexico, Tetzcuco y Tlacupan, había trojes, graneros y casas en que se encerraban los panes, y un mayordomo mayor (como dejamos dicho) con otros menores que lo recibían y gastaban, por concierto de cuenta de libros de pintura, de donde había tanta cuenta y razón que parece mara-

villa. En cada pueblo había un tecuhtli, que era regidor y traía en su mano izquierda una vara, y en la derecha un ventalle o aventador, en señal que era oficio real. Era este un género de hombres muy aborrecible a los tributarios, porque eran insolentes y molestos en pedir los tributos, y trataban mal de palabra, y algunas veces de obra, a los tributarios, vengábanse de aquellos a quien tenían odio, so color de recoger las rentas; acudían y daban cuenta con pago de lo recogido y gente que empadronaban en su provincia y partido, de que tenían cargo; acudían todos a los contadores y mayordomos mayores del rey; si traían mala cuenta o engañaban, morían por ello y aun eran castigados los de su linaje, como parientes de traidores, y a esta causa eran tan solícitos y diligentes que prendían a los tributarios hasta que pagaban; y si estaban pobres, por enfermedades, los esperaban a que sanasen y buscasen la renta o tributo que debían, y lo pagasen; si por holgazanes, los apremiaban dura y ásperamente; en fin, si no pagaban a ciertos plazos que les daban, podían tomar a los unos y a los otros por esclavos y venderlos, para la deuda o tributo, o sacrificarlos. Tenían también los reyes algunas provincias que les tributaban cierta cantidad de cosas, a manera de parias, reconociéndolos por señores, pero esto era más honra que provecho.

De esta manera tenía Motecuhzuma en México, y Nezahualpilli en Tetzcuco, y Totoquihuatzin en Tlacupan grandes rentas con que sustentaban sus casas y mantenían la gente de guerra, con excesivo gasto, y les sobraba gran parte para aumentar cada día sus tesoros; y fuera de esto no gastaban nada en labrar cuantas casas querían, por grandes y sumptuosas que fuesen, porque ya de mucho tiempo atrás estaban diputados muchos pueblos, cerca de las cortes, que no pechaban, ni contribuían con otra cosa, sino en hacer las casas, repararlas y tenerlas siempre en pie, a costa suya propria, poniendo su trabajo, trayendo arrastrando o a cuestas la madera y piedra (como ya dejamos dicho) y todos los otros materiales necesarios para el reparo o edificio. Tenían éstos también (que no era pequeña molestia) cargo de proveer abundantemente de cuanta leña se quemaba en las cocinas, cámaras y braseros del palacio, que eran muchos, que habían menester (cuando menos cada día) quinientas cargas de tamemes que son más de mil arrobas; y los del invierno, aunque no es muy áspero, mucho más. Para las tlecuiles y braseros del rey, traían cortezas de encina y otros árboles, porque era mejor, y más vivo su fuego, y por diferenciar la lumbre, que no fuese como la de los otros del servicio común del palacio, que en esto eran grandes lisonjeros o porque (como otros dicen) porque trabajasen más los que cortaban y traían la leña, aunque la verdad es que la traían por ser de mejor efecto para la brasa, que la sustenta más que el corazón del madero. Tenía Motecuhzuma cien ciudades grandes, cabezas de otras tantas provincias, de estas llevaba las rentas, las parias, los tributos y vasallaje, donde tenía fuerzas, guarniciones y tesoros del servicio y pecho que le pagaban. El de Tetzcuco tenía otras muchas provincias y ciudades y por consiguiente manera muchas y muy grandes riquezas de lo que sus tributarios les rentaban; y el de Tlacupa las tenía también, aunque no tantas por ser menor en poder que estos dos reyes dichos. Extendíase el señorío de éstos de norte a sur y de oriente a poniente en grandísima distancia, aunque en medio había algunos reinos y provincias como era Tlaxcala, Panucu, Mechoacan y Tequantepec, que eran sus enemigos, que no le pagaban pecho, aunque les valía mucho la contratación que tenían y algunas guerras que les daban; porque de ellas traían algunas veces muy ricos despojos y cautivos para los sacrificios. En lo que dice Herrera (Dec. 2. lib.7, cap. 13), que había cerca de México otros señores y reyes, como los de Tetzcuco y Tlacupan, que no le daban nada a Motehcuzoma, sino la obediencia y homenaje y que eran de su sangre y linaje, y que los reyes de México no casaban a sus hijas con otros, que con ellos, y que esto era causa de que Motecuhzuma era mayor señor, más temido y reverenciado; digo, que me remito a lo que dejo dicho en el libro de estos reyes (Lib. IV); porque aquello es lo cierto y que por no

> alcanzar tanto de sus historias, como allí va escrito, el que dio esta relación, erró el dicho; porque cierto es así, que el rey de México no era mayor autoridad, que el de Tetzcuco, aunque, cuando entraron los españoles en la tierra, estaba diviso, por la desconformidad de los tres hermanos que quisieron heredarle y por esto no estaba tan autorizado entonces, como cuando lo poseía Nezahualpilli, su padre. (Torquemada 1975-83, 4: 334-336).

Nos hemos extendido con Torquemada por haber sido el que ejerció influencia en su tiempo.

Es muy interesante la razón que da en las últimas líneas transcritas, de la razón del predominio de Tenochtitlan cuando llegaron los españoles, pues este asunto va a ser motivo de discusión continua.

Siglo XVIII

Un autor destaca por encima de todos y es el jesuita nacido en la Nueva España Francisco Javier Clavijero. Tras la expulsión de su orden de los territorios del rey de España, se refugió en Italia y allí vio la luz en 1780 su *Storia Antica de Messico.* El padre Cuevas la publicó en castellano, siguiendo el manuscrito de Clavijero, que afirmaba poseer, en 1945, y esa es la versión que seguimos, en la edición de Porrúa de 1976.

Clavijero actúa como un historiador y su obra está dividida en diez libros y nueve disertaciones. El libro III está dedicado a la historia de México hasta la emancipación de Azcapotzalco, y el IV, desde ese momento hasta la muerte de Ahuizotl. En el punto tres se relata el establecimiento de la Triple Alianza como una astucia de Itzcoatl y se afirma (p. 102) que duró un siglo. El libro V está prácticamente dedicado a Motecuhzoma Xocoyotzin y su tiempo, sin incluir la conquista española, a la que dedica los libros VIII al X, pues acaba con los presagios. En el libro VII, que se ocupa, entre otras cosas, del "gobierno político, militar y económico de los mexicanos", es donde hay que buscar datos sueltos, pues ningún epígrafe se ocupa realmente de describir la organización del imperio. Por fin, en la "Setima Disertación" encontramos los *Confines y población de los reinos de Anahuac*, y para conocer el lenguaje de Clavijero, transcribimos la primera parte (Clavijero 1976: 558-561):

> Solís, siguiendo a algunos escritores españoles mal informados, afirma que el imperio mexicano se extendía desde el istmo de Panamá hasta el cabo Mendocino en California. El padre Touron, dominico francés, queriendo en su *Historia general de América* ampliar todavía más aquellos términos, dice que todos los países descubiertos en la América septentrional estaban sujetos al rey de México; que la extensión de aquel imperio de Oriente a Poniente era de quinientas leguas, y de Norte a Sur de doscientas a doscientas cincuenta; que sus términos eran por el Norte el Océano Atlántico, por el Poniente el golfo de Anián, por el Sur el mar Pacífico y por el Oriente el istmo de Panamá; pero a más de los errores geográficos que contiene esta descripción, hay también contradicción, pues si fuera cierto que aquel imperio se extendía desde el istmo de Panamá hasta el golfo o, más bien, estrecho de Anián, su extensión no sería de solo quinientas leguas, sino de no menos de cincuenta grados.
>
> La causa de tales errores se debe a que estos autores estaban persuadidos que en Anáhuac no había otro soberano que el de México; que los reyes de Acolhuacán y Tlacopan eran súbditos de aquél, y que los michoacaneses y los tlaxcaltecas, que pertenecían también a aquella corona, se habían después rebelado. Mas no es así, pues ninguno de los referidos Estados perteneció jamás al rey de México, como consta del testimonio de todos los historiadores indios y de todos los escritores españoles que por sí mismos tomaron informes, como Motolinía, Sahagún y Torquemada. El rey de Acolhuacán había sido aliado del de México desde 1424; pero jamás fue súbdito. Es verdad que cuando llegaron allí los españoles el rey Cacamatzin parecía depender de Moctezuma, su tío; porque debido a la prepotencia de su hermano Ixtlilxochitl, necesitaba del auxilio de los

mexicanos. Los españoles vieron que Cacamatzin salió a encontrarlos como embajador del rey de México y servir a este de bracero. Vieron también conducirlo prisionero a México por orden de Moctezuma. Todo esto hace excusable por muchos capítulos el error de los españoles; pero lo cierto es que aquellas demostraciones de Cacamatzin a Moctezuma, no eran servicios de vasallos para con su rey, sino obsequios de sobrino para con su tío, y que Moctezuma al hacerlo prender por complacer a los españoles, se arrogó la autoridad que no le convenía e hizo a aquel rey una gravísima injusticia, de que tuvo después que arrepentirse.

En cuanto al rey de Tlacopan, es cierto que fue creado rey por el rey de México; pero le fue concedido un perfecto dominio y plena soberanía en sus Estados, con la sola condición de ser perfecto aliado de los mexicanos y darles auxilio con sus tropas siempre que lo necesitasen. El rey de Michoacán y la república de Tlaxcala fueron siempre rivales y enemigos capitales de los mexicanos, y no hay memoria de que ni uno ni otro Estado estuviese jamás sujeto a la corona de México.

Lo mismo debemos decir de otros muchos países que los historiadores españoles tuvieron por provincias del imperio mexicano. ¿Cómo era posible que una nación que estaba reducida a una sola ciudad bajo el dominio de los tepanecas, sujetase en menos de un siglo tantos pueblos como había desde el istmo de Panamá hasta California? Todo lo que en realidad hicieron los mexicanos, aunque mucho menos de lo que dicen los referidos autores, fue una cosa en verdad sorprendente, y no sería creíble la rapidez de sus conquistas si no estuviese confirmada con tantos documentos innegables. Por lo demás, ni en la narración de los historiadores indios ni en la enumeración de los estados conquistados por los reyes de México que se hallan en la *Colección de Mendoza*, ni en la matrícula de las ciudades tributarias, expuesta en la misma colección, se puede tener ningún fundamento para confirmar la arbitraria ampliación de los dominios mexicanos; antes bien consta todo lo contrario de la relación de Bernal Díaz. Este en su *Historia* (Cap. 93) dice: "Tenía el gran Moctezuma muchos presidios y gente de guerra en las fronteras de sus Estados. Uno tenía en Soconusco para defenderse de Guatemala y Chiapas; otro para defenderse de los del Pánuco, entre Tuzapan y aquel lugar que llamamos Almería; otro en Coatzacoalco, y otro en Michoacán."

Estemos, pues, seguros, en primer lugar, que los dominios mexicanos no se extendían hacia el Sudeste más allá de Xoconochco, y que ninguna de las provincias que hoy se comprenden en las tres diócesis de Guatemala, Nicaragua y Honduras, pertenecían al imperio mexicano. En nuestra *Historia* (Lib. IV) hemos dicho que Tliltototl, célebre general mexicano en los últimos años del rey Ahuitzotl, llevó sus armas victoriosas hasta Guauhtemallan; pero aquí añadimos que no se sabe que quedase entonces aquel país sometido a la corona de México, antes de la historia parece todo lo contrario. Torquemada (Lib. 2, cap. 81), menciona la conquista de Nicaragua hecha por los mexicanos; pero lo mismo que, en el lugar citado, afirma de un ejército mexicano en tiempo de Moctezuma II, lo atribuye después (Lib. 3, cap. 10), a una colonia salida muchos años antes, por orden de los dioses, de las inmediaciones de Xoconochco; por lo cual no se debe hacer aprecio de su relación.

El mismo Bernal Díaz, tanto en el lugar citado como en el Cap. 166, afirma que los chiapanecos nunca fueron sojuzgados por los mexicanos; pero esto no puede entenderse de todo el país de los chiapanecos, sino de una sola parte, pues sabemos por Remesal, cronista de aquella provincia, que los mexicanos tenían presidio en Tzinacantla, y nos consta por la matrícula de tributos que Tochtlan y otras ciudades de aquel país eran tributarias de los mexicanos.

Por la parte del Nordeste no se adelantaban los mexicanos más allá de Tuzapan, como consta del lugar citado de Bernal Díaz, y sabemos de cierto que los de Pánuco estuvieron sujetos a los mexicanos. Por la parte del Oriente tenían éstos sus confines en el río Coatzacoalco. Bernal Díaz dice que el país de Coatzacoalco no era provincia de México; por otra parte, hallamos entre las ciudades tributarias de aquella corona a Tochtlan, Michapan, y otros lugares de la referida provincia. Por lo tanto, estamos persuadidos que los mexicanos poseían todo lo que estaba al Poniente, y que el río era por aquella parte el término de su imperio. Por el Norte estaba este estrechado por el país de los huaxtecos, nunca sujetado por los mexicanos. Por el Nordeste no se extendía su imperio más allá de la provincia de Tula. Todo aquel espacio de tierra que había más allá de aquella provincia, estaba ocupado por los bárbaros otomíes y chichimecas, los cuales no tenían ninguna población ni obedecían a soberano alguno.

Por la parte del Poniente se sabe que terminaba el imperio en Tlaximaloyan, frontera del reino de Michoacán; pero en las costas, hasta la extremidad occidental de la provincia de Colima, y no más adelante. En el catálogo de las ciudades tributarias se ven Colima y otros lugares de aquella provincia, y ninguno de los que están de la parte de allá, y tampoco se hace mención en la historia del reino de México. Los mexicanos no tenían que hacer con California, ni podían esperar ninguna ventaja de la conquista de un país tan distante, el más despoblado y más miserable del mundo. Si aquella árida y pedregosa península hubiese sido alguna vez provincia del imperio mexicano, se hubieran encontrado en ella algunas poblaciones; pero lo cierto es que no se halló ni una casa ni un fragmento o vestigio de ella. Finalmente, por la parte del Mediodía se habían apoderado los mexicanos de todos los grandes Estados que había desde el valle mexicano hasta el mar pacífico. Extendiéndose después las costas mexicanas desde Xoconochco hasta Colima, allí era puntualmente la mayor longitud de sus dominios.

El doctor Robertson dice en su *Historia de América* (Lib. 7) que "los territorios pertenecientes a los reyes de Texcoco y Tacuba apenas cedían en extensión a los del soberano de México". Pero esto es muy distante de lo cierto, y contrario también a lo que dicen todos los historiadores del reino de México. El de Texcoco o Acolhuacán estaba al Poniente estrechado parte por la laguna de Texcoco y parte por la de Tzompanco y por otros Estados mexicanos, y al Oriente por los dominios de Tlaxcala, y así no podía tener de Poniente a oriente más que veinte leguas; al Mediodía estaba estrechado por el Estado de Chalco, perteneciente también a México, y al Norte por el país independiente de los huaxtecas. Pues desde la frontera de este país a la de Chalco hay cerca de setenta y cinco leguas. He aquí toda la extensión del reino de Acolhuacán, la cual no hace ni la octava parte de los dominios mexicanos. Los Estados del régulo de Tlacopan o Tacuba eran tan pequeños que no merecen el nombre de reino, pues desde la laguna de México al Oriente, hasta la frontera de Michoacán al Poniente, no había más que veintiocho leguas, ni más de dieciocho desde el valle de Toluca al Mediodía al país de los otomíes al Norte. Es, pues, un error el cotejo hecho por Robertson de los dominios de Acolhuacán y Tlacopan con los de México.

La república de Tlaxcala, circundada por los dominios mexicanos y texcocanos y por los Estados de Huexotzinco y Cholula, era tan estrecha, que de Oriente a Poniente apenas tenía dieciséis leguas, y del Sur al Norte cerca de diez. No he encontrado ningún autor que dé mayor extensión a aquel Estado sino Cortés, el cual dice que los dominios de Tlaxcala tenían noventa leguas de circuito; pero esto es un manifiesto error.

En cuanto al reino de Michoacán, ninguno, que yo sepa, ha expuesto todos los antiguos confines, a excepción de Boturini. Este autor dice que la extensión de aquel reino desde el valle de Ixtlahuacan junto a Toluca, hasta el mar Pacífico, era de ciento cincuenta leguas, y desde Zacatolan hasta Xichú de ciento sesenta; y que en los dominios de Michoacán estaban comprendidas las provincias de Zacatolan, Colima y la que los españoles llamaron provincia de Avalos, situada al

> nordeste de la Colima. Pero en todo esto se engañó Boturini, pues se sabe con seguridad que el reino de Michoacán no tenía sus confines en Ixtlahuacan sino en Tlaximaloyan, hasta donde llegaban los dominios mexicanos. Se sabe por la matrícula de los tributos, que las provincias marítimas de Zacatolan y Colima pertenecían a México. Finalmente, no podrían los michoacaneses ampliar sus dominios hasta Xichú, sin sujetar antes a los bárbaros chichimecas que ocupaba aquel territorio; pero de éstos sabemos que no fueron sujetados sino por los españoles muchos años después de la conquista de México. No era, pues tan grande el reino de Michoacán como creyó Boturini. Su extensión no comprendía más que cerca de tres grados de longitud y poco más de dos de latitud.
>
> Cuanto hemos dicho hasta ahora, contribuye a demostrar la exactitud de nuestra descripción y la de nuestras cartas geográficas sobre los confines de aquellos reinos, fundada sobre la misma historia, la matrícula de los tributos y el testimonio de los historiadores antiguos.

Hemos completado el capítulo, pues los límites de otros estados tienen que ver con los límites del Imperio Azteca, y la relación de unos con otros es uno de nuestros temas pendientes, como tendremos ocasión de ver a lo largo de la obra.

Siglo XIX

La independencia de México supuso la identificación de la nueva nación con el imperio derrocado por los españoles, ahora expulsados. Esa identificación "oficial" supuso la aparición de descripciones de la sociedad mesoamericana como "azteca", en detrimento de otros pueblos. Así Alfredo Chavero participó en el *Esplendor del México Antiguo* y otros autores dejaron escritos, como José Fernando Ramírez o Joaquín García Icazbalceta. La obra de estos dos, y sobre todo del último, es fundamentalmente de localización y publicación de fuentes.

Una obra capital del México del siglo XIX es la *Historia An-*

tigua y de la Conquista de México de Manuel Orozco y Berra, publicada originalmente en 1880. Su lectura sigue siendo muy útil, cuanto más en un estudio historiográfico. Encontramos en el libro V, capítulo I, "Geografía. Imperio mexicano" una sucesión de nombres y entidades, aunque hay muy poca información política, y mucho menos, una caracterización del imperio. Es de destacar la aparición de territorios libres al interior del imperio, así como de diferentes "troncos etnográficos" (Orozco y Berra 1978 II: 145) y la importancia de las alianzas matrimoniales (Orozco y Berra 1978 II: 162). Aparecen como fuentes autores que ya hemos visto, como Sahagún, Torquemada y Clavijero, y otros que no hemos mencionado como Burgoa, Alegre, Beaumont y Mota Padilla, cuyas obras están dedicadas a áreas distintas de la mexica, y documentos como las *Relaciones Geográficas*. En general en el capítulo se mezclan tribus con lenguas, provincias y ciudades, de manera poco sistemática, sin aparecer el imperio más que en alguna mención de pasada a la existencia de un "emperador" o "rey".

El capítulo II "Tlacopan. Texcoco. Señoríos independientes" sigue la misma tónica. Destacamos el análisis de algunos documentos sobre pueblos sujetos que habían llegado a sus manos (Orozco y Berra 1978 II: 171-173) y la mención de que las tres provincias "estaban coligadas" (Orozco y Berra 1978 II: 174):

> Las tres monarquías coligadas, México, Texcoco, Tlacopan, dominaban sobre las provincias enumeradas; su territorio constituía el Anáhuac propiamente dicho; representaban la civilización nahoa. Por medio de la conquista habían sujetado a su dominio las tribus de diversa filiación etnográfica, entre las cuales habían infiltrado sus costumbres, su saber y su culto; sus conocimientos eran la herencia recibida de los tolteca, y las tres naciones que fundaron los reinos, mexica, acolhua y tepaneca, que de la misma cepa venían, no hicieron otra cosa que extenderlos y mejorarlos.

En realidad, Orozco y Berra comparte una característica con los que llamamos "cronistas": no aparece ni definición ni descripción de la estructura del imperio, ni siquiera en los capítulos cuyo título nos pudiera hacer concebir esperanzas. Para recopilar los datos que nos interesan, nos vemos abocados a leer la obra entera, y en este caso, hay que armarse de paciencia para terminar los cuatro voluminosos tomos. Eso sí, aparecen temas como la cultura de los distintos integrantes, su lengua, filiación étnica, procedencia y contactos entre ellos, como las alianzas matrimoniales que van a estar presentes en las investigaciones continuamente.

Otro asunto distinto es lo que ocurría en los Estados Unidos. Allí Prescott cosechó un gran éxito con sus historias de las conquistas y hubo cierta reacción en contra de su descripción de los aztecas. Precisamente, el desarrollo de la antropología con Edward B. Taylor y Lewis H. Morgan supuso la "degradación de la cultura india por la teoría evolucionista" (Keen 1984: 391). Para Morgan "Moctezuma queda reducido a un cacique tribal, su palacio a una morada comunal y la ciudad de Tenochtitlan a un humilde pueblo" (Keen 1984: 391). Todo el asunto ha sido bien tratado por Keen en su capítulo XII "El banquete de Moctezuma". Allí explica cómo convenció a Bandelier, quien llegó a afirmar "que la organización social y el modo de gobierno de los antiguos mexicanos era una democracia militar, originalmente basada en un modo de vida comunista" (Bandelier, "On the social organization and mode of government of the Ancient Mexicans", 1879, 699, en Keen 1984: 405). Esta negación del imperio tuvo gran repercusión en los Estados Unidos y mucha menos fuera de ellos, aunque algunas obras como la de Manuel M. Moreno (1930) tuvieran entre sus empeños la negación de las teorías de Morgan y Bandelier.

Para curiosos, Morgan dedicó el capítulo VII de *Ancient Society* a "La confederación azteca" comenzando por la "Falsa interpretación de la sociedad azteca". Copiamos el comienzo:

> Los conquistadores españoles que se apoderaron del pueblo de Méjico sostuvieron, acerca del gobierno azteca, la teoría errónea de que era una monarquía aná-

> loga, en puntos esenciales, a los existentes en Europa. Esta opinión fue acogida en general por los escritores españoles de los primeros tiempos sin investigar minuciosamente la estructura y principios del sistema social azteca. Este concepto erróneo engendró una terminología no concordante con sus instituciones, la que ha viciado la narración histórica casi tan completamente como si fuera una invención calculada. (Morgan 1975: 232)

Si le diéramos crédito, este libro no sería necesario.

CAPÍTULO II
EL SIGLO XX HASTA BARLOW[2]

La identificación de México con los aztecas antes y después de la Revolución Mexicana no produjo realmente estudios sobre la estructura imperial. Predominaron los de la "civilización" y los de organización social, con una fuerte respuesta a las teorías de Morgan y Bandelier. La arqueología tuvo un papel destacado, dándose proyectos como el de Teotihuacan de Manuel Gamio. Para el tema que nos ocupa, tenemos que dedicar un poco de atención a Manuel M. Moreno que en 1929 presentó su tesis para la licenciatura en Historia, bajo la dirección de Alfonso Caso: *La organización política y social de los aztecas,* publicada en 1930 y reeditada en 1962 por el INAH. Gran parte de la obra está destinada a cuestionar las mencionadas teorías de Morgan y Bandelier. Tras una introducción, ocho capítulos se ocupan de "Antecedentes", "Organización familiar, territorial y política", "La organización social", "La organización territorial y el régimen de propiedad de los antiguos mexicanos", "Las clases sociales", "La organización política", "La organización jurídica" y "Arte, religión, lenguaje, escritura, literatura", para cerrar con unas conclusiones bastante parcas. El capítulo VI, "La organización política" comienza ocupándose del *calpulli,* para pasar después a "Sistemas de tributación y métodos de dominación":

> Andrés de Tapia dice sobre el particular: "... Al que se daba de paz no tenía sobre él tributo cierto, sino que tantas veces en el año le llevaban presentes a su discreción del que lo llevaba; pero si era poco, mostrábales mal rostro, y si mucho, agradecíaselo -el hueytlatoani- y en éstos no ponía mayordomo ni recaudador ni cosa; el señor se era su señor; los -pueblos- que tomaban en guerra decían tequitin tlacotl, que quiere decir: tributaban como esclavos. En éstos ponían ma-

2 Las lecturas de este tema fueron el capítulo trece de Vaillant (1973[1941]); Barlow (1990: 211-219) y Barlow (1993 [1949]: 5-20).

yordomos y recogedores y recaudadores y aunque los señores los mandaban era debajo de la mano de éstos de México...”[92]

“Resultan, pues, tres maneras diferentes de organización tributaria -dice Chavero comentando a Andrés de Tapia-, primera: la de los pueblos que se daban de paz, que solo llevaban su tributo, pero que conservaban completa su autonomía, sin que en ellos hubiese ni la intervención de los calpixqui; segunda: la de aquellos en que se ponían recaudadores, pero que elegían libremente a su tecuhtli y conservaban completa su independencia en su régimen propio; y tercera: la de los que recibían señor por nombramiento de quien los había conquistado.”[93]

Los de la tercera clase eran los que venían a quedar sometidos a la más completa dependencia con respecto del pueblo conquistador; su territorio pasaba a formar parte del territorio del Estado mexica. Este territorio propio, anexo a lo que constituía propiamente la ciudad, se lo fue formando poco a poco con una constancia admirable el pueblo azteca desde los primeros tiempos siguientes a su establecimiento en la isla, mediante un meditado plan de subyugación y de conquista, realizado sobre los pueblos comarcanos, cuyas tierras se repartían, como ya lo hemos visto, entre las distintas clases que constituían la sociedad mexica, tal como lo hemos visto hacer desde la época de Itzcóatl con las tierras de Azcapotzalco, Xochimilco y Coyoacán.[94]

Estas tres naciones quedaron sujetas de una manera directa y absoluta a Tenochtitlan, pues se les vedó el que tuviesen señor propio, se les condenó a ser perpetuos tributarios de México, y sus territorios vinieron a formar partes integrantes del territorio del Estado mexica. En estos casos, según lo expresa Andrés de Tapia, el tlacatecuhtli de México, nombraba tecuhtli a los pueblos anexados.

92. Tapia, ob.cit., t.II, pp 561 y 562. Ixtlilxochitl, ob. cit.,

cap. 35. Tezozomoc, ob. cit., caps 8 y 9. Torquemada, ob. cit., lib. XIV, cap. VIII.

93. Herrera, ob. cit., dec. II, lib. VIII, pp. 188 y 189. Sahagún ob. cit., lib. VIII, cap. XIX. Ternaux Compans ob. cit. pp. 229 y sigs. Carta de Ramírez de Fuenleal, Pub. en Ternaux Compans. ob. cit, pp 245 a 252. Carta de Motolinía. Pub. en Ternaux Compans ob. cit pp 402 y 405. Pomar y Zurita ob. cit. p. 120.

94. Durán ob. cit. T. I, cap. 25. Herrera ob. cit. dec. III, lib. IV, cap. 17, p. 138. Tezozomoc ob. cit, caps 8 y 9.

(Moreno 1962: 90-91).

Ya tenemos distintos tipos de dominio, y diferentes formas de incorporarse al Estado mexica. En la de dominio más fuerte, se nombran dirigentes y se reparten las tierras. De momento, nada de posible evolución de la vinculación al Imperio ni de a quienes se nombraba para ocupar los cargos. Una idea atrevida y que consideramos de difícil contrastación es la del "plan definido" en la expansión. Más bien nos parece que las versiones mexicas de su historia nos conducen a una "lógica a posteriori", a una justificación total de la situación incorporando, entre otros valores, el de la predestinación del pueblo mexica.

A continuación se ocupa de la división para el pago del tributo y llegamos a los *tetecuhtzin*, como los llama el autor:

> Dijimos cómo el *tlacatecuhtli* de México, nombraba, de entre los nobles de su pueblo, *tecuhtli*, para los señoríos anexos al territorio de Tenochtitlan. Solamente podía nombrarse para tales puestos a personas de ilustre linaje, por lo general eran parientes cercanos del *tlacatecuhtli*; el cargo era vitalicio e indirectamente hereditario, pues si el tecuhtli o señor tenía un hijo que lo mereciese, se le nombraba y era costumbre que solo a falta de descendientes se pasase a un extraño. Estaba obligado a tributar al *tlacatecuhtli* y a prestarle ayuda de gente, armas, víveres y demás menesteres para el caso de guerra. [101].
>
> Torquemada nos dice que estaban obligados además a residir en la corte cierta parte del año y a dejar rehenes

en caso de ausencia. Refiriéndose a los *tecuhtin* o *teules*, dice Zurita: "La segunda manera de señores eran los tecuhtin o teules, en plural, no eran más que de por vida, por que los señores supremos, los promovían a tales dignidades por hazañas hechas en la guerra o en servicio de la República o de los Señores, y en pago y remuneración de ello les daban estas dignidades, como da Vuestra Majestad por vida una encomienda." "Estos Señores, continúa diciendo Zurita, tenían dominio y mando sobre cierta clase de gente anexa a aquel *Tecalli* (o sea la tierra que el Supremo Señor o *hueytlatoani* les daba en posesión) y unos eran de más gente y otros de menos."[102]

Estos señores tenían varias preeminencias, gozaban de muchos privilegios, tenían gente que les labraba sus tierras y les hacía el servicio de sus casas; asistían de continuo en el Palacio del Supremo Señor y recibían sueldo y ración de él. Por su parte, los *tetecuhtzin*, si a la muerte de su padre no heredaban el señorío, quedaban en calidad de *pilles*. "Que son principales o hidalgos a su modo". No tenían mando, pero gozaban de muchas distinciones por razón de su linaje; estaba libres de tributo y residían en la casa del Señor Supremo que les daba "ración y acostamiento".[103]

Como dice Zurita, estos cargos de los Señores era a manera de encomiendas o delegaciones que hacía de su poder el *tlacatecuhtli* en personas de su agrado y confianza; por lo tanto no eran de suyo hereditarios, ni siquiera permanentes, pues el *tlacatecuhtli* o Señor Supremo, podía remover libremente a los *tecuhtzin* y sustituirlos por otros.

No debe confundirse el dominio que tenían estos *tetecuhtzin* y ciertos funcionarios sobre los señoríos o pueblos conquistados, cuyo dominio era de carácter público toda vez que desempeñaban una función social, puesto que representaban al tlacatecuhtli en cuyo nombre gobernaban y ejercían autoridad sobre los dichos pueblos que estaban bajo su cuidado y potestad, no debe confundirse este dominio, repetimos, con el dominio privado que ejercían sobre las tierras llamadas *pillalli* y *tecpillalli*, de que ya hemos hablado, las cuales les habían sido repartidas desde la época de Itzcóatl, repartición que continuó durante los reinados posteriores en recompensa a sus méritos guerreros o de otra índole, las cuales tierras poseían a nombre propio.

Refiriéndose a ellas dice Zurita: "Cuando el Señor muere y deja hijos, está en su mano repartir sus tierras patrimoniales y dejar a cada uno de ellos los mayeques y tierras que le pareciesen...". "En estas tierras, agrega, sucedían los hijos y herederos del Señor de ellas y pasaban a ellos con los *mayeques* que en ellas había".[104]

Por lo que hasta aquí hemos analizado de la organización política de los mexicas, no hemos encontrado nada que nos autorice para atribuirle un carácter democrático o popular; muy por el contrario, hemos visto que tanto los *calpullis* como los señoríos dependientes directamente de Tenochtitlan, es decir, los que formaban parte de su territorio y los que solamente estaban obligados a tributar, todos ellos reconocían la supremacía y autoridad del *tlacatecuhtli*, que es el que los cronistas llaman Rey o Emperador, en quien residía esencialmente el Gobierno y poder de mando.[105]

101. Pomar y Zurita. ob. cit., pp. 92 y 93.
102. Ibidem. p.92
103. Ibidem. pp 98 y 158
104. Ibidem. p. 157
105. Ibidem. p.66

(Moreno 1962: 95-97).

Ya tenemos lío: propiedades privadas, divisibles, y propiedades del cargo, que en época española serían vinculadas. Lo de la "no democracia" va dirigido a Morgan, por supuesto. Y ahora sí tenemos alguna noción de a quién se nombraba para los cargos, pero dada la variedad, habrá que analizar cada caso.

Habla después de las "cofradías" de *tetecuhtin*, del *hueytlatoani*, su elección y funciones, el *tlatocan* y el *cihuacoatl*, hasta llegar a los dos últimos epígrafes:

Hemos pasado breve revista sobre el cuadro que ofrecía el sistema político y de gobierno entre los aztecas. De ella hemos recogido la impresión de que la organización social de este pueblo hubo de sufrir varias modificaciones antes de alcanzar el alto grado de desenvolvimiento que tenía a la llegada de los españoles.

La composición política y social de los aztecas en un principio, era demasiado simple, sin que por esto queramos decir que constituyesen un mero conglomerado tribal, como supone Mr. Bandelier, puesto que ya desde el tiempo de su peregrinación los mexicas presentan una diferenciación de clases y un nivel cultural muy superiores a los que corresponderían a una tribu. Ya desde entonces se puede advertir en ellos como lo hacíamos notar en su oportunidad una diferenciación perfectamente bien delimitada entre gobernantes y gobernados, llevada a efecto por medio de la coordinación y subordinación de todos los elementos que constituían la colectividad social, signo característico de toda organización estatal. Nos permitimos recordar a este respecto las doctrinas de Mr. Duguit acerca del Estado, remitiendo a nuestros lectores a los textos de este sabio jurista que hemos reproducido en páginas anteriores.

En consecuencia, podemos afirmar válidamente que desde el establecimiento definitivo de los mexicas en el lago de México, se encontraron en posesión de todos los elementos necesarios para constituirse en Estado.

En nuestro apoyo viene la opinión del señor Orozco y Berra, quien asienta que ya desde la época de la fundación de Tenochtitlan podían advertirse diferencias radicales entre las distintas clases que componían la sociedad azteca. Por este tiempo solo había los sacerdotes, los guerreros y el común del pueblo; "pero, anota el citado historiador, las conquistas sucesivas, la absorción de los pueblos de lenguas y usos diversos, introdujeron nuevos elementos en la organización social, dando principio a una nobleza distinta en parte de las clases reconocidas, que venía representando por un lado el nacimiento y la familia; por otro, la riqueza individual y la propiedad".

Un lento proceso de centralización política se efectuó en la sociedad azteca, el cual tuvo su culminación con el despotismo de Motecuhzoma II; el resultado de este movimiento centralizador fue la afirmación del carácter estatal de la organización política de los mexica.[144]

La absorción absoluta de todas las actividades sociales y de todas las manifestaciones de la vida cultural de los aztecas por el órgano de gobierno; la cooperación cada vez más completa e integral de todos los miembros que constituían la sociedad mexica, para fines que rebasaban con mucho los límites de la sociedad familiar, la diferenciación y la desigualdad cada vez más absoluta producida entre las distintas clases de la nación azteca que venía a engendrar relaciones de dominación y dependencia política de unas con respecto a otras; la posesión de un territorio que daba un aspecto territorial y una base característicamente propietaria al régimen político; la posesión de un orden jurídico perfectamente bien reconocido y sancionado; la independencia y la autonomía del pueblo mexica frente a los demás pueblos; la fundación y establecimiento de una ciudad, que es otro de los requisitos sine qua non, otro de los supuestos necesarios de toda organización plenamente política; todo esto nos autoriza para afirmar la existencia de un Estado mexica, imperfecto, rudimentario y semitotémico si se quiere; pero Estado al fin, caracterizado principalmente por su aspecto oligárquico, teocrático y militar.[145]

La alianza tripartita: mexica-tecpaneca-texcocana

De propósito hemos dejado para ahora la discusión del llamado Imperio del Anáhuac o Imperio Mexica. Este es el nombre con que los primeros historiadores españoles designaron a lo que en realidad no era sino una confederación de tres pueblos, Texcoco, Tlacopan y Tenochtitlan, para fines guerreros. Todavía hay autores que nos hablan del Imperio Azteca, lo cual revela un desconocimiento absoluto de la organización político-social de los mexica, así como de la naturaleza de la alianza celebrada entre las tres naciones.

El imperio implica la existencia de una organización política en que las distintas partes integrantes se encuentran ligadas por relaciones de sujeción y dependencia con respecto a un poder central, dotado del máximun de poder, el cual ejerce un dominio pleno sobre dichas partes integrantes. Ahora bien, este no es el caso de la Liga Tripartita de Anáhuac, pues sabemos por Zurita que ninguna de las tres naciones estaba subordinada a las demás, sino que, "fuera de las cosas de la guerra en todo lo demás eran iguales, y no tenía el uno que hacer en el señorío del otro":[146] de tal manera que cada cual conservaba su absoluta independencia y poseía su gobierno, su territorio, sus leyes y sus costumbres propias. Como se ve, las tres potencias, por lo menos, en principio, concurrían a la confederación bajo un mismo pie de igualdad.

No es posible, sin embargo, desconocer la existencia de una organización de índole administrativa, correspondiente a la confederación, encargada de colectar los tributos, de administrar las rentas, de declarar la guerra, de concertar la paz, etc, a nombre y en representación de la Liga.[147]

La Alianza era en realidad un simple pacto bélico celebrado con propósitos ofensivo-defensivos, el cual pacto daba derecho a la repartición de las tierras conquistadas y de los tributos impuestos a las naciones vencidas. En caso de ataque sufrido por alguna de las tres naciones coaligadas, las otras dos estaban obligadas a prestarle auxilio.

El Tlacatecuhtli de México, comandaba en jefe las fuerzas de la confederación, y por tal motivo los señores de Texcoco y Tlacopan intervenían en su elección ratificando el nombramiento hecho por los cuatro electores. La Confederación de Anáhuac, como han dado en llamarle algunos escritores, fue fundada a la caída de Azcapotzalco, por Itzcoatl y Nezahualcoyotl, quienes dieron intervención en ella a Totoquihuatzin, señor de Tlacopan; subsistió la Alianza de las tres naciones hasta la llegada de los españoles.

No escasean los autores que como Vetancurt conceden la supremacía absoluta en la Confederación a los de Tenochtitlan, hablan de una guerra habida entre mexicas y texcocanos, en la que el triunfo se decidió a favor de los primeros, quedando los segundos colocados en una situación de dependencia.[148]

144. Orozco y Berra. ob. cit. Durán. ob. cit. t. I, cap. 53, pp. 180, 214 y sigs y 416 y sigs. Motolinía. ob. cit. (edic. Icazbalcata) pp. 183 y sigs.
145. Sobre el carácter político y estatal de la organización social de los aztecas, véase a Seler, Eduard. Disertaciones, t. II, 2ª parte, pp. 134 y sigs. Trad. española en mecanuscrito, del Archivo Histórico del INAH. Spencer, Herbert. Los antiguos mexicanos, y Kohler ob. cit. coinciden en considerar a los aztecas como un Estado.
146. Pomar y Zurita ob. cit., p. 79
147. Ibidem, p. 79. Motolinía y fray Diego de Olarte, Cartas al virrey don Luis de Velasco, en Ternaux Compans. ob. cit., p. 403. Herrera, ob. cit. dec. II, lib. VII, cap. 12, p. 109. Ixtlilxochitl. ob. cit., cap. 132, pp. 218, 219 y 220.
148. Acosta. ob. cit., lib. VII, cap. 15, p. 186. Durán. ob. cit., cap. 14, p. 123. Tezozomoc ob. cit., caps 19 y 20

(Moreno 1962: 121-125).

Así que, según Moreno, la alianza no podía ser llamada Imperio, pues no estaban unas subordinadas a otras. Este es un tema recurrente, como veremos, pues no hay acuerdo sobre el papel que jugaba cada una de las partes en la alianza. Para muchos autores, en el momento de la llegada de los españoles, Tenochtitlan ejercía el dominio sobre las otras dos cabeceras, por lo que podían cumplirse los requisitos puestos por Moreno. De todos modos, la expresión "Imperio de la Triple Alianza" está concebida para obviar este tipo de discusión. Las fuentes que utiliza son fundamentalmente cronistas, con especial atención a Zorita, con todo lo que eso conlleva (ver Rojas 1997a, 2004). Aunque alude a Azcapotzalco, nunca se considera importante, ni se discuten posibles estados previos, aunque en los últimos párrafos transcritos sí aparece algo de evolución, pero solamente de los mexica. En esa época —y todavía hoy en muchos casos—, todo comenzaba con los mexica. Y efectivamente, Köhler en su *El derecho de los aztecas* (1924 [1892]) había considerado a los aztecas una monarquía, aunque en algunos señoríos había más de un señor.

GEORGE CLAPP VAILLANT

Este es uno de los clásicos, reeditado continuamente, aunque con cambios. El original apareció en inglés como *Aztecs of Mexico* en 1941 y fue traducido en 1944. En 1962 Suzannah Vaillant hizo una segunda edición en la que lo más notorio es la división del capítulo sobre los toltecas en dos: uno de Teotihuacan y otro de Tula. También tuvo considerables variaciones la parte dedicada a los olmecas. Y es que los hallazgos mandan y cuando Vaillant escribió, la capital de los toltecas era Teotihuacan y no Tula. La misma autora menciona que una revisión a fondo realizada por especialistas llevaría a un libro completamente nuevo. Pero sigue siendo la primera cuando no la única lectura de mucha gente. La primera parte del libro, con mucho material arqueológico, era considerada farragosa por el mismo autor, que recomendaba la lectura de la segunda, mucho más descriptiva. De ella, el capítulo XIII, "Asuntos exteriores y guerra", es el más acorde con nuestro propósito. No encontramos una descripción de un imperio, con ningún tipo de estructura, pero hay algunas frases que merece la pena comentar. No hay ningún rigor en el uso de las palabras "comunidad", "grupo", "Estado", "tribu", que aparecen mezcladas para referirse a los mismos grupos. La evolución del sistema es descartada de manera sumaria:

> Aunque un grupo pueda haber llegado a tener miles de

> miembros, la aldea haya llegado a transformarse en una ciudad-Estado y las tierras comunales ya no bastaran para el sostenimiento de la población, no hubo verdaderos cambios en la organización política. Ningún jefe tuvo el concepto de imperio como el que fue aplicado, con tanto éxito, por los incas del Perú. La experiencia de grupo de los indios de América fue colonizar tierras nuevas, pero —con la única excepción de Perú— nunca incorporar, por medio de la conquista, a las comunidades más débiles. (Vaillant 1973: 180).

Comentarios como este le hacen difícil armonizar luego la actividad guerrera de los tenochcas y la existencia de los tributos. Hablando a continuación de Quinatzin, señor de Texcoco, dice que los jefes conquistados mantuvieron una "completa independencia política", aunque reconocieron como un "superior" a Quinatzin, y más tarde, en cambio (Vaillant 1973: 180-181) habla de "estados vasallos" a Tezozomoc de Azcapotzalco. La posición de Vaillant es fuertemente etnocéntrica, pero alcanza un punto culminante en el final del capítulo:

> La cultura azteca alcanzó, con instrumentos de la Edad de Piedra, una civilización ideada para equilibrar la vida del hombre frente a las fuerzas de la naturaleza confusamente percibidas. Su caída fue inevitable cuando se enfrentó al inexorable mundo europeo del acero, el razonamiento objetivo y a una religión conformada para satisfacer conceptos tan diferentes como las exigencias de los poderosos y las necesidades de los débiles.
>
> No nos es posible decir lo que la civilización azteca podía haber llegado a ser. Como todas las naciones del pasado y también del presente que han florecido y se han desvanecido hasta desaparecer, los aztecas crearon las simientes de su propia destrucción. (Vaillant 1973: 188).

Como fuentes y bibliografía aparecen algunos cronistas, como Durán, e Ixtlilxochitl, el Códice Mendoza y autores norteamericanos, destacando Bandelier y Bancroft, en el original, con la incursión de autores mexicanos en la revisión. Algunos de ellos volverán a aparecer en nuestro discurso.

Vaillant se alinea con las tesis de Morgan, y el esplendor azteca acaba siendo una especie de espejismo. Una cita tomada del capítulo siguiente de su libro, dedicado a Tenochtitlan, es muy clara al respecto:

> Aunque Tenochtitlan era, social y administrativamente, un típico pueblo mesoamericano, en lo externo parecía ser la ciudad capital de un Imperio del Viejo Mundo. (Vaillant 1973: 189).

Esa apariencia es oportuna a la hora de describir la ciudad, sin ponerla más en duda. La obra de Vaillant, pese a los arreglos que efectuó Suzannah Vaillant, hace mucho que debería leerse solamente como parte de la historia de la ciencia. Pero la realidad es que sigue vendiéndose como una descripción canónica de la cultura azteca. Costumbre de su tiempo, siguiendo la propia imagen que los aztecas dieron de sí mismos, todo en Mesoamérica parece comenzar y terminar con los fundadores de Tenochtitlan. Las entidades políticas se confundían con las culturas, lenguas, etnias, etc., como ya hemos comentado.

Robert H. Barlow

En ese panorama de descripciones de los aztecas irrumpe Robert H. Barlow. Hace ya muchos años oí decir al encargado de la Antigua Librería Pedro Robredo en la ciudad de México que el mejor estudioso de los aztecas que había habido era Robert Barlow y que fue una lástima su temprana muerte. Desde entonces me he preocupado por su figura y hoy día, gracias al trabajo de Elena Limón, María de la Cruz Paillés y Jesús Monjarás-Ruiz estamos en mejores condiciones de verificarlo. Y es que ellos han emprendido la publicación de las obras completas de Barlow, lo que incluye muchos borradores que no vieron la luz. Están previstos diez volúmenes, de los que tenemos ya ocho en la calle (2003). Y es que pese a su corta vida (1918-1951), Barlow es una especie de *recordman* de la publicación, y en una época en que no existía el ordenador. Se conocen más de trescientas publicaciones suyas, algunas muy breves, es cierto, y otras publicaciones de fuentes entre las que destacan muchas relaciones histórico-geográficas. Tiene muchos trabajos sobre Tlatelolco y sobre la formación de la Triple Alianza, sobre todo conquistas de los *tlahtoque*. Es también quien demostró la relación de varias crónicas y propuso la existencia de un prototipo que llamó "Crónica x". Nuestro librero decía que si hubiera vivido más tiempo habríamos avanzado mucho más rápido y yo estoy convencido de que habría sido así. Pero no lo ha sido, así que pasemos a ver su herencia.

En las *Obras Completas* (Vol. III, 1990, p. 211) tenemos el TEXTO 30: "La formación del Imperio de los Culhua Mexica", donde se discute el nombre real del Imperio. No fue publicado anteriormente. Es un borrador que enlaza con el 31 "Algunas consideraciones sobre el término Imperio Azteca" y que a algunos nos recuerda la discusión que tuvo lugar la primera tarde en el Curso de Verano de la Universidad Complutense *Los aztecas: del mito a la realidad* (El Escorial, 1998), que la pasamos discutiendo de lo mismo, apoyados en la ponencia que envió el Dr. León Portilla. También ha aparecido el tema en el comentario de Moreno. No es tan baladí como parece el asunto, pues la denominación recoge una parte importante de nuestra manera de ver el imperio.

El TEXTO 31 "Algunas consideraciones sobre el término "Imperio Azteca", fue publicado en 1944 (1990: 213-219). Podemos ir viendo las fuentes que Barlow manejaba: cronistas y códices. Discute Barlow quiénes son los aztecas, quiénes los culhuas y quiénes los mexicas. Es muy interesante lo que aparece en la nota 1 (p. 215) sobre las ocho tribus que salieron de Aztlan:

> "Las ocho tribus. Ni los futuros mexicas ni los culhuas, se incluyen entre las ocho tribus que aparecen y desaparecen en la leyenda de la migración. Hay una especie de norma para los nombres incluidos entre estas ocho tribus, en las versiones de los códices *Aubin* y *Bo-*

turini y la tercera relación inédita de Chimalpahin. [...] Aunque otros documentos menos fidedignos nombran otras tribus, esta versión triple probablemente representa una norma para el Valle de México y no incluye a los culhuas.

Pionero en la discusión de la terminología, Barlow lo fue también en dar importancia a la diacronía y en reconocer que había entidades anteriores a los que nos interesan. Las últimas palabras del trabajo que nos ocupa son claras a este respecto:

> Cuando la última onda migratoria de nómadas entró al Valle de México, la que al empezar su marcha se llamaba azteca, y al terminarla se llamaba mexica, dieron con los restos de [los] toltecas en Culhuacan, por el Cerro de la Estrella, es evidente que se impresionaron mucho. Culhuacán fue la Constantinopla tolteca, y espléndida después de la destrucción de Tula, la Roma de aquel entonces. Y los mexicas que se casaron con colhuacanenses en el siglo XIII y [el] XIV, optaron por agregarse el nombre de culhua. Se llamaron los culhua mexica. Esta tribu que logró dominar un área sumamente extensa obviamente retuvo su nombre hasta la llegada de los españoles, habiéndose olvidado del nombre primitivo de azteca, tan completamente como deberíamos olvidarlo nosotros, a menos que, en un apogeo de pochismo, los historiadores mexicanos prefieran usar una terminología que sabemos que es falsa y de reciente importancia, pero que tiene el prestigio de emplearse en los Estados Unidos del Norte.
>
> ¿Cómo vamos a llamar al imperio que Cortés conoció en 1919 [sic por 1519]? Regido por los moradores de la isla de México, los papeles de Tlacopan y Tetzcoco se habían reducido a[l de] meras comparsas, de modo que "el imperio de las tres cabezas" (favorecido por Ixtlilxochitl), ya no es aplicable. Debemos rechazar el término imperio azteca. El [de] imperio mexicano, aunque se encuentra en algunas crónicas antiguas [no] es conveniente a causa de los homónimos del siglo XIX.
>
> El que habla no puede sino proponer una restauración

> de la terminología original, el imperio de los mexicas o, tomando en cuenta las ligas que pretenden con las viejas dinastías de Tula y Culhuacan, el imperio de los culhua mexica. (Barlow 1990: 218-219).

En pocas líneas, Barlow deja constancia de su creencia en la existencia de un imperio, de la forma en que estaba cuando llegaron los españoles, y propone un nombre. Como veremos en el transcurso de la obra, no fue en este aspecto profeta en su tierra, y en los Estados Unidos del Norte, se sigue utilizando el término "Azteca", aunque disguste a muchos investigadores.

Pero Barlow predicó con el ejemplo. En 1949 apareció *The extent of the Empire of the Culhua-Mexica*, libro que por una parte se constituyó en obra de referencia para los estudiosos del Imperio, pero estuvo lejos de constituirse en un éxito editorial como Vaillant. Hay una reedición de 1979, y la primera traducción al castellano es de 1992. Además, creemos que ha sido malinterpretado durante mucho tiempo, pues se tomó como "el libro de Barlow sobre el Imperio" cuando él dice claramente al comienzo del mismo:

> El presente trabajo es la primera parte de un estudio sobre el Imperio que Cortés invadió una vez que se estableció en Veracruz en 1519. Se trata del Imperio erróneamente llamado "azteca", término que el autor ha considerado en otro lugar y para el cual propone como sustituto el de "culhua mexica". El presente y un segundo estudio, que será publicado en el futuro, tratan sobre la extensión geográfica del Imperio de los culhua mexica y de su división en provincias tributarias. En las dos partes de este estudio sobre los culhua mexica se estudiarán todas las poblaciones de las que se pueda probarse que estuvieron sujetas al Valle de México en 1519. Posteriores y más detalladas partes del estudio mayor considerarán a este vasto Imperio cronológicamente: cómo y cuándo alcanzó sus dimensiones finales, quién lo dominó en sus inicios y quién en su ocaso, etcétera. El presente mapeo del Imperio de los culhua mexica es un paso preliminar necesario

> para los estudios históricos (en la forma de historias locales) que seguirán, los cuales son el principal objetivo del que esto escribe. (Barlow 1992: 5).

Pasa Barlow a describir sus fuentes y la manera en que ha procedido para realizar su mapa, que, por cierto, ha sido "el mapa" durante casi cincuenta años. Para Barlow la fuente principal era la *Matrícula de Tributos*, constituyendo cada página una "provincia", y siendo la segunda parte del *Códice Mendoza* una copia de esta. Dada la calidad de las reproducciones que manejaba, el Mendoza fue realmente más utilizado y completó la información con las *Relaciones Histórico Geográficas*, de las que él publicó algunas y algunos materiales etnográficos. Dada la condición de sus materiales, se centra en el tributo, excluyendo cualquier otro tipo de noticia:

> De mala gana excluí cualquier fragmento de las secciones históricas escritas originalmente para acompañar [la descripción] de estas provincias. Al suprimir ahora una historia aproximada, podré ofrecer una historia más fiel más tarde. Tampoco fue posible abordar aquí los problemas del gobierno y de la administración del tributo, ni los asuntos relativos a las motivaciones y reglas de la guerra indígena; todos los cuales necesitan ser reexaminados. (Barlow 1992: 7)

Los azares del destino, con la pronta muerte de Barlow, nos dejaron sin esos trabajos, y evaluar el impacto que habrían tenido sería hacer un poco de "historia-ficción", aunque personalmente creo que habrían acelerado considerablemente nuestras investigaciones.

La organización del libro es por provincias, agrupadas regionalmente, y expresando en cada una las fuentes para el mapa, con relación de todos los pueblos localizados y expresión del número con el que aparecen identificados en el plano, observaciones sobre los pueblos, naturaleza de la provincia, en la que se mencionan los habitantes, los idiomas y el tributo. Sobre la forma en que entendió Barlow este, hablaremos en el próximo capítulo. Es importante aquí mencionar que, una vez situados en el mapa los pueblos, Barlow los agrupó en "provincias" asumiendo una ocupación total del espacio, que dejaba solamente sitio para los llamados "señoríos independientes", como Tlaxcala o Metztitlan. Al usar fuentes ajenas a la *Matrícula de Tributos* y el *Códice Mendoza*, encontró mención de otros pueblos sometidos. Cuando estos estaban dentro de una de las provincias establecidas, los añadió. Cuando no era así, hubo de resolver los problemas que se le plantearon, creando por ejemplo un "camino al Soconusco", que minimizaba el carácter anómalo de esta provincia, la única separada totalmente del resto:

> Los principales centros ocupados por los mexicanos para asegurar la ruta a través del istmo de Tehuantepec y, la bajada de la Sierra Madre hacia el Xoconochco están indicados en el mapa entre las provincias 29 y 30, Tochtepec y Xoconochco. La lista, que puede agrandarse, se formó tomando la información de las listas de las conquistas de los gobernantes mexicanos.
>
> La razón por la cual estos pueblos no aparecen en la Matrícula conformando una provincia tributaria separada es debatible. Pueden haber estado representados en una página ahora perdida, o los mexicanos pueden haber demandado de estos pueblos únicamente el derecho de tránsito. (Barlow 1992: 144).

El trabajo de Barlow es una "labor de chinos". La localización de más de trescientos pueblos y el diseño del mapa ha perdurado hasta hoy. Con ligeras modificaciones, a veces, el mapa de Barlow ha venido siendo utilizado hasta ahora, aceptando su geografía del imperio, incluido el "camino al Soconosco", la "provincia aislada" del imperio. El uso que Barlow iba a hacer no nos ha llegado, pero su trascendencia nos obliga a dedicarle una atención especial.

Isabel Kelly y Ángel Palerm

Prácticamente contemporáneo al texto de Barlow es *The Tajin Totonac. Part 1. History, subsistence, shelter and technology*, de

Isabel Kelly y Ángel Palerm (1952), sometido a publicación en la Smithsonian Institution en 1950. En él se citan varios trabajos de Barlow, pero no el que hemos comentado antes, pues este texto estaba terminado cuando aquél apareció.

Para nuestro tema nos interesan las breves noticias históricas de la región que se dan al principio, donde se afirma (p.23) que los mexicas realizaron una conquista militar con fines tributarios, sin dejar impronta cultural, y el Apéndice B "The Mexican Conquests", que consiste en una sucesión de mapas, uno por cada tlahtoani, donde aparecen las conquistas que realizó, con una minuciosa descripción de las fuentes utilizadas. En los mapas se puede apreciar la formación del imperio y en el texto algo de la cronología. Y es que solamente podemos entender la estructura imperial contemplando su formación. Barlow lo tenía claro, pero su segunda parte no llegó a publicarse. Kelly y Palerm también, pero la circulación de su obra ha sido mucho más restringida. Y nosotros hemos creído generalmente que el libro de Barlow era EL LIBRO y no la introducción, y hemos pasado del tema. ¿Cómo podríamos responder a la tipología de dominación que aparece en Moreno, esencial para la estructura, sin ver cada caso por separado? Algunas de las fuentes de Kelly y Palerm ya las conocemos, pero otras son nuevas: *Códice Chimalpopoca*, *Anales de Tlatelolco*, *Colección de Mendoza* (el *Códice Mendoza*), *Historia de los Mexicanos por sus pinturas*, *Codex Telleriano-Remensis*, Torquemada, Tezozomoc, *Códice en Cruz* e Ixtlilxochitl. Y no todos los sitios aparecen en todas las fuentes. Podría haber utilizado también a Durán, pero su información es muy similar a la de Tezozomoc.

La visión sucesiva de los mapas ofrece un panorama de la evolución del Imperio en su vertiente física. Algunos lugares se repiten, porque fueron "conquistados" más de una vez, y varios tlahtoque realizaron expediciones a las mismas regiones, aumentando el número de lugares sometidos en las mismas. El trabajo se habría complementado muy bien con un mapa final que mostrara la totalidad de los lugares conquistados, al estilo del de Barlow, pero ni Kelly y Palerm lo hicieron, ni ningún otro se ha tomado la molestia de hacerlo posteriormente.

En resumen, la descripción de Vaillant sigue vendiéndose, aunque no satisfaga a los investigadores. Barlow ha sido una referencia constante para todos los que han venido detrás, incluso cuando se ha llegado a cambiar algunas de sus conclusiones, y Kelly y Palerm van apareciendo, como tendremos ocasión de ver, cada vez más, conforme las investigaciones se van dirigiendo por lo derroteros que ellos enfilaron, y de Moreno pocos se acuerdan para las cuestiones políticas, aunque sí aparezca más en las descripciones de la estructura social.

Ya tenemos un mapa del Imperio y una descripción de su evolución, pero aún apenas nada de la estructura del mismo. De hecho, el uso por parte de Barlow de fuentes de carácter tributario influyó de manera decisiva en los investigadores que le siguieron, quienes se centraron en el carácter tributario, supeditando las descripciones de las estructuras administrativas al mismo. En este campo, el peso de la interpretación dada a la obra de Barlow eclipsó la afirmación de Moreno de que había diversas maneras de pertenecer al Imperio.

Capítulo III
Las fuentes de Barlow

La fuente principal para Barlow era la *Matrícula de Tributos* y lo que él consideraba su copia, la segunda parte del *Códice Mendoza*. Parte de la interpretación de Barlow de la *Matrícula*, como el que "fuera hecha para Cortés" deriva de su formato como libro europeo, pintado por ambas caras (Barlow 1992: 8-9). Esta interpretación ha venido repitiéndose hasta hace poco. Luz María Mohar (1997) afirma que son páginas pegadas, información que le transmitimos en 1993, aunque ella no cite fuentes. En su favor está haber visto el original, cosa que nosotros no hicimos. En el mismo año apareció el estudio que utilizamos para estas sesiones: *Información de 1554* sobre los tributos que los indios pagaban a Moctezuma (CIESAS, México), donde aparecen algunos resultados del seminario que realizamos en el Departamento de Historia de América II (Antropología de América) de la Universidad Complutense de Madrid. Sobre el facsímil de que disponemos (1980) se podían ver las roturas de las esquinas y no coincidían en el anverso y en el reverso. En la edición que hizo Salvat (1974) eso no se podía apreciar, pues las páginas estaban "recortadas" del fondo. La única explicación viable era que se hubieran pegado las hojas sobre un soporte. Podría haber sido un biombo cortado posteriormente. Mohar nos indicó en aquella ocasión que había páginas pegadas a la mitad (3v, 4r, 4v, 7r, 8v, 11r, 11v, 12r, 15r, 15v), lo que podría indicar que se trataba de tiras de papel unidas para formar una más larga y plegadas posteriormente en forma de biombo. En ese caso, no sabemos entonces lo que hay detrás, aunque puede no haber nada. Por su parte, Batalla (2007) piensa que eran hojas sueltas, lo que permitiría cambiarlas en caso de que variaran los tributos, o incorporar hojas nuevas.

La Matrícula de Tributos

Conservada en la Biblioteca del Museo Nacional de Antropología e Historia, en la ciudad de México, es conocida gracias a las diferentes ediciones que hay, entre las que destacamos la facsimilar -reducida a un 70% del tamaño real- hecha en Graz en 1980, con estudio de Frances F. Berdan o la más reciente de Luis Reyes (1997). Es bastante complicado ver el original, que se encuentra custodiado en la caja fuerte de la mencionada institución, por lo que algunos de los puntos que señalaremos están supeditados a una eventual confirmación en el futuro.

En su estado actual contiene dieciséis hojas, "con pinturas en ambos lados".

El contenido de la *Matrícula* se corresponde con el de la segunda parte del *Códice Mendoza*. Los folios 1r y 1v están muy deteriorados, pero se alcanza a ver que se parecen a los 17v y 18r del *Mendoza*, lo que refuerza la hipótesis de que realmente pertenecen a la parte tributaria. La misma conjetura hay que hacer con los 2r y 2v, muy fragmentados, pero que conservan los topónimos, por lo que sabemos que corresponden a las láminas de Tlatelolco y Petlacalco. A continuación viene la sucesión de provincias, reducidas a una página cada una, y presentando solamente las pinturas y las glosas, aunque estas aparecen primero en nahuatl y después en castellano, con una secuencia bien definida. El número total de provincias no coincide, por faltar en la *Matrícula* Axocopan y Atotonilco el Grande, que configurarían una página, y Tlachquiauhco y Tochtepec, que configurarían otra. La fragmentación del códice es bien conocida, y su estado actual es fruto de la reincorporación de las hojas que tenían "vida autónoma" como *Códice Poinsett* (Tlatelolco y Petlacalco, Tlatlauhquitepec y Tochpan). Una diferencia notoria entre el *Códice Mendoza* y la *Matrícula de Tributos* es la disposición de los elementos dentro de las páginas. En la *Matrícula*, los topónimos comienzan en la parte inferior izquierda y continúan por la banda inferior, para subir por el margen derecho, cuando es necesario. Los tributos presentan una imagen casi "de espejo": encontramos abajo lo que estaba arriba y a la izquierda lo que estaba a la derecha. Una posible explicación a esto es que la *Matrícula* debiera ser leída, como ocurre con otros códices mesoamericanos, de derecha a izquierda, siendo la primera hoja la que hoy aparece como última. Esa opinión es reforzada por la existencia del número de catálogo en el f. 16v y por el comportamiento de las glosas, más prolijas en las últimas páginas de la encuadernación actual que en las primeras. Por contra, la coincidencia de ordenación de las provincias entre ambos documentos no favorece la hipótesis. Lo que sí parece claro, es que la interpretación de la Matrícula comenzó por el actual f.16v, por lo que en nuestro análisis del contenido comenzaremos por este.

Vamos a comentar, como haremos con el *Códice Mendoza*, las interpretaciones, comparando las pinturas, con el nahuatl y con la versión castellana, tratando de establecer sus relaciones. Nos limitaremos, por tanto, a señalar los casos destacables. Cuando no aparece alguna provincia, es que no procede.

Folio 16r: ATLAN.- La pintura muestra tres fardos de algodón, cada uno con su *tzontli*, lo que equivale a 1200 en total. El texto nahuatl coincide y el castellano dobla la cifra, dando 2400 "tercios de algodón". Parece que pensaba en que fueran dos tributos en el año, pero no hay indicación al respecto.

Folio 15v: TUCHPAN.- Destacamos el uso del cuantificador *quimilli* al hablar de las mantas. Dado que se emplea para contar veintenas de productos textiles, es lógico que solo aparezca en los casos en que no se trata de *tzontli*, como ocurre aquí con tres tipos de mantas.

Folio 15r: TLATLAUHQUITEPEC.- El nahuatl interpreta fielmente la pintura, dando *cenxiquipilli xochiocozotl* que debería traducirse por "8.000 *xochiocozotl*", sin indicación del bulto o carga. El texto castellano es algo borroso. Berdan (1980:42) lee "una talega de [...] de Ulor". Mohar (1987:281), "una talega de ocozote o goma de olor". Nosotros vemos claramente "una talega de" y muy dudoso el resto. La primera palabra termina en "a", por lo que la lectura "ocozote" se dificulta, la siguiente, desde luego, no es "goma". Parece decir "o herua"; el "de" también es dudoso, y el "Ulor" podría ser "Valor".

Folio 14r: CUETLAXTLA.- Encontramos de nuevo el uso de *quimilli*. En la parte superior tenemos dos bezotes, cada uno con su bandera o *pantli*, lo que indica que son 20. El texto en nahuatl tiene una parte borrada, pero se alcanza a leer *pohualli* (veintena). El castellano solamente dice "dos". En cambio, añade un numeral para formar "400 ceñidores" donde dice *centlamantli tlalpilloni* (un *tlalpiloni* o ceñidor de cabeza) y la pintura no registra ningún numeral.

Folio 13v: QUAUHTOCHCO.- Tenemos un buen ejemplo de la falta de comprensión del sistema numérico nahuatl que tenía el intérprete en castellano: la pintura muestra una carga de cacao con una bandera (*pantli*) y la glosa en nahuatl dice *centecpan tlamamalli cacauatl* que debe traducirse por "una veintena de cargas de cacao" y no, como hace la glosa castellana, "una carga de cacao".

Folio 13r: XOCONOCHCO.- Hay un error en la glosa en nahuatl del tributo en pájaros, pues lee 100, donde debía ser 80, y el texto en castellano nos demuestra así que traduce el nahuatl, pues repité el error. Tenemos dos vasijas, una con su *tzontli* y otra sin él, aunque el texto en ambas lenguas interpreta que sí está. Con los fardos de cacao ocurre algo similar al caso de Quauhtochco, no considerando en la traducción la palabra tecpan. Por último, en las sartas de chalchihuites hay una palabra de dudosa interpretación. Berdan (1980: 40) lee *ceppaualtica*, con un sentido de "cada veinte días". Mohar (1987: 251) lee *cep-pouaIuia*, sin dar traducción. Nosotros leemos ceppaualuia e interpretamos que se refiere a que en cada tributo, en los meses señalados en el folio, se entregaba una sarta. En la pictografía no aparece nada que indique tal cosa, pero la duplicidad de todos los productos en la provincia parece indicar que este era el caso para todos ellos.

Folio 12v: COYOLAPAN.- El tributo en grana no identifica la bandera con tecpan y glosa "un zurrón de grana". Más lío se arma en el tributo en oro. Aparece pintado un disco amarillo, con una bandera (*pantli*). El nahuatl dice *centecpantli coztic teocuitlatl comalli*, es decir "una veintena de comales de oro" y el castellano presenta un 400 tachado y una leyenda "un orden de comales o cazuelas chatas de oro". Por último, tenemos nuestra primera troje de grano, en la que aparecen los puntos, el maíz y los frijoles; no hay texto en nahuatl y el castellano dice solamente "maíz".

Folio 12r: Coayxtlahuaca.- Repite el error en los zurrones de grana y no ofrece cuantificación el castellano en los ceñidores ni en las jícaras. La pintura presenta dos sartas de piedras verdes con un texto nahuatl algo borrado al principio que dice "*...iuitl matlactetl omome cexiuitl*". Berdan (1980: 39) reconstruye chalchiuitl y da como reconstrucción el omome, que se lee claramente. El texto castellano vuelve a ceñirse al nahuatl y da "doze sartas de piedras mui preciosas verdes", prescindiendo de la frecuencia de pago "cada año", expresada por *cexiuitl*. La interpretación de Mohar (1987: 229-230) es poco convincente:

> En la pictografía de ambas fuentes aparecen dos sartas, sin embargo el texto de la Matrícula señala que eran doce chalchihuites, lo que coincide con la pictografía, en cambio el Mendocino y el texto español de la *Matrícula* señalan cosas distintas, el primero dos sartas y el segundo "dose" sartas, por lo que podemos suponer que el tributo exacto eran 12 chalchihuites.

Folio 11v: Tepeyacac.- Los cacaxtles no tienen numeral, pese a lo cual el nahuatl da *matlactecpantli* interpretado como "diez" en el castellano, en vez de la traducción correcta "200". Otro error se produce en la cal, donde las 4.000 cargas se convierten en el castellano en "40.000". Insistiendo con los numerales, el nahuatl da correctamente la cantidad de otates, que son 4.000 cargas, pero el traductor no entiende más que el principio y lo convierte en "diez". El tributo en *acayetl* es muy interesante. La pintura muestra una especie de caja o atado, con una muestra fuera unida por una línea, y un glifo *xiquipilli*, por lo que habría que leer "8.000 cargas o atados". El nahuatl da *cenxiquipilli acayetl* que serían "8.000 acayetes", suprimiendo las cargas, y el castellano "mil canutos de cañas aromáticas". Peor está el tributo en cañas, donde aparece también un atado con el *xiquipilli*. El texto nahuatl reza *cenxiquipilli tlatzontectli* y el castellano, que se lee con alguna dificultad, "una talega del [...] de cañas". Berdan (1980: 39) no da texto alguno y Mohar (1987: 219) dice que es ilegible.

Folio 11r: Chalco.- Aparecen cuatro trojes, dos "con todo" y dos solamente con maíz. Las glosas, pese a su interés, no los explican. El nahuatl dice *ynin cenca miec y[n] tlaolli yn etl yn q[ui]calaquiaya amo çan tlapoualli* que es traducido como "estas son las medidas innumerables de maíz", que se corresponde más o menos con el nahuatl, que traducimos: "era mucho el maíz y el frijol que daban, no se podía contar".

Folio 10v: Tlalcozauhtitlan, Quiyauhteopan, Youaltepec.- En las dos primeras vuelve a no considerar la palabra *tecpantli* en el castellano, refiriéndose a los jarros de miel. En la tercera, en vez de cuantificar dice "miel virgen". La palabra *xiuitl* también da problemas. En Quiyauhteopan aparece una jícara con piedras azules y una glosa en nahuatl *matlauac xiuitl* vertida al castellano como "resina con que se tiñe de azul". Berdan (1980: 38) lo traduce como *fine blue turquoise* y Mohar (1987: 207) como "piedras azul turquesa". Interpretan la primera palabra relacionada con la raíz *matlal-* "azul", pese a faltar la "l". También podría tener que ver con el numeral diez, aun cuando no figure en la pintura, pues *xiuitl*, en su acepción de piedra preciosa, ya implica el color azul. En la provincia de Youaltepec aparece de nuevo *xiuitl* como única glosa a una pintura difícil: un atado con el símbolo de piedra y, unida a él, con una línea una cara azul. Probablemente, como nos indica Juan José Batalla (comunicación personal), se trata de una carga de máscaras de piedra, probablemente turquesa. El castellano opta por un homófono nahuatl y traduce "yerba" en vez de "turquesa".

Folio 9v: Cihuatlan.- Dos ejemplos de numerales. El primero, ya habitual, es confundirse cuando aparece *tecpantli*. Son *nauhtecpantli*, es decir 80, los fardos de cacao, que son leídos en castellano como 400. El segundo parece incluir un error en nahuatl, pues dice *centzontecpantlamamalli coyoichcatl* cuando aparece una carga con un *tzontli*. Creemos que sobra el *tecpantli* y el castellano tira por la calle de en medio y lee "100 tercios de algodón".

Folio 8v: TLACHCO.- Dobla en el castellano el número de tecomates, convirtiendo 1.200 en 2.400 y transforma un *xiquipilli* en "1.000" al hablar del copal.

Folio 8r: MALINALCO, XOCOTITLAN.- El que haya dos provincias da problemas al comentarista en castellano. El texto en nahuatl de Xocotitlan no se lee y el de Malinalco dice *yetzontli yççotilmatli y[n] callaq[ui]aya nappoualtica*, es decir "1.200 mantas de izote que pagaban cada ochenta días". El castellano da "2400 mantas de pita qe entraban cada ochenta dias, o de quatro en quatro meses los de Malinalco, Zumpango, Xocotitlan y otros pueblos qe se figuran en la orla", por lo que junta los pueblos de la otra provincia, sin sumar el tributo, el cual es doblado arbitrariamente.

Folio 6r: XILOTEPEC.- Varias cosas interesantes se presentan en esta provincia. Tenemos una troje "con todo", glosada en nahuatl *cuezcomatl ietl çintli*, "troje de frijol y maíz" y en castellano "escriños de frijoles". Está debe ser la lectura correcta, pues "escriño" tiene sentido. Otros autores leyeron "escaños" o "escuñas". La primera no tiene sentido y la última no existe en castellano. Aparece un águila, sin numeral alguno en la pintura pero sí en el texto: *matlactetl quauhtli y[n] callaq[ui]aya mexico in xillotepeca*, pasado al castellano bastante fielmente "diez águilas qe trahian viuas los de Xilotepec". Nos aparece también, en las cargas de textiles, el problema de las compuestas. Hay una pintura, dividida en tres tipos y glosada en nahuatl *centzontli nacazminq[ui]*, sin versión al castellano. Más interesante es otra en que aparecen huipiles y mantas con textos que dicen *centzontli cueitl xicalcoliuhq[ui] yoa[n] huipilli* y "400 naguas de muger labradas y otros tantos huipiles". Creemos que se trata de un total de 400, sumados los huipiles y las mantas con el diseño *xicalcoliuhqui*. El texto castellano parece indicar 800 piezas en total.

Folio 4v: QUAUHTITLAN.- El mismo problema de la provincia anterior en los textiles divididos en tres.

Folio 4r: HUAXTEPEC.- Repite el problema anterior, con la salvedad de que ahora solo hay dos tipos de mantas. Resuelve el problema de los huipiles de una manera curiosa: la pintura muestra un huipil, con el *tzontli*, realizado en la forma acostumbrada, y la leyenda en nahuatl los convierte en 200 *uipilli* y 200 *cueitl*. No hay texto en castellano.

Son más los comentarios a los folios primeros, debido a que falta el texto castellano en muchos de los últimos. Asimismo, las explicaciones en nahuatl son menos prolijas, por lo que suponemos el orden de lectura ya mencionado y que los intérpretes dan ya muchas cosas por sabidas.

Uno de los problemas básicos de los tributos es la frecuencia de pago. En la *Matrícula de Tributos* es habitual que aparezca expresado junto a las mantas que se pagaban cada ochenta días, usando diversas fórmulas equivalentes. En algunos casos se indica que algún tributo es anual, como ocurre con los trajes de guerrero en los folios 12r, 11r y 10r. En el folio 6r hay una indicación entre la troje y los trajes de que el tributo se pagaba anualmente, mientras que en las mantas se indica que se daba cada ochenta días. De nuevo, salvo en la provincia de Xoconochco, no hay ninguna indicación pictográfica evidente. Nosotros pensamos que el ordenamiento es el que nos lo indica, apareciendo en primer lugar (abajo) el tributo cada ochenta días y encima el anual. En un caso donde hay "desorden" el texto indica la frecuencia (folio 3v, papel y jícaras), salvo que sea también tributo anual, pese a su condición. Retomaremos ese tema junto a la discusión sobre si se trata de cargas o unidades en la comparación de ambos códices, en el capítulo 4.

Hay que dilucidar también si la *Matrícula de Tributos* presenta el total anual, independientemente de la frecuencia de pago o si hay que multiplicar cada producto. La anómala página del Xoconochco parece la única clara, indicando la totalidad, pero referida a cada pago con la duplicidad de las pinturas. Para las otras es necesario aún tomar una decisión sopesada.

El Códice Mendoza

Este documento se encuentra actualmente en la Biblioteca Bodleiana de Oxford (Inglaterra). Es un volumen encuadernado, con 71 páginas, la mayoría escrita en ambas caras. Tradicionalmente ha sido dividido en tres partes, de acuerdo con su contenido: histórica (ff. 1r-18r), tributaria (ff. 18v-55r) y etnográfica (ff. 56v-71v). Esta división coincide con los textos en castellano del códice, aunque la crítica moderna (Berdan y Anawalt 1992, por ejemplo) coincida en considerar que los folios 17v y 18r tienen más analogía con la segunda que con la primera parte. Conviene describir estas antes de hacer una crítica global del códice.

La parte histórica o primera

Ocupa de los folios 1r a 18r. Hay páginas con texto en castellano y páginas con pictografías y aclaraciones en castellano. Generalmente las primeras explican las segundas. Así, tenemos que el folio 1r y 1v presentan un largo texto que explica el f. 2r, en el que aparece la fundación de Tenochtitlan. A partir del f. 2v se repite el mismo esquema, con ligeras variantes, hasta el f.16v: las páginas de "pinturas" presentan unos cuadretes con los años, la imagen de un señor mexica y unos topónimos que refieren los pueblos que conquistó. Con los primeros señores tenemos la explicación después de las pinturas (Acamapichtli hasta Huehue Motecuhzoma) y a partir de ahí se invierte el orden. Algunos señores muy conquistadores necesitaron más de una página para reflejar sus victorias (Itzcoatl, Huehue Motecuhzoma, Axayacatl y Ahuitzotl, dos cada uno; Motecuhzoma Xocoyotzin, tres). La distribución no fue bien calculada de antemano y tenemos páginas en blanco (ff. 7r, 9r, 11r, 14r, 17r). El comentarista no se limita a describir lo que aparece en las pictografías, sino que añade algunos párrafos de su cosecha, como los referentes a las esposas o a la severidad de Huehue Motecuhzoma. Al final del texto de este tenemos la clave de la segunda parte:

> La cantydad y valor y numero de los tributos q sus vasallos le pagavan se vera y entendera adelante según que por las figuras estan significados y aclaradas de las cosas y generos q le tributavan y tuvo por estremo en los tributos q le pagavan según q por el eran tasados fuesen syenpre complidos y p[ar]a ello tuvo sus calpixques y hazendores puestos en todos los pu[ebl]os de sus vasallos a manera de gov[er]nadores que los regian i mandaban i gov[er]navan.

Los ff. 17v y 18r tienen un aspecto distinto, no relatan la historia sino que se refieren a la administración por lo que, pese a la indicación al calce del f. 18r "fin de la partida primera de esta ystoria", parecen corresponder más al contenido de la segunda. No está completamente claro el significado de ambas páginas. Van Zantwijk (1967), Rojas (1991) y Carrasco (1996) han aventurado algunas hipótesis.

La parte segunda o nómina de tributos

Es la parte más importante para nuestro estudio. Comienza en el f. 18v, aunque en su esquina superior izquierda diga "19". Varias veces se repetirá el error de colocar el mismo número a las páginas que aparecen a la vista al abrir el libro. Termina en el f. 55r. La misma estructura se repite en todas las láminas: comienza con un texto en castellano en el que se describe el contenido de las pinturas que aparecen en la página o páginas siguientes. Estas presentan pictografías y glosas en castellano. Las pictografías pueden ser clasificadas en dos grandes grupos: los tributos, es decir, cosas con numerales que indican la cantidad, y topónimos que aparecen al margen, comenzando por la esquina superior izquierda y continuando por el margen izquierdo, en sentido inverso al movimiento de las agujas del reloj. Se ha asumido que representan los pueblos tributarios y que el primer glifo indica la capital de la provincia. Entre los tributos, los que más aparecen son los textiles, las trojes de grano y los trajes de guerrero. Algunas provincias utilizan más de una página de pictografías y en un caso (ff. 39v-40r) tres provincias ocupan la misma página. No hay intercalados folios en blanco.

La parte etnográfica o tercera

Tras quedar en blanco los ff. 55v y 56r, en el 56v, erróneamente numerado 57, comienza "la tercera partida". Un mismo esquema rige la presentación, hasta su final en el f. 71r: los folios verso presentan texto en castellano y los recto pictografías con glosas. Cuando hay diferentes escenas, quedan separadas en ambas páginas por rayas. Se narra en estas páginas la vida de un tenochca desde su nacimiento a su vejez. Destacan la educación de los niños, el aprendizaje de oficios, la carrera militar, el matrimonio, la justicia, etc.

La última página, el f.71v, nos presenta al "interpretador" y nos facilita datos interesantes acerca de la lectura que debemos hacer del códice. Merece la pena transcribirla íntegramente:

> El estilo grosero e ynterpretaçion de lo figurado en esta ystoria supla el letor por que no se dio lugar al ynterpretador de nyngun vagar y como cosa no acordada ny pensada se ynterpreto a uso de proçeso. ansimysmo en donde van nonbrados alfaqui mayor y alfaqui noviçio fue ynadvertençia del ynterpretador poner tales nonbres que son moryscos. ase de entender por el alfaqui mayor saçerdote mayor y por el noviçio saçerdote noviçio. y donde van nobrdos mezquitas ase de entender por templos. diez dias antes de la partida de la flota se dio al ynterpretador esta ystoria p[ar]a que la ynterpretase el qual descuydo fue de los yndios que acordaron tarde y como cosa de corryda no se tuvo punto en el estilo q[ue] convenia ynterpretarse ny se dio lugar p[ar]a que se sacara en limpio limando los vocablos y orden que convenya. y aunque las ynterpretaçiones van toscas no se a de tener nota syno a la sustançia de las aclaraçiones lo que significan las figuras las quales ban

> byen declaradas por ser como es el ynterpretador dellas buena lengua mexicana.

Premura, reconocimiento de algunos errores e insistencia en ser buena lengua. El texto nos revela que las pinturas las llevaron los indios, por lo que podemos comenzar a establecer la secuencia de realización. El que el "interpretador" fuera buena lengua ¿qué quiere decir?: ¿quiere decir que los indios se las explicaron en nahuatl y él realizó las anotaciones en castellano? ¿Le entregaron un documento con glosas en nahuatl y él lo tradujo, copiando las figuras? ¿Sabía leer los glifos? Nos inclinamos a preferir el primer caso. El segundo debería haber presentado un aspecto similar al de la *Matrícula de Tributos* que ya hemos analizado. El tercero también es posible y nos ayudaría saber más sobre nuestro personaje, pero la dependencia de los indios queda más oscura.

Análisis de la parte tributaria

Existen diversos vaciados de la información (Mohar 1987; Berdan y Anawalt 1992) por lo que nos limitaremos a comentar algunos aspectos.

La primera consideración que debemos hacer es ¿qué tenemos ante nosotros? Ha sido lugar común decir que es una nómina de tributos, concretamente, los que se pagaban a Motecuhzoma Xocoyotzin, pero no es solamente eso, sino también una explicación del sistema administrativo. La falta de comprensión de ese punto nos ha llevado a malinterpretar el sentido de los topónimos que aparecen, que no son los pueblos tributarios, sino los pueblos en los que había algún representante de la administración. De hecho, la primera indicación al respecto aparece en la primera parte. Allí (f. 15r) se lee:

> la cantydad y valor y numero de los tributos q[ue] sus vasallos le pagavan se vera y entendera adelante segun que por las figuras estan significadas y aclaradas de las cosas y generos q[ue] le tributavan. y tuvo por estremo en los tributos q[ue] le pagavan segun q[ue] por el eran

> tasados fuesen syenpre cumplidos y p[ar]a ello tuvo sus calpixques y hazedores gov[er]nadores que los regian mandaban y gov[er]navan y como era tan temydo nynguno se osava desmandar ny exçeder de su voluntad y mando syno q[ue] por entero se guardaua y cumplia por q[ue] fue inremysible en la execuçion y castigo de los rebeldes.

Más adelante precisa los contenidos de las páginas.

Mayordomos acudian al d[ic]ho petlacalcatl como su gov[er]nador (f. 19v):

> los pueblos figurados en las dos planas siguyentes resumydos aquy son diez y ocho pueblos segun q[ue] estan yntitulados. por los señores de mexico tenyan puesto un gov[er]nador llamado petlacalcatl avnq[ue] en cada un pu[ebl]o tenyan puestos un calpixque ques como mayordomo q[ue] tenyan a cargo de hazer recoger los rentos y tributos q[ue] los de sus pu[ebl]os tributavan al señoryo de mex[i]co y todos los d[ic]hos.

La provincia siguiente (Cuitlahuac) precisa mejor los cometidos de los administradores:

> los pueblos figurados y no[m]brados en las dos planas siguyentes resumydos aquy son veynte y seys pueblos en los quales los señores de mex[i]co desde q[ue] fueron conquystados por ellos tenyan puestos calpixques en cada uno dellos y en lo mas prinçipal domynava sobre todos ellos un gov[er]nador p[ar]a que los mantuvyese en paz y en just[ici]a y les hiziese cumplir sus tributos y porque no se revelasen (f. 21r).

Continúa ampliándose la información sobre los *calpixques* y gobernadores en la provincia siguiente, en la que se aclara que el gobernador era un principal de México y los calpixques también eran mexicanos (Quauhnahuac, f. 22v). Para la provincia de Huaxtepec se dice que tenían regidores como "en las de atras figura-das" (f.24r) para desaparecer la mención en las siguientes. Eso no quiere decir que haya cambiado el sistema, sino que se prescinde de la mención, como queda claro más adelante, en la provincia de Tepeacac (f.41v):

> ... en cada un pu[ebl]o avia calpixques mexicanos y la mysma orden y regimy[ent]o y govyerno q[ue] en los demas pu[ebl]os y provynçias de atras contenydos y ansi en lo de adelante por abreuiar solamente yran numerados ansi los pu[ebl]os como los tributos q[ue] tributavan. en lo tocante al govierno dellos por sus calpixques se entendera de los de adelante contenydos q[ue] tenyan la mysma orden y govyerno.

En efecto, hasta el final de esta parte se limita a registrar el número de pueblos y los tributos.

Prestemos alguna atención ahora a éstos. Es la parte del códice más usada por los investigadores, pero el acuerdo total sobre su contenido está aún lejano. La discrepancia fundamental está en el número global, sobre todo de las mantas. La confusión se debe a que las pictografías presentan un objeto con un numeral encima. Para algunos investigadores hay que multiplicar dicho numeral por 1 y para otros por 20, pues el comentario del códice incluyó a posteriori la palabra "cargas". Discutiremos el tema más ampliamente en el capítulo 4. Ahora nos conciernen aún algunos detalles. El primero es la misma inclusión de la palabra "cargas" que nos precisa el orden de confección del documento. En primer lugar, estaban las pictografías. Sobre ellas se anotaron las glosas, que incluyen la incorporación tardía de la palabra "carga" en los textiles hasta el f.44r (Coyolapan). De ahí al final, aparece dentro del texto, como si el interpretador hubiera rectificado. Por último, se escribirían las páginas de texto corrido, en las que la mención de las cargas está normalmente registrada, salvo excepciones como en las mantillas de Petlacalcatl (f. 19v).

Otro de los problemas es el de los periodos de pago. El texto en castellano dice que hay cosas que se pagaban dos veces en el año y otras una. Entre estas está el grano y las armas de plumas y entre aquéllas los textiles, las joyas, etc. Solo en la provincia de Tlatelolco (f. 18v) se ofrece una información distinta: las armas y rodelas se daban una vez en el año, pero el resto cada ochenta días. El tributo en copal de Tlachco (f.36r) y Tepequaquilco (f.37r) también es cada ochenta días, así como la leña de Quahuacan (f. 32r). Nuestro problema principal es que en las pictografías no hay expresión de los períodos de pago con la posible excepción de la provincia del Xoconochco (f.47r) en la que aparecen los glifos de dos meses (Ochpaniztli y Tlacaxipehualiztli). La periodicidad puede tener que ver con las cantidades totales, pues desconocemos si lo que aparece pintado es el total anual o el total por tributo. En este último caso, seguido por muchos investigadores, las diferencias son sustanciales.

Por último, parece ser el equivalente de una tasación, si hacemos caso al texto del f. 15r, pero podría ser un registro de lo efectivamente pagado, o podía ser esa la condición del modelo utilizado.

El interpretador cometió algunos yerros más de los que señala en la última página. El comportamiento con los numerales de las armas (trajes de guerrero) y las rodelas es algo errático. En ocasiones los une a los trajes, asumiendo que afectan también a las rodelas, y en otras los repite en unos y otras. Asocia las armas tributadas por veintenas con las de "pluma valadí" y las tributadas por unidades como "de pluma rica", sin añadir otras razones. Las pictografías no registran indicación alguna y, de hecho, los mismos tipos de trajes aparecen unas veces como hechos de un material rico y otras no (Broda 1978: 125, 126; Mohar 1983:7). En la provincia de Quauhnahuac afirma que se tributaban 8 trajes y 4 rodelas (f.23r) cuando aparecen pintadas 8 de cada.

Las trojes de grano nos dan bastantes problemas. Menciona el códice que su capacidad era de cuatro a cinco mil hanegas, lo cual ha servido de base para calcular el monto total, aunque la disparidad en el tamaño de las fanegas ha disparado las diferencias (compárese Katz 1966, con fanegas de 144 litros con Molins 1954-55, con fanegas de 55 litros). El dibujo es siempre el mismo, variando la parte superior, que indica el contenido. Lo curioso es la interpretación que se da de las trojes con más de un grano en su interior. Demos un rápido repaso.

La primera provincia en que las encontramos es Petlacalco. Hay allí dos trojes, una conteniendo frijoles y chian y otra maíz y guautli. Las diferencias entre los frijoles y el maíz son claras, pero los otros dos granos parecen iguales. La glosa de la pictografía y el texto coinciden en que se tributaba una troje entera de cada grano. Lo mismo ocurre en Acolhuacan (f. 21r-22r), en Huaxtepec (f. 24r-25r), en Quauhtitlan (f.25v-26r), Axocopan (f.26v-27r), Atotonilco (f.27v-28r), Hueypuchtla (f.28v-29r), el otro Atotonilco (f.29v-30r), Xilotepec (f.30v-31r), Quahuacan (f.31v-32r), Ocuilan (f.33v-34r), Tepequacuilco (f.36v-37r) y en Quauhnahuac (22v-23v) con la salvedad de que han desaparecido los puntos que debían representar a la chía de junto a los frijoles. La provincia de Toluca (f.32v-33r) presenta tres trojes, dos con maíz y chía, y una con frijoles y guautli. En sus glosas se indica que son dos trojes en cada caso, una de cada grano, y en el texto se limita a decir seis trojes y los granos, sin delimitar las cantidades. Los folios 34v-35r presentan una anomalía: contienen dos provincias que no acierta a delimitar el interpretador, por lo que las trojes "normales" son dobladas. La anomalía se detecta por la disposición de los glifos y la insinuación de una línea de separación sobre el glifo de Xocotitlan. Tlachco (f.25v-36r) solo tributa maíz y chía, en las mismas condiciones que las demás provincias. Chalco (f.40v-41r) presenta otro problema. Las pictografías presentan cuatro trojes. En dos de ellas hay solo maíz y en las otras dos maíz, frijoles y los puntos que pueden represen-tar tanto la chía como el guautli. La glosa nos dice que se trata en cada caso de dos trojes de maíz y cuatro de maíz, frijoles, chía y guautli. En este caso, el glifo que antes valía por dos vale por cuatro, y así consta en el texto:

> mas quatro troxes grandes de madera del tamaño de los de atras llenos de mayz y de frisoles y de chian y de guautli.

> mas otros quatro troxes grandes de madera del d[ic]ho tamaño de las mysmas cosas
>
> mas quatro troxes de madera grandes del d[ic]ho tamaño llenos de mayz todo lo qual tributavan una vez en el año (f.40v)

En la provincia de Tepeacac (f.41v-42r) desaparecen la chía y el guautli, pero sigue considerándose que cada troje representa dos. En Coyolapan (43v-44r) ha desaparecido la chía, convirtiéndose en maíz.

Parece poco aceptable la conversión de las trojes en dobles. Tal parece que aunque se trate de un tributo anual, el interpretador haga las cuentas como si se hubiera de entregar dos veces en el año. El tratamiento de los contenidos es también muy dudoso, sobre todo la multiplicación "extra" cuando contienen más de dos productos.

Hemos podido detectar algunas vacilaciones y errores adicionales. Entre las primeras está el uso de "resmas" o "pliegos", que presenta un problema similar al de las mantas. En la provincia de Quauhnahuac (f.22v-23v) sustituye en el texto "pliegos" por "resmas" una vez, dejando después la primera palabra, que aparece también en la glosa. En cambio, en la provincia siguiente, Huaxtepec (f.24r-25r) tacha "pliegos" y pone "resmas" en todas las ocasiones.

Cuando se presenta algo fuera de lo corriente, el interpretador tiene problemas. En el f. 31r, en la provincia de Xilotepec, aparecen unos textiles divididos en dos partes: a la izquierda huipiles y a la derecha mantas. La glosa dice "naguas y guipiles muy ricos" y el texto lo mismo. En la misma página aparece un águila, sin numeral alguno, y el conflicto se resuelve glosando:

> aguila biua q[ue] cada un tributo trayan unas vezes tres otras quatro otras mas o menos (f.31r)

En el texto dice "dos o tres o mas segun q[ue] las hallauan". El mismo tratamiento se da a la que aparece en la provincia de Oxitipan (f.54v-55r).

En Quahuacan (f.31v-32r) tenemos tres tipos de maderas en la pictografía: 1200 vigas, 1200 tablones grandes y 1200 morillos, que pasan a ser en el texto 1200 vigas y 2400 tablones. En Ocuillan (f.33v-34r) se han caído del texto 400 cargas de mantillas, y en Tepeacac (41v-42r) los cacaxtles no llevan numeral, pese a lo cual se cifran en 200. El texto sigue en este caso la glosa. En Tochtepec (f.45v-46r) tenemos en la pictografía dos dibujos distintos glosados de la misma forma "una sarta de cuentas de oro" que en el texto pasan a ser "dos sartas de cuentas y collar de oro". En el Xoconochco (f.46v-47r) el texto da 1400 manojos de pluma en vez de 2400 y los 800 tecomates corresponden en realidad a dos glifos diferentes, en uno de los cuales el numeral tiene un aspecto "raro". En Cuetlaxtlan (f.48r-49v) vuelven los problemas con los textiles "revueltos". Un glifo presenta una mitad con mantas blancas con cenefa y la otra colchadas, también con cenefa. La glosa y el texto las convierten en "medio colchadas" en vez de "la mitad colchadas". Algo similar ocurre con otro glifo cuya glosa reza "desta labor" y el texto "cada una manta la mytad listadas de negro y blanco y la mytad a manera de reja de prieto y blanco", cuando nosotros creemos que debía decir la mitad de las mantas de un tipo y la otra mitad del otro. Por último, en Ctzicoac (f.53v-54r) corrige en el texto un error aparente, cambiando las 1200 cargas de algodón que había puesto, por 800 y 400 cargas de axí seco, que es lo correcto, aunque no valida la corrección al pie de la página.

Algunas de las circunstancias expuestas pueden deberse a la rapidez aducida, pero otras ofrecen más problemas. Lo que sí nos queda claro es que hubo una cierta revisión que permitió corregir algunos errores obvios, pero no todos, y que muchos de nuestros problemas no pueden ser solucionados utilizando solamente este documento.

La comparación

Más aclaración sobre algunos de los puntos oscuros sale de la comparación de los documentos. Si nuestra hipótesis de los pagos es correcta, y a ello apunta un documento no mencionado hasta ahora, la *Información de 1554* sobre los tributos que los indios pagaban a Moctezuma (ver Rojas 1997b), puede afectar a la lectura del *Códice Mendoza*. Allí, el tributo se divide entre el pagado anualmente, que incluye artículos diversos, el tributo cada ochenta días, siempre en mantas, y el diario, que no aparece en nuestros códices. Y en él se expresan las cantidades que debían ser entregadas en cada ocasión. Se supone que el documento es la transcripción de un códice similar a los nuestros. En ese caso, la disposición de los glifos en el *Códice Mendoza* también nos estaría indicando las frecuencias de pago. Una conclusión que hay que sacar del análisis de los dos códices es que los intérpretes no fueron muy felices y que la cantidad de errores detectados por ellos mismos, así como los encontrados por nosotros, debe poner en cuarentena su credibilidad total. Es necesario acudir al primer documento, las pinturas, y comprenderlas per se, no mediatizadas, sobre todo por las glosas en nahuatl de la *Matrícula*, pues a su escriba hemos dado en conceder mayor credibilidad. Y puede ser que no transcriba, sino que identifique y que debamos leer el numeral por un lado y el objeto por otro, como el problema de las cargas y demás grupos parece indicar. Hemos revisado el problema con detenimiento (Rojas 1997b) pero aquí podemos apuntar que creemos que los glifos característicos indican por sí "carga". En favor de eso están los dibujos de mantas como unidades en el propio *Códice Mendoza* (f. 64r, 68r) o los de cargas en otros códices, como el Otlazpan o Mariano Jiménez. Las confusiones reseñadas en el caso de cargas "múltiples" abogan por eso mismo. La diferenciación sería imposible si se tratara de unidades. Creemos que la corrección que introduce el interpretador del *Códice Mendoza* se debe a que se apercibió de su error, o alguien le corrigió. El mismo tratamiento hay que dar a los manojos de plumas, a las cargas de acayetl, las resmas o pliegos de papel o los atados de cañas. Los intérpretes no definieron lo obvio o respondían a preguntas concretas como ¿cuál es este numeral? y ¿qué es esto?, mediatizando de esa forma las respuestas. La redacción final de la *Información de 1554* parece adolecer del mismo defecto.

Las diferencias entre los dos códices que nos ocupan no son muy grandes. De hecho, si nos atenemos a las pinturas, y con la salvedad del cambio de orientación, son de detalle. Las mayores se encuentran en los comentarios en nahuatl y en castellano, que han mediatizado nuestra interpretación de ambos documentos. Eso no quiere decir que uno sea copia del otro, aunque sí que están estrechamente relacionados. De hecho, en la provincia de Cihuatlan nos encontramos con un caso curioso que nos fue destacado por Juan José Batalla, y que ya fue reseñado por Barlow: en la secuencia de los topónimos, en el *Códice Mendoza* se coloca al final un glifo, el de Xolochiuhyan, que en la *Matrícula de Tributos* se encuentra en sexto lugar. Parece que el tlacuilo se lo saltó al copiar y lo añadió al final. Esto refuerza la idea de que la *Matrícula de Tributos* es anterior, puede que hasta prehispánica si aceptamos que era un biombo que se leía de derecha a izquierda.

En definitiva, encontramos algunos errores en las pictografías y muchos más en los textos y, sin embargo, éstos han guiado nuestra interpretación, seguramente por comodidad y dando por sentado que el texto en nahuatl debía ser más correcto. Con esta molicie, hemos descrito el sistema tributario mexica, cayendo una vez más en el error de hablar de lo que hablan los documentos en vez de situar estos contenidos en un marco adecuado que nos permita dilucidar qué es lo que nos aportan y qué es lo que nos falta por saber (ver Rojas 1993 para una discusión amplia de este problema). Pese a muchos años de análisis, estos dos códices siguen necesitando más trabajo, hasta que consigamos situarlos en su lugar para poder aprovechar sus valiosas informaciones. Algunos dan en llamar a esa labor crítica de fuentes, pilar del trabajo del historiador.

Procede, aquí y ahora, la comparación con la *Información* y una discusión sobre el carácter de los tres.

Como hemos señalado, Berdan y Anawalt (1992) y Borah y Cook (1963) presentan cuadros comparativos, pero las cifras que dan proceden de interpretaciones previas, como frecuencias de pago, representación de cargas o unidades, etc. En el caso de las primeras, unifican la evidencia a la dada por un testigo. No vamos a dar un cuadro nuevo. La conclusión es que la mayoría de esta respuesta se asemeja enormemente a los códices. Las diferencias pueden deberse a defectos de lectura de los testigos, transcripción por los escribanos, o incomprensión del compilador de la encuesta, como ya hemos señalado. Presentamos ahora la explicación de las diferencias entre los documentos. Obviamente, hay provincias que no aparecen. No hemos incluido los totales, pues estos dependen de que asumamos que el tributo de los códices era anual, semianual o cada ochenta días, punto en el que hay bastantes diferencias entre el *Códice Mendoza* y la *Matrícula de* Tributos (de hecho, es donde más distancia hay entre ellos). Dejamos para después la discusión sobre las unidades de medida, sobre todo de las mantas.

Resumimos el problema de los trajes de guerrero y las rodelas. Como muy bien han destacado Berdan y Anawalt (1992) en la mayoría de los casos las cifras de la *Información* se armonizan con las pictografías de los códices con una errónea interpretación de las veintenas. En realidad, en los códices también hay problemas, pues en unos casos aparece el signo pantli solo sobre el escudo o solo sobre la rodela y se aplica a ambos. En otros casos aparece en un códice y no en el otro, y a veces se sigue lo que dice la glosa y no la pictografía. Se desdeña el que en ocasiones se trate a los trajes y a las rodelas como elementos separados, con pantli sobre ambos, y otras veces se los trate como unidad, apareciendo el signo solo sobre uno de ellos. Para ello se sigue a los comentaristas del XVI, lo que para otras cosas no se hace por no considerarlos completamente fiables. Los totales de la *Información*, pues, suelen derivar de diferentes interpretaciones de qué son unidades y qué son veintenas. Berdan y Anawalt

(1992, II) dan el detalle provincia por provincia y remitimos a su obra para este problema.

Aunque volveremos sobre ello en un epígrafe especialmente dedicado, la *Información* dice mantas y no cargas. Hemos mantenido en la comparación esa lectura, que es la habitual de la Matrícula para trabajar mejor. Así que, de momento, 400 "mantas" pueden ser tales o 400 "cargas de mantas". Las diferencias entre los códices ya vistos y la I*nformación de 1554* son las siguientes:

En GUASTEPEQUE no aparecen ni jícaras ni papel.

En CUAUHTITLAN, no se mencionan trojes de granos, esteras ni *icpalli.*

En AXACUBA, aparecen 1200 mantas contra 2000 mantas y 400 huipiles en los códices.

En ATOTONILCO, 1200 mantas en vez de 1600 y no aparece la cal.

En TEOPOCHITLAN, 1200 mantas en vez de 1600. Coincide con la MT en los trajes, al dar seis, mientras que el CM da cinco[3].

En XILOTEPEQUE, 2400 mantas, más 400 naguas y 400 huipiles, mientras que en los códices se trata de "400 naguas y hupiles" en una sola pictografía, que representa el conjunto, así que son equivalentes.

En QUAHUACAN, en el tributo en madera, la MT da 1200 *hueipantli*, 1200 *xopetlatl* y 1200 *quammimilli*, mientras que el CM en las pictografías glosa 1200 vigas grandes, 1200 tablones grandes y 1200 morillos de madera y en el texto da 1200 vigas grandes y 2400 tablones grandes. Por su parte I54, dice 1200 vigas, 1200 cuartones y 2400 viguetas.

En TLACHCO, cuenta los huipiles como mantas.

En TEPEQUACUILCO, también cuenta los huipiles como

3 A partir de ahora, MT = Matrícula de Tributos, CM = Códice Mendoza, I54 = Información de 1554.

mantas, lo que ocurre muy a menudo. Da también barras de "hierro" y cascabeles que no aparecen en los códices, así como hombres hechos de copal y papel de la tierra que tampoco aparecen. Reduce las jícaras a 800.

En CIHUATLAN, 100 cargas de cacao en vez de 80, falta el algodón y lo que en los códices aparecen como conchas coloradas "como beneras" (CM) aquí son "piedras". Una particularidad es que los glifos de los pueblos en ambos códices coinciden, pero no en el orden. El glifo del pueblo de Xolochiuhyan, como ya hemos comentado, está el último en el CM y aparece en MT entre los de Yztapan y Petlatlan, como si al copista se le hubiera pasado y lo hubiera colocado al final al darse cuenta.

En TLAPA, aparecen 400 jícaras en lugar de 800 y añade los panes de hule y las formas de hombre hechas de hule. También da 800 mantas en lugar de 1200 mantas y 400 huipiles[4].

En ÇACATLAN, falta la miel de abejas y dice que se tributan "xícaras de oro en polvo" donde el CM dice "*tecoçahuitl*: barniz amarillo con que se embijaban" y MT "tierra amarilla para teñir". Berdan y Anawalt (1992, II:89) también mencionan esto último.

En TEQUISQUITLAN, han desaparecido los cascabeles y las hachuelas de cobre, así como la miel y las turquesas.

En ICHCAATOYAQUE, se dan 10 cargas de piedras azules en lugar de "un envoltorio de piedras azules".

En TEPEACA se da un caso muy interesante. Coinciden las pictografías de CM y MT. En este caso, la glosa de CM en los cacaxtles "dozientos cacaxtles" (f.41v, 42r) apoya la lectura del texto castellano de la MT (f. 11v): "diez cargas de cacaxtlis para cargar". No hay numeral en el glifo y el texto nahuatl dice *matlactecpantli cacaxtli*, empleando un cuantificador para las veintenas. Por lo demás, hay escasa coincidencia. Los códices dan

4 Ver Batalla (2007).

4000 cargas de cañas otate, 8000 cargas de cañas para flechas, 800 pieles de ciervo, 4000 cargas de cal, 8000 cargas de *acayetl* y los mencionados 200 *cacaxtles*. El CM da una troje de maíz y otra de frijoles, mientras que la MT da una troje de maiz y frijoles. Ambos coinciden además en el tributo de prisioneros. Por su parte, I54 da 200 cargas de cañas para flechas, 4000 cargas de pinol, 4000 *cacaxtles* (curiosamente 200 x 20), 8200 fanegas de maíz, 4100 fanegas de chía y 4100 fanegas de *huauhtli*, para acabar con 200 rodelas.

La I54 nos proporciona la equivalencia troje-fanegas de maíz como de 6000 fanegas en la provincia de Petlacalco y de 4100 en las demás. La MT no da ninguna y el CM dice que una troje tenía 4000 y 5000 fanegas CM (f. 21r).

En Cuestlauaca, incluye 400 naguas y 400 huipiles como mantas. La MT da una troje con maíz, frijoles y chía, el CM, dos trojes, una con frijoles y chía y otra con maíz, añadiendo que son dos de cada, y I54, 4100 fanegas de maíz, 4100 fanegas de chía y 4100 fanegas de frijoles.

En Tochitepeque, da como tributo un pájaro que en el CM aparece como divisa de un traje de guerrero. Además hay muchas diferencias en cantidades, que se pueden resumir así: un manojo de plumas engastadas donde los códices dicen 80; 2 sartas de cuentas ricas donde aparecen 4; 2 piedras chalchihuites en vez de 3; una cabellera rica dorada en vez de una divisa de armas de plumas ricas; 100 jarros de miel en lugar de 100 ollas de liquidámbar; 8000 pellejos de pájaros azules con su pluma en vez de 8000 manojuelos de pluma turquesada, perteneciendo el pájaro al glifo de Tototepec; 8000 pedazos de almagre, 400 estatuas de hombre de hule y 2000 panes de hule, en lugar de 16000 pellas de hule. No aparecen para nada 2 sartas de cuentas de oro.

En Soconusco, dice 40 cargas de cacao en lugar de 200; algunos testigos dan 3 sartas de cuentas verdes en lugar de 2; los 160 pellejos de pájaros son aquí 800 y da solo 400 jícaras en lugar de 800. Esta provincia presenta algunas diferencias entre CM y MT. Por ejemplo, el CM iguala las 800 jícaras, que aparecen dibujadas dos veces, cada una con su *tzontli* (símbolo para 400), mientras que en MT el glifo de contenido es distinto, aunque no hay aclaración. También aparecen algunos errores manifiestos, como el texto de MT, tanto el nahuatl como el español, que dicen que se tributaban 100 pellejos de pájaros, cuando el glifo muestra con claridad, 80. No es el mismo caso de las cargas de cacao, pues en la que aparece a la izquierda falta un pantli (símbolo de 20) por estar rota la hoja. Otro error curioso es la traducción que MT da de *apozonalli* (ámbar): "dos vassos para calentar agua", conjuntando la etimología de la palabra nahuatl y la pictografía.

En QUAUHTUCHCO, 20 cargas de algodón en lugar de 1600 y 1600 mantas en lugar de 400.

En COTLASTLA, da como tributo "dos manojos de plumas ricas y grandes engastadas en piedras azules" que es una descripción de un solo objeto, llamado "*tlalpiloni*" (MT) o "*queçalt-lapiloni*" (CM).

En TLAPACOYA, 3200 mantas en lugar de 1200.

En TLATLAUHQUITEPEQUE, 3200 mantas en lugar de 1600. Añade 20 cargas "de otra manera de liquidámbar de que hacen tabacos con que se sahúman".

En TOCHPAN, 6400 mantas en vez de 4400 más 400 maxtlatl y 400 naguas y huipiles (un total de 5200 textiles). No aparece el axí seco; da 1 sarta de chalchihuites en lugar de 2 y una sarta de turquesas; nos dice 1 rodela de piedra azul, en lugar de 2 platos de piedras turquesas; faltan las 20 talegas de plumas blancas y menudas.

En ATLAN, solo da 45000 mantas. En los códices hay 1200 mantas, 800 maxtlatl y algodón: 1200 fardos en CM y 2400 tercios en MT, en castellano. En Berdan y Anawalt (1992, II: 136) no hay ningún comentario, pero sí aparece en Berdan

(1980b:43), donde el inglés traduce el nahuatl y no el castellano (*yetzontlamamalli ychcatl* = 1200 cargas de algodón).

En Çicoaque, da 2300 mantas en lugar de 1200 más 400 maxtlatl y 400 naguas y huipiles. No aparecen las 400 cargas de axí seco y los 800 fardos de algodón.

En Oxitipan, da 6000 mantas en lugar de 2800. Faltan las 400 cargas de axí seco.

En general, parece que el tributo de la I54 se ajusta más a la interpretación más corriente del contenido de MT que a CM, sobre todo en lo que toca a las cantidades totales de textiles, que en el último se pagan dos veces en el año y en los dos primeros cada ochenta días. Por lo demás, las semejanzas son suficientes para establecer un origen similar, de ahí las reservas expresadas más arriba sobre que los precios y el tributo diario aparezcan en el códice que supuestamente tenían los testigos.

La similitud en el tributo en textiles pasa porque en ambos documentos se dice que son unidades y en el CM se habla de cargas. Mucho se ha escrito sobre el problema, favoreciendo en general las cifras de la MT por ser "más razonables". No creemos que se deba esgrimir un argumento como ese; lo que salga de un estudio minucioso es lo que hay que aceptar.

Algunos documentos

En documentación dispersa se pueden hallar noticias, pero existen documentos que tratan de contarnos cosas parecidas a parte de los códices que hemos visto, como ocurría con los que incorporó a su narración Orozco y Berra.

El Memorial de los Pueblos sujetos a Tlacopan

Es un documento de gran importancia, pues su estructura difiere de los que hemos visto y se refiere a la cabecera menos importante. Ha sido descrito por Carrasco (1996: 70-81). Se trata de un texto en el que aparecen 123 pueblos, agrupados en ocho secciones:

1. Los pueblos sujetos a esta cabecera de Tlacupan

2. Los pueblos que repartieron a españoles en la cabecera
3. Los pueblos que sirven a Juan Cano
4. Los pueblos que sirven a Tlacopan y tienen señor propio
5. Los pueblos que sirven a Tlacopan y tienen mayordomos o principales.
6. Los pueblos que tributaban a las tres cabeceras conjuntamente (Regiones del noreste y este, Carrasco 1996:79)
7. Los pueblos que daban tres tributos para las tres cabeceras. (Regiones del sur, Carrasco 1996:79)
8. Pueblos que tributan a las tres cabeceras (Regiones del sureste, Carrasco 1996:79)

Como se puede ver, aquí hay estructura política, aunque Barlow no aprovechó este documento. En Motolinía (1971) hay un inserto llamado "Memorial tezcocano" que es similar, y existen otras listas en Ixtlilxochitl (1975-77) o en la carta que don Pablo Nazareo escribió en latín a Felipe II (1566). Cabe suponer que en la obra prometida de Barlow se tomaran en cuenta estos documentos, mientras que para la formación del mapa no lo hizo.

Las Relaciones Histórico-Geográficas

Normalmente aparecen como "Relaciones Geográficas", como las llama Barlow, pero por indicación de J.P. Berthe, nos inclinamos por este nombre, más acorde con el suyo original. Barlow manejaba las ediciones de Paso y Troncoso en los *Papeles de la Nueva España* (PNE) y ahora disponemos de la serie publicada en la UNAM por Acuña, que incorpora algunas más.

Estas relaciones son las respuestas al cuestionario elaborado por Juan López de Velasco y remitido a las Indias en 1577. Contenía cincuenta preguntas, varias de ellas múltiples, y nos han llegado más de doscientas respuestas de muy diferente valor: desde unas pocas cuartillas a la monumental "Relación de Tlaxcala" de Diego Muñoz Camargo. En las preguntas tres y cuatro obtenemos información sobre la situación y clima de los pueblos, y en la cinco sobre la población y las lenguas que hablaban. Para nuestro tema son pertinentes las preguntas catorce y quince:

> 14. Cuyos eran en tiempo de su gentilidad, y el señorío que sobre ellos tenían sus señores y lo que tributaban, y las adoraciones, ritos y costumbres, buenas o malas, que tenían.
>
> 15. Cómo se gobernaban y con quién traían guerra, y cómo peleaban, y el hábito y traje que traían y el que ahora traen, y los mantenimientos de que usaban y ahora usan, y si han vivido más o menos sanos antiguamente que ahora, y la causa que dello se entendiere.

En la petición se requería que hicieran mapas, y muchas, de hecho, están acompañados por ellos. Han sido publicados, la mayoría en color, por Acuña, pero el pequeño formato no les hace justicia. En la biblioteca de la Real Academia de la Historia, en Madrid, se pueden admirar algunos. Como ejemplo, aunque añadiremos extractos, tomamos la parte referente a nuestro tema de la Relación de Tecuicuilco, Atepeque, Zoquiapa y Xaltianguiz, del obispado de Antequera, que es una muestra de relación "múltiple":

> XIIII. Cuando los españoles vinieron a esta tierra, todos estos cuatro pu[ebl]os reconocían por rey a MONTEZUMA, el cual los había conquistado por fuerza de armas y gente de guerra que, con sus capitanes, envió a esta tierra y provincia de Guaxaca, donde sojuzgó a estos pu[ebl]os de que vamos tratando. No saben dar razón de qué tanto tiempo antes que los españoles viniesen los había conquistado MONTEZUMA, porque unos dicen que doce y, otros, que veinte, y, así, no hay certidumbre. Porque, como no se gobernaban por letras ni las tenían, no escribían cosa ni[n]g[un]a dellas: por pinturas demostraban estas cosas antiguas, y hánselas tomado todas porque se entendía que, por ellas, tenían los mismos ritos y ceremonias que antes. Y, ansí, se averiguó que ha bien pocos años que idolatraban. Y, con esto y haberse acabado los viejos, no hay quien dé

razón de cosa más de como está d[ic]ho: [que] MONTEZUMA era el señor universal.

Y el señorío que sobre ellos tenía era cierto tributo que le pagaban en cada pu[ebl]o de cierta cantidad de plumas verdes y piedras verdes, que son acá de poco momento, excepto algunas que parecen ahora ser provechosas, aunque de poco precio. Y estos géneros de cosas las iban a buscar los indios a otras partes fuera destos d[ic]hos pu[ebl]os, a quince y a veinte leguas, y las rescataba a trueque de unas mantillas de algodón del tamaño de un pliego de papel, que corría entre ellos por moneda. Para recoger este tributo, venían dos mayordomos de parte de MONTEZUMA, que residían en la provincia de Guaxaca, y lo cobraban: lo cual enviaban a MONTEZUMA, que residía en la ciudad de Guaxaca, digo, de México. Y, cuando [a] los capitanes de MONTEZUMA [este] les daba aviso que enviasen gente de guerra, lo hacían. En lo demás, ni MONTEZUMA se entremetía en ello ni sus capitanes, antes dejaban el gobierno a sus caciques y señores naturales que en cada pu[ebl]o tenían, que fueron entre ellos tan respetados, que no se contentaban con servirlos como a hombres, sino como a dioses. Y ansí, tenían sobre ellos todo el señorío que querían. Y, además del tributo que pagaban a MONTEZUMA, tributaban a estos caciques, o, por mejor decir, les daban todo lo que querían pedir. Y los MACEHUALES vivían en continua servidumbre, sujetos a todo lo que se les quería mandar, y no tenían más voluntad que lo que los caciques les ordenaban; aunque fuese quitarles la vida, que muchas veces lo mandaban sin que hubiese hecho por qué, sino para hacer sacrificio a sus dioses. Si no había esclavo que sacrificar, escogía el señor el que había de morir para hacer el sacrificio, y no había más de tender el pescuezo. (Relación de Tecuicuilco 1984: 90).

[XV] Antes que MONTEZUMA enviase a sus capitanes a conquistar estos pu[ebl]os, los de Atepeq[ue] tuvieron guerras con los pueblos de Yolos, y después, con los mexicanos, a los cuales se rindieron.

> Los deste pu[ebl]o de Tecuicuilco, y Zoquiapa y Xaltianguiz, ni tuvieron guerras ningunas, si no fueron con los mexicanos y gente de MONTEZUMA, a cuya sujeción y tributo se sometieron; y quedaron por sus tributarios, por haber sido vencidos. (Relación de Tecuicuilco 1984: 95).

En 1991 se publicó un artículo titulado "La organización del Imperio Mexica" en el que recogí una sugerencia de Pedro Armillas sobre el uso de las *Relaciones Histórico-Geográficas* como fuente para conocer el imperio. Él tenía razón y por eso le dediqué el trabajo. Ya llegaremos a analizar el suyo. Ahora recupero de aquella ocasión algunas de las citas para ilustrar el valor de las relaciones.

> No embarg[an]te que en cada pu[ebl]o había un señor a quien reconocía cada pu[ebl]o, todos en gen[era]l reconocían al señor de la cabecera de Chinantla, y a este tributaban cacao, maíz, pescado, gallinas, frijoles, calabazas y otras legumbres de mantenimiento, y acudían a los servi[ci]os personales: a hacerles sementeras, limpiar sus cacahuatales, y otras cosas que les eran necesarias. Y este señor reconocía a MONTEZUMA, y él y todos sus pu[ebl]os le tributaban oro y cacao. (Relación de Chinantla 1984: 101).

> Dicen los antiguos y naturales deste pu[ebl]o que, en su gentilidad, tenían por señor al cacique de un pu[ebl]o deste obispado que se dice Teozapotalan, [a] seis leguas del, al cual sirvieron y tributaron mucho t[iem]po. Y, después, tuvieron otro señor del pu[ebl]o de Teguantepec, [a] cuarenta leguas deste pu[ebl]o, y, después, sirvieron y dieron el tributo al pu[ebl]o de Cuilapa, naturales mixtecos. (Relación de Macuilsuchil 1984: 335).

> Este pu[ebl]o de [Ayu]suchiquilazala, antes que los españoles vinieran, reconocían por señor a un cacique, el cual llamaban en su lengua dellos YYAQHUNSISA; pero que acudían con el tributo a MONTEZUMA, y le daban oro en polvo. Y no le acudían con otra cosa, porque, en este di[ch]o pu[ebl]o tenía MONTEZUMA gente de

guarnición apercibida para las guerras, y esta gente mexicana comían y gastaban las gallinas, venados y maíz, que eran obligados a dar a MONTEZUMA; y así, no le llevaban más del tributo en oro en polvo. (Relación de Justlahuaca 1984: 300).

Dicen los viejos desta provincia que, antes que el MARQUES viniera a estas partes, tenían [y] obedecían por su señor y rey MONTEZUMA, al cual tributaban y pagaban cada año por tributo un presente, en que le daban una rodela, que en su lengua llaman CHIMALI, dorada con mucho oro, y un QUETZALE hecho de plumería muy rico, y un collar de cuentas de oro muy rico para el d[ic]ho MONTEZUMA, y otro collar de la misma suerte y manera para su mujer; y que no saben el valor, porque entre ellos, entonces no había peso ni medida, más de que saben que en cada un año, daban este presente al d[ic]ho MONTEZUMA y que, además desto, daban otro tribu[t]o a un gobernador que el d[ic]ho MONTEZUMA tenía puesto en un pu[ebl]o que se dice Tustepeque, que es cerca desta provi[nci]a, al cual daban cantidad de oro, y mucho cacao y algodón, maíz, chile y frijoles, mantas, petates, y de todos los géneros de frutos que la tierra daba. Demás de lo cual, daban otro tanto tributo a un cacique que estaba por señor desta provincia, señor natural della; de suerte que pagaban tres tributos en cada un año. (Relación de Ucila 1984: 271-272).

Barlow (1979: 93) utilizó esta cita para incluir Ucila en la provincia de Tochtepec, aunque no aparece en la MT ni el CM. Señores puestos por Motecuhzoma, encargados de recoger tributos e impartir justicia aparecen en muchas relaciones (Rojas 1991: 159), pero citaremos un caso:

Todos los pu[ebl]os de *Chinantla* acudían, en paz y en guerra, a los llamami[ent]os del señor de *Chinantla*. La justicia ponía MO[N]TEZUMA, y eran dos hombres como alcaldes, que visitaban la tierra y hacían justicia, y no consentían que por los demás señores fuesen los indios maltratados con tributos y otras cosas, fuera de lo que por MO[N]TEZUMA les era tasado. Y las cosas su-

> premas, como hacer justicia de algún principal y quitar la vida [a] alguno, lo comunicaban con los indios mexicanos que residían en el pu[ebl]o de *Tuchtepeque*, donde MONTEZUMA tenía una guarnición muy grande donde recogía los tributos de todos los pu[ebl]os desta tierra. Y allí tenía un auditorio como au[dienci]a, de donde salían todos los jueces que eran necesarios p[ar]a todos los pueblos desta comarca que poseía. (Relación de Chinantla 1984: 102).

> Parece que lo de la justicia no era solamente un capricho de cronistas como Torquemada e historiadores como Clavijero.

Algunas otras fuentes irán saliendo conforme avancemos en el tiempo, pero aquí, y en el capítulo 1, han sido reflejadas y comentadas las más utilizadas, con vistas a poder evaluar mejor el uso que los distintos autores han hecho de las mismas.

Capítulo IV
La economía del imperio[5]

La mayor parte de la documentación presentada en el capítulo anterior era de tipo tributario. Muchos estudios se han realizado a partir de la misma, teniendo como objetivo dilucidar distintos aspectos de la tributación del Imperio, pero como han tenido una repercusión importante en la definición del mismo, hemos considerado oportuno dedicar unas páginas a comentar algunos de estos trabajos y señalar la relación que la determinación del sistema tributario del centro de México ha tenido en la caracterización del Imperio. Tres razones nos han impulsado a colocarlo precisamente en este lugar. La primera es la proximidad con el análisis de los documentos, lo que debe permitir al lector no especializado en este campo seguir con mayor facilidad la argumentación. La segunda es no romper la secuencia de análisis de los textos dedicados específicamente a la caracterización del imperio. Y la tercera, aumentar el caudal de información que permite efectuar la evaluación de los trabajos que aparecerán en los capítulos siguientes.

Comenzamos con un artículo de Molins Fábrega, "El Códice Mendocino y la economía de Tenochtitlan", realizado a instancias de Pedro Armillas en un seminario y publicado en 1955. Se trata de un análisis de los tipos de productos tributados y la cuantía de los mismos, con profusión de cuadros y un mapa. El análisis de la información ofrecida deja bien claro que el autor se basó en los textos, más que en las pinturas, sin mencionar siquiera las discrepancias. Esto es muy claro en las trojes de grano, por ejemplo, donde no se considera el problema de las que contienen más de un tipo. De esta forma llega al número de 86, cuando la lectura ajustada a las pictografías las deja en 42. Claro que estas cuestiones comenzaron a discutirse mucho después de que se publicara este trabajo. A la hora de multipli-

5 Las lecturas recomendadas fueron Berdan 1976; Molins 1954-55.87

car el número de trojes por su capacidad, sigue dependiendo exclusivamente del *Códice Mendoza*, donde consta que tenían de "cuatro a cinco mil hanegas" (f. 21). Hay otras capacidades menores, como las 2000 hanegas que cita Sahagún (Rojas 1987: 30) o las 4100 de la *Información de 1554*. Como al autor le interesa ofrecer un acercamiento, tomó el promedio y multiplicó por 4.500. Compara las cantidades resultantes con las que se mencionan para Texcoco y hace una aproximación a la cantidad de gente que se podía alimentar con el total. Las decisiones sobre la cuantía de los tributos no son muy acertadas. En el caso de la provincia de Quahuacan, por ejemplo, ha reducido el tributo a "días" y multiplicado por 365 para obtener los totales (Molins 1954-55: 318) y algo similar efectuó para los cacaxtles de Tepeaca. Muchas cosas interesantes aparecen en el apartado sobre "Usos de los tributos" (Molins 1954-55: 322-329). Se discute si los tributos eran para alimentar a la corte o a la totalidad de la población y se menciona que debían entrar más productos por otras vías, y plantea la oportunidad de estudiar la distribución geográfica de los productos tributados:

> Si observamos el mapa nos encontramos que la zona que tributaba granos, en especial maíz y frijol, era la región geográficamente más cercana a Tenochtitlan, con la excepción de una relativamente pequeña región del centro de Oaxaca, la Provincia de Coyolapan, núm. 36. Claro está que esta región era precisamente lugar de paso de los ejércitos en sus conquistas hacia el sur por el Pacífico, del mismo que por el Oeste y el Norte, se hallaban las fronteras con los Tarascos y los Bárbaros, y la zona de Puebla, que tributaba maíz y demás granos (Tepeacac núm. 31), cerraba parte del cerco establecido contra el señorío de Tlaxcala, pero precisamente es de Tepeacac de donde tenemos la referencia que mencionamos en donde los señores se ofrecen a mantener a los soldados mexicanos que pasen por su suelo, lo cual, a nuestro entender, hace la prueba definitiva de que los tributos relatados en el *Mendocino* eran llevados a Tenochtitlan y en donde se disponían de ello. (Molins 1954-55: 327-328).

Queda de manifiesto en esta cita que los tributos están ligados a la geografía y a la política del Imperio, y deja el autor constancia de su opinión sobre un tema controvertido como es si los tributos que aparecen en los códices eran la totalidad de los pagados a Motecuhzoma o solamente lo que era llevado a Tenochtitlan. La distinción es importante, y más aún para los que consideran que la suma de los tributos de los códices era demasiado grande, pues en el segundo supuesto habría que añadirle otros pagos

Se plantea también las necesidades de la ciudad y la forma en que parte de estas serían cubiertas por los mismos tributos:

> Debió existir en México —es algo que quizá podría demostrarse— una parte de población bastante importante no arraigada en los calpullis, a menos que estos hubieran dejado de tener su significación clánica. De otro modo no habría medio de explicar el rápido crecimiento de Tenochtitlan hasta ser la gran ciudad de que nos habla Bernal Díaz del Castillo. Nada nos autoriza para hacer tal afirmación, se trata solamente de una deducción que creemos lógica. En este momento no podemos aducir ninguna prueba documental en su apoyo. Debe ser tomada como una simple digresión que puede ser base para promover otros estudios que ayuden a completar el conocimiento de Tenochtitlan como ciudad y su sociedad.
>
> ¿A qué se dedicaría esta parte de población adquirida de afuera, lo mismo que gran parte de aquella que pudiera pertenecer a los Calpullis clánicos para la que no alcanzaran los recursos propios del Calpulli?[6]
>
> Es entre ella en donde hay que buscar a nuestro entender a los consumidores de tales cantidades de tributos, entre ella y el comercio, aunque posiblemente ellos fueran partícipes de este comercio. (Molins 1954-55: 328)

Debemos confesar nuestra múltiple deuda con este pasaje,

6 Hay un signo de interrogación tras "clánicos" seguido de mayúscula.

pues en nuestra tesina de Licenciatura *El mercado en la ciudad prehispánica de México* (1981) había un capítulo dedicado a los compradores, que fue publicado más tarde (Rojas 1983) y que enlazaba con lo que luego fue la tesis doctoral, dedicada a analizar las profesiones existentes en Tenochtitlan (Rojas 1986).

En la organización por provincias, en las rutas y en el mapa, se ve la influencia que tuvo en Molins el libro, entonces reciente, de Barlow.

Un impacto diferenciado tuvo la obra de Friedrich Katz. En 1956 salió el original en alemán y en 1966 vio la luz la traducción al castellano de *Situación social y económica de los aztecas durante los siglos XV y XVI* (Katz 1966) que se ha convertido en un clásico de la materia. El capítulo siete está dedicado al tributo. Reproduce la cuenta de Cooper Clark de los tributos del *Códice Mendoza* (Katz 1966: 92-94) contando unidades y siguiendo el texto para las semillas. Como utiliza fanegas de 144 litros (Katz 1966: 94) la cantidad de alimentos que obtiene es enorme. Se refiere también a aportaciones en trabajo, esclavos, aranceles sobre mercancías e impuestos en el mercado, junto a aportaciones en tiempo de guerra. Remata con un repaso a los destinos del tributo: sostenimiento del soberano, su familia y su corte; gastos militares; celebración de fiestas; donaciones, regalos y sacrificios con fines religiosos; gastos sociales; regalos de cortesía a mensajeros, huéspedes y otros; construcciones públicas; sueldos de empleados; diversas prestaciones asistenciales; sostenimiento de artesanos, cantores y otros.

Un papel importante en el estudio de los tributos ha sido jugado por Frances F. Berdan. Su tesis doctoral estuvo dedicada al tributo, el comercio y el mercado (Berdan 1975). El análisis que allí hace tiene una óptica imperial, conjugando el tributo con el comercio y el mercado en un interesante estudio sobre la circulación de bienes. Pero el centralismo opaca los procesos locales. Derivado del Capítulo III de ella es el artículo de 1976 "La organización del tributo en el Imperio Azteca", en el que trata de integrar informaciones dispersas para ofrecer un modelo. Aparecen, por supuesto, referencias políticas:

> La sociedad mexica, en la época de la conquista española en 1521, puede ser caracterizada por: estratificación social, centralización del poder y especialización y sistemas económicos complejos. El mexica, con su ciudad capital en Tenochtitlan, formaba una exitosa alianza política y militar con los acolhuacanos de Tetzcoco y los tepanecas de Tlacopan, alianza que duró noventa años aproximadamente. No está fuera de lugar el uso del término "imperio" con referencia a esta Triple Alianza, como ciertamente estuvo caracterizada tanto por la expansión militar como por la exacción tributaria.
>
> El imperio estaba dividido en provincias (38 en el tiempo de la conquista española) con fines de administración y, especialmente, de recaudación de tributos.
>
> Estuvo, en general, holgadamente organizado y con frecuencia los dirigentes locales, después de ser conquistados por los poderes de la Triple Alianza, eran mantenidos en sus anteriores posiciones. (Berdan 1976: 187)

Menciona a continuación a los recaudadores que eran enviados a las provincias. La vinculación del Imperio con el sistema tributario es manifiesta. Refiere después la existencia de pagos que no son considerados tributo y hace mención de los imperios anteriores, aunque no sigue esa línea para caracterizar el sistema mexica. Ofrece una descripción del sistema de recaudación:

> La estructura de la recaudación tributaria era esencialmente uniforme en todo el imperio. A nivel local (o de calpulli) la supervisión del pago del tributo era asumida por el tequitlato. Este oficial era generalmente designado por una autoridad regional o provincial, por lo regular no originaria de la Triple Alianza. Los bienes eran recaudados localmente por este oficial y llevados al centro regional; los bienes regionales eran

> transferidos a la capital provincial. Allí pasaban a ser responsabilidad del calpixqui (recaudador de tributos) designado por la Triple Alianza, el cual supervisaba personalmente su entrega en Tenochtitlan. (Berdan 1976: 188-189).
>
> Tal y como lo describe, con los macehualli como unidad tributaria simple, se trata de un mero proceso de acumulación, productos que van pasando de las manos de los inferiores a las de los superiores, para después ser redistribuido. El problema es que este sistema no sirve para una parte importante de los artículos que aparecen en los códices, como son los trajes de guerrero, las pieles de jaguar o de venado, o las águilas vivas.

Al final del artículo aparecen los *mayeque*, cultivadores de tierra que vivían al margen de los *calpulli*, trabajando directamente para los nobles, sin tributar para el Imperio:

> Los *mayeque* pueden haber sido simplemente *macehualtin* desplazados por la guerra o por la política para trabajar las crecientes tierras privadas de la nobleza en expansión de la Triple Alianza. De ser así, y este parece ser el caso, el tributo de una sustancial parte de la población conquistada nunca llegaba directamente a las capitales de la Triple Alianza. Más bien, los ciclos completos del tributo estaban instituidos a nivel local; con lo cual la nobleza cada vez más numerosa, en puestos administrativos, dominaba el tributo potencial de los cultivadores rurales específicos conquistados. Este tributo puede ser considerado como un medio indirecto de recompensar a los nobles por su servicio. El sistema funcionaba —para aliviar la presión administrativa sobre el régimen centralizado— en ambos sentidos: ingreso tributario y egresos de recompensas en redistribución. (Berdan 1976: 192)

Se ve claramente cómo la economía, de la que los tributos son una parte, está estrechamente ligada a la evolución y características del Imperio. Hay que precisar si los sistemas que aparecen en las dos citas transcritas se dan simultáneamente, o el último se fue imponiendo sobre el primero, como una forma, entre otras cosas, de "abaratamiento de costes de administración".

Otros trabajos están en la misma línea:

> El tributo era una manera de recaudar fondos para el estado. Era una especie de impuesto extraído de las provincias conquistadas mediante la fuerza o la amenaza de la fuerza. Se exigían también otras formas de impuesto de las personas y de los grupos sujetos al dominio azteca, especialmente las levas de obreros para las obras públicas, para el servicio doméstico en las casas de la nobleza y para el servicio militar. (Berdan 1978a: 78-79)

En principio todo parece claro, pero algunos elementos no acaban de cuadrar, como el servicio doméstico para los nobles, que parece pertenecer al ámbito local. No se trata cómo juntan los tributos las provincias y nos siguen faltando las bases del sistema. Berdan (1978a: 79-80) se refiere a la manera en que las gentes conseguían los bienes que debían tributar: trabajo comunal, intercambio de excedentes agrícolas en los mercados y comercio exterior. Después:

> Todos los bienes seguían un curso semejante desde el tributario hasta las manos del *tlatoani* y la nobleza de Tenochtitlan. Al nivel local, en los "barrios", el *tequitlato* supervisaba la recaudación del tributo. Generalmente estos funcionarios eran nombrados por una autoridad regional o provincial, y recaudaban los tributos que luego, a través de un centro regional, llegaban a la capital de la provincia. De allí se enviaban a Tenochtitlan, donde se repartían entre las capitales de la Triple Alianza (Berdan 1978a: 80)

De nuevo encontramos que parece indicar una acumulación simple, pero eso no es tan fácil, pues, como hemos señalado, hay objetos únicos en los tributos. En otro trabajo (Berdan 1978b) vemos algunos de los fundamentos del problema: tendemos a contemplar el imperio azteca como algo homogéneo y pensamos que los lugares conquistados no tenían una historia de dominios cambiantes. Así se pueden entender afirmaciones como las que siguen:

> Los *macehualtin* de las provincias lejanas se convertían en los productores mayores de los bienes tributados a los aztecas desde la mitad del siglo XIV hasta la conquista española. Como conquistados, el proceso de expansión imperial no los beneficiaba. Frecuentemente, los *macehualtin* de las provincias conquistadas perdían sus derechos a las tierras comunales que tenían antes de la conquista. Esto era característico de muchas regiones del valle de México, así como de regiones más lejanas. Las fuentes primarias indican que muchos *macehualtin*, antes libres, pasaron a ser *mayeque* después de su conquista por los aztecas (Durán 1967, II: 101-102; Berdan Ms). Como *mayeque*, se los asignaba a tierras particulares dadas a ciertos miembros de la nobleza azteca, quienes habían adquirido tales derechos por nacimiento, por el éxito en actividades militares y por ocupar altos puestos políticos. Los mayeque proveían el trabajo y el tributo para mantener a estos nobles. (Berdan 1978b: 186).

Parece que los aztecas fueron los innovadores una vez más. La realidad es que la estructura de muchos lugares conquistados presentaba ya una notable complejidad, con gran número de nobles, a los que suponemos explotando a sus macehuales. De hecho, los episodios guerreros que nos cuentan las fuentes, hablan de relaciones entre nobles de diferentes lugares, así que las cosas quizá se produjeran como las describe Berdan pero en un tiempo indeterminado (y creemos que considerablemente largo) antes de que los aztecas hicieran acto de presencia. En otro texto (Berdan 1982: 35) parece aclararnos que el tributo comienza con la conquista mexica, y eso puede explicar la falta de consideración hacia los tributos locales.

El trabajo de Luz María Mohar se ha centrado preferentemente en la *Matrícula de Tributos* y el *Códice Mendoza*, por lo que ya nos hemos referido a él. Su tesis de licenciatura (1976) fue realizada con la edición de Salvat de la *Matrícula de Tributos* (Comunicación personal LMM) y publicada en 1987 por el CIESAS: *El tributo mexica en el siglo XVI: análisis de dos fuentes pictográficas.* El estudio está dedicado a los códices y no al sistema tributario, aunque al comienzo haga una distinción acertada, que sirve para acotar su tema: la primera parte del texto:

> Como ya se ha mencionado, el tributo se define básicamente como el pago de bienes y servicios, pero hay que distinguir entre dos tipos de tributo, el tributo real y el tributo local.
>
> 1) *Tributo real.*- Este se daba principalmente por los pueblos vencidos en la guerra para el mantenimiento de los vencedores. Debía ser pagado de acuerdo con la frecuencia y la cantidad que establecía el vencedor; se pagaban principalmente cacao, alimentos, materias primas, artículos de lujo ya elaborados, servicio personal y material de construcción.
>
> 2) *Tributo local.*- Este se daba a nivel local, por el pueblo común para el mantenimiento de sus señores o gobernantes nativos. Consistía, básicamente, de servicio en casa de los señores, el trabajo de sus campos y la provisión de alimentos, agua, leña, etc. (Mohar 1987: 14)

En 1979, reeditado en 1983, publicó un trabajo relacionado con esta investigación en el CIESAS: *Modificaciones del tributo prehispánico en Oaxaca en el siglo XVI*, en el que añadía algunas fuentes, básicamente las *Relaciones Histórico-Geográficas*, para estudiar el impacto de la conquista española en una región, pero no añade nada a su visión del tributo mexica. En 1983 apareció *Trajes de guerrero (catálogo comparativo de Matrícula de Tributos y Códice Mendocino)* (Mohar 1983b) que podemos relacionar con el artículo de Johanna Broda "El tributo en trajes guerreros y la estructura del sistema tributario mexica" (Broda 1978). El trabajo de Mohar es, como el título indica, un catálogo de tipos y no se mete en otros problemas, haciendo énfasis en las diferencias de detalle en las pictografías. Por su parte, Broda (1978: 115) remite para el sistema tributario a Carrasco (1978) y a Berdan (1978a). Sí menciona la dudosa distinción entre plumas ricas y valadíes

(Broda 1978: 125-126) llegando a cuestionarse su existencia real y relaciona este tributo específico con cuestiones generales de tributación.

Volviendo a Mohar, en su tesis de maestría *La escritura en el México Antiguo* (Mohar 1991) reitera sus análisis de los códices, con algunos cambios como aceptar que se trata de cargas, aunque por convicción personal, no con demostraciones.

Munehiro Kobayashi publicó en 1993 *Tres estudios sobre el sistema tributario de los mexicas*. El primer capítulo se llama "El abastecimiento de alimentos en México-Tenochtitlan: un análisis del Padrón de tributos de Moctezuma" (Kobayashi 1993: 23-50). Comentemos algunos párrafos:

> Sin embargo, como ya hemos dicho al citar a Tapia, este *Padrón de tributos de Moctezuma* no registra la totalidad del sistema tributario de los mexicas ni de la Triple Alianza. Por ejemplo, podemos encontrar datos en la "Información", como los relativos al "servicio cotidiano" para los funcionarios de los mexicas en cada distrito, que no mencionan ni la *Matrícula de Tributos* ni el *Códice Mendoza* II.
>
> Por el momento, se excluye de la discusión el tributo en servicio, y se consideran únicamente los tributos en especie. En seguida se discutirá acerca de algunos puntos de interés relativos a éstos, como la ausencia de datos sobre los siguientes aspectos del sistema tributario y de los tributos en el *Padrón*:
>
> 1) Los tributos entregados por los pueblos con los cuales los mexicas tenían una relación diplomática, de amistad, como decía de Tapia. Un ejemplo de esto es el caso de los señores de Acatlan (PNE: 59-60).
>
> 2) Los tributos proporcionados por la misma ciudad de los mexicas, o sea, México-Tenochtitlan. Entre ellos se incluyen los impuestos proporcionados por los mercados de la capital.
>
> 3) Los tributos entregados por los pueblos para man-

tener los gastos del palacio real o de los funcionarios mexicas. Por ejemplo, el servicio cotidiano, que consistía en la entrega de alimentos frescos y preparados, leña y agua, y otros productos, era proporcionado por los pueblos cercanos. En el caso del palacio real de los mexicas, la mayoría de los alimentos consumidos por las familias reales eran obtenidos en el mercado, que se llamaban *tianquiztlaqualli*, y eran expropiados del gran mercado de Tlatelolco (CF, libro 8: 37).

Por otro lado, aparte del sistema tributario regular, existían otros tipos de tributos, de acuerdo con el estudio realizado por Berdan (1976). De los tributos de esta categoría se distinguen dos subtipos.

4) Los tributos en las fiestas anuales. Según la "Información" existían cuatro o cinco fiestas anuales en la sociedad mexica. En el *Códice Chimalpopoca* (64), aparecen mencionadas seis fiestas anuales en las que se entregaba tributos, y también se menciona los objetos tributados en cada fiesta anual.

5) Los tributos entregados en las ceremonias nacionales o para las obras públicas. Por ejemplo, en las construcciones y en las inauguraciones de templos, y en las entronizaciones y funerales de los reyes. Asimismo, se incluyen en este renglón los tributos para las actividades militares.

Cabe aclarar que los rubros (1) y (4) generalmente no se refieren a los alimentos tributados, sino a los bienes de lujo o de prestigio, como por ejemplo las mantas elaboradas. En los rubros (2), (3) y (5), se tributaban productos alimenticios, aunque por el momento se desconoce la cantidad y los géneros de alimentos tributados. En todo caso, se considera que el *Padrón de tributos de Moctezuma* -y que corresponde específicamente al periodo del gobierno de Moctezuma II- registra la mayor parte de los alimentos que se concentraban en México-Tenochtitlan desde los pueblos conquistados, por el sistema tributario regular. (Kobayashi 1993: 28-29).

Discute el problema de las trojes, pero hace caso de los textos, aunque reconoce que "Hablando con franqueza, no podemos determinar nuestra posición acerca de los problemas aquí planteados" (Kobayashi 1993: 36). En el capítulo tres "Indumentaria y estratificación social en la sociedad azteca. Un acercamiento al tlatocayotl de los aztecas", se dedica a los tipos de productos textiles, pero acepta que se representan unidades y no cargas, siguiendo el texto de la *Matrícula de Tributos* (Kobayashi 1993: 74). No resuelve el problema de la frecuencia del pago, aunque se inclina porque la entrega del tributo que figura sea la de "cada periodo de tributación".

El problema del tributo

Debemos prestar atención a los dos tipos enunciados por Mohar y tratar de ver la articulación de ambos. Por ejemplo, en los códices hay productos que se pueden dividir y otros que no, pero aparecen como pago de la provincia: ¿cómo se juntaba el total? Hay documentos como los padrones de Morelos del Archivo Histórico del INAH, sobre los que trabajó Carrasco (1972) y ha publicado una parte Cline (1993), otra Hinz *et al.* (1983) y algo traducido al castellano Díaz Cadena (1978). En el artículo de Carrasco sobre Martín Molotecatl se aprecia la transformación de los tributos según circulan por los distintos niveles.

Nos vamos a detener solamente en el problema de las cuantías, relacionado con las unidades de medida utilizadas en los códices.

¿Cargas o unidades?

Una mirada a una tabla de productos tributados revela rápidamente que los textiles y, sobre todo, las mantas de algodón, eran no solo el producto más tributado en cantidad, sino también el aportado por mayor número de provincias.

Como ya hemos mencionado, en el *Códice Mendoza* las mantas se pagan cada seis meses y son expresadas como cargas, mientras que en la *Matrícula de Tributos* y la *Información de 1554* se pagan cada ochenta días y se expresan unidades. El problema básico es determinar quién tiene razón, apoyándose en buenas razones. A priori, la frecuencia de tributo parece más indígena la segunda. Creemos que el orden de las pictografías en los códices y en la *Información de 1554* expresa la frecuencia de pago y que el interpretador del *Códice Mendoza* se confundió, quizá guiado por la aparición de dos glifos de meses en la provincia de Soconusco, que quizá sí pagaba dos tributos en el año, como la disposición de los glifos apoya: doble presentación de cada ítem, divisible casi exactamente por una línea vertical. Sobre lo segundo, veamos las opiniones de los especialistas antes de exponer la nuestra. El problema supone, nada menos, multiplicar o dividir por 20 el monto del tributo en textiles.

Las cantidades de las mantas no se han dado en cargas como las clasifica el *Mendocino*, esto lo he hecho proque [sic] después de estudiar este material he llegado a la conclusión de que no eran cargas las tributadas sino mantas, me apoyo para sostener esta hipótesis en que el texto de la *Matrícula* en ningún momento menciona cargas "tlamamalli" o alguna expresión que indique que eran cargas. Luis Reyes me ha sugerido que los textiles que probablemente eran cargas eran aquellos que aparecen en la pictografía como con un pico en el centro. Sobre esto habría que hacer un trabajo más detallado estudiando diferentes códices y fuentes. (Mohar 1987:376).

> Por supuesto que hay que hacerlo, pero antes de tomar partido. No acertó Mohar en su afirmación sobre la *Matrícula*, pues sí hay mención de que se trataba de cargas en el texto en nahuatl. Por lo demás, está primando la información de esta sobre el *Códice Mendoza*, donde continuamente se dice que eran cargas, pero se desecha ese testimonio. Posteriormente ha cambiado de opinión y piensa que son cargas (comunicación personal, México, 1993).

Sin más explicación que "las notas en nahuatl de la *Matrí-*

cula de Tributos no sugiere que representen cargas", Kobayashi (1993: 74) opta porque sean unidades.

Scholes y Adams (1957:14-15) se limitan a señalar la discrepancia, pero no toman ningún partido.

Probablemente, Frances Berdan es una de las personas que más ha trabajado este grupo de documentos, siendo responsable, junto a otras personas, de la edición facsimilar de la *Matrícula de Tributos* (1980) y del *Códice Mendoza* (1992). Veamos su opinión sobre la indicación de *Códice Mendoza* de que son cargas.

Borah and Cook (1963) feel this is due to a problem in the designation of the periods of tribute collection. Briefly, where the *Matrícula* and the *Información* indicate that the clothing tribute was to be rendered every eighty days, the annotations of the Mendoza state that this was to occur twice yearly. Borah and Cook feel that, part way through the writing, the annotator realized that the amount of tribute was too small, and tried to correct for this by adjusting the actual number of mantas. It should be noted, however, that such an adjustment in the numbers of mantas would cause even greater deviation from the total numbers recorded in the *Matrícula* and the *Information*. (Berdan 1975: 104-105).

> [Borah y Cook (1963) piensan que esto es debido a un problema en la designación de los periodos de pago de tributo. Brevemente, donde la *Matrícula* y la *Información* indican que el tributo en textiles debía ser entregado cada ochenta días, las anotaciones del *Mendoza* dicen que ocurría dos veces al año. Borah y Cook piensan que durante la escritura, el anotador se dió cuenta de que el tributo era muy poco e intentó corregirlo ajustando el número real de mantas. Debe notarse, sin embargo, que tal ajuste del número de mantas causa una desviación aún mayor de las cifras totales recogidas en la *Matrícula* y la *Información*].

Un argumento algo endeble. Nosotros "sentimos" que una de las razones para favorecer los datos de la *Matrícula* es que las cifras resultantes del *Mendoza* son muy altas y nos asustan. Hace falta más evidencia. Sigamos con Berdan (1975: 105):

> There are other indications that tend to discourage the notion that each manta figure was meant to represent a load of mantas. There exists in nahuatl a numerical classifier which is used specifically to count mantas by twenties (*-quimilli*). In only two cases is this used in the *Matrícula*, and in both cases the numbers of mantas are less than the customary four hundred (provinces of Cuetlaxtlan and Tochpan).
>
> [Hay otras indicaciones que tienden a desfavorecer la noción de que cada figura de manta quiere representar una carga de mantas. Hay en nahuatl un clasificador numérico que es usado específicamente para contar veintenas de mantas (*-quimilli*). En solo dos casos es usado en la *Matrícula* y en ambos el número de mantas era menor que el 400 acostumbrado (provincia de Cuetlaxtlan y Tochpan)].

Conviene precisar que el original del trabajo de Mohar es de 1976, por lo que no podía haber contado con el de Berdan para conocer la existencia del uso del cuantificador numérico. Tenemos entonces una evidencia dentro de la Matrícula, por lo que hay una contradicción dentro del propio documento. Pero volvamos a la argumentación de Berdan (1975:105):

> A similar problem is found with the feather tribute. For this type of good, bunches of feathers are always illustrated, never a single feather. In this case, however, the nahuatl annotation state "feathers", and the *Mendoza* indicates bunches or bundles ("manojos"). The term "manojo" is added in the same manner as "cargas" is for mantas. It seems, however, that in this case "bunches" is more likely, if the emerging picture is one of literal pictograph interpretation.
>
> [Un problema similar se encuentra con el tributo en plumas. Para este tipo de mercancía se ilustran siempre manojos de plumas, nunca una sola pluma.

En este caso, sin embargo, la anotación en nahuatl dice "plumas" y el *Mendoza* indica manojos. El término "manojo" es añadido en la misma forma que "cargas" lo es para mantas. Parece, no obstante, que en este caso "manojo" es más verosímil, si la imagen emergente procede de una interpretación literal de la pictografía].

El mismo argumento tiene usos distintos, según de qué se trate. La misma argumentación, con ciertas variaciones, es mantenida en la reciente edición facsímil. Entre la cita que comienza "there are other indications..." y la de "A similar problem..." se inserta:

> It appears that the number glyphs, rather than their sixteenth-century Spanish interpretation, provided the correct actual number. (Berdan 1992:62).
>
> [Parece que los glifos numéricos, más que su interpretación castellana del siglo XVI, facilitan el número correcto].
>
> Y en el párrafo de las plumas hay un cambio a partir de *"The term "manojo..."* que queda ahora como sigue:
>
> The term "manojo" is added in the same manner as *cargas* is for the cloaks, as an afterthought. While bunches are illustrated, this is unquestionably a vague quantity; the *tlacuilo* or scribe probably intended only "400 red feathers", or the like, but to illustrate a single feather would probably not have done artistic justice to such a precious luxury. (Berdan 1992: 62)
>
> [El término "manojo" es añadido en la misma forma que *cargas*, como un cambio de idea. Ya que se ilustran manojos, es incuestionablemente una cantidad vaga; el *tlacuilo* o escribano probablemente intentaba solo "400 plumas rojas", o algo así, pero ilustrar una sola pluma probablemente no habría hecho justicia artística a tan preciosa joya].
>
> Tenemos un cambio de idea que soluciona la discrepancia anterior, pero destapando otro problema.

Nuestra argumentación tiene dos puntos de apoyo: la evidencia interna o lo que los propios documentos analizados nos enseñan sobre esta cuestión, y la evidencia externa o comparación con otras fuentes en la que se incluye la propia escritura.

Hace ya algunos años, Fuentes (1985) llegó a la conclusión de que había diferencias entre la forma de representar una manta y una carga. Ella propuso que en el *Códice Mendoza* nos encontramos ante cargas e incluso "desdobló" los bultos para mostrar el dibujo completo de los textiles. En favor de la existencia de esa doblez está el que cuando las mantas llevan cenefa solo aparezca en dos de sus lados. Aún así, la manta podría estar doblada pero ser solamente una. Relacionado con la argumentación de Fuentes está la discusión del sistema de escritura que los mexica empleaban. No se trata simplemente de "ilustrar", sino de comunicar con precisión las ideas, y esto está ausente en la argumentación de Berdan. Si hubieran querido representar una pluma, habrían "escrito" una pluma y no varias. Hemos de progresar aún mucho en este sentido para obviar problemas como el que ahora nos ocupa, pero el hacerlo es parte del camino que hay que recorrer. Nosotros creemos en la capacidad indígena para representar inequívocamente lo que querían recurriendo a artificios cuya comprensión se nos escapa, en ocasiones, por nuestros propios prejuicios.

Evidencia interna

La evidencia interna de los códices tiene dos vertientes: la representación de las propias mantas y las de otros objetos. Comencemos por las pictografías de las mantas. En los tributos aparece lo que Fuentes identificó como glifo de carga de mantas. En ocasiones, el glifo indica tipos diferentes de mantas en el *Códice Mendoza* (en las provincias de Petlacalco, Acolhuacan, Quauhnahuac, Huaxtepec, Quauhtitlan, Axocopan, Atotonilco, Hueypuchtla, Atotonilco el Grande, Xilotepec, Quahuacan, Cuetlaxtlan) y esto se explica mejor interpretándolo como carga, con contenido diverso, que como manta de dibujo complejo. La mayoría de las veces, la separación está hecha en diagonal, pero en ocasiones es en vertical (Axocopan, Atotonilco) o de ambas formas, por haber una subdivisión en una de las mitades (Quauhtitlan, Hueypuchtla, Xilotepec, Quahuacan, Cuetlaxtlan). En la *Matrícula de Tributos* hay algunas diferencias. En Petlacalco no se ve división ninguna, y tenemos la diagonal en Acolmecatl, Quauhnahuac, y Huaxtepec. División vertical hay en Cuetlaxtlan. Las otras dos provincias que la presentan en el *Mendoza* faltan en la *Matrícula.*

Un caso interesante en ambos códices es el de Xilotepec. En uno de los glifos, aparece a la izquierda el huipil normal que vemos en las ocasiones en que se tributan "naguas y huipiles" y a la derecha una greca. El texto en nahuatl de *Matrícula de Tributos* dice *centzontli cueitl xicalcoliuhqui yoan huipilli* y en castellano "400 naguas de muger y otros tantos huipiles". Berdan (1980:33) dice que es la única vez que esto ocurre en el códice, y es cierto. En general, la representación conjunta de nagua y huipil indica 400 "conjuntos". Esto aparece de diferentes formas en los casos en que tenemos texto: leemos *matlacpoualli huipilli matlacpoualli cueitl* (Quauhnahuac, Huaxtepec) o *centzontli huipilli yoan cueitl* (Tlachco) y *cenzontli huipilli* "400 huipiles" (Tlauhpan, Cuetlaxtecatl, Tzicocac). En Coayxtlahuaca está roto, pero parece leerse *cent* que puede corresponder a cualquiera de los dos últimos casos, apuntando Berdan (1980:39) el último, y en Tochpan apenas se lee, pero por el espacio ocupado parece tratarse de *centzontli huipilli* y esta es la lectura de Berdan (1980:42).

En el *Códice Mendoza* siempre dice "naguas y huipiles" o a la inversa, salvo en el caso de Xilotepec, donde la glosa dice "naguas y guipiles muy ricos", a lo que se añade en el texto "que es ropa para mugeres" (f.30v-31r). Por su parte, Mohar (1987:141) presenta la evidencia, pero no la discute. Su traducción del nahuatl de la *Matrícula de Tributos* eliminaría el problema del "otros tantos" y pensamos que es correcta su interpretación.

Nos encontramos casi todas las veces con un mismo glifo que se lee de forma distinta: 200 nahuas y 200 huipiles, el caso de Xilotepec, 400 naguas y huipiles, 400 huipiles. Los cambios existen tanto en nahuatl como en castellano, y no cuadra con la división entre escribas de Berdan (1992:64).

En el caso que nos ocupa, nosotros creemos que la lectura del glifo debe ser de 200 cargas de "faldas y huipiles" y 200 de mantas *xicalcolihqui.*

Otros problemas de lectura relacionados con este existen en los códices. Ya hemos mencionado la presencia o ausencia del símbolo para la veintena en los trajes de guerrero y las rodelas y la interpretación que hacemos de cuándo falta y hay que suplirlo y cuándo no. También hemos mencionado el caso de las plumas. Creemos que nos encontramos ante un glifo que indica "manojo", que probablemente sea una veintena de plumas, aunque ese extremo sea una extrapolación de la existencia de numerosos cuantificadores en la lengua nahuatl.

En Quahuacan nos encontramos ante "cargas de leña", representadas por un glifo cuya interpretación depende del texto. La *Matrícula de Tributos* dice *yetzontecpantli quauitl ytlatiloni*, traducido como "1200 tercios de leña para quemar". No discutimos en este caso si se trata de leños individuales, sino que aceptamos el equivalente de *tecpantli* con "tercio", cuando es un cuantificador que indica "veintenas de cosas ordenadas o alineadas". El *Códice Mendoza* dice simplemente "cargas de leña".

Tecpantli es utilizado otra vez en las provincias de Cohuaixtlauaca y de Tepeyacac. En la primera aparece *ontecpanxiquipilli nocheztli* "dos zurrones de grana" que en Códice Mendoza pasan a ser "quarenta talegas de grana que llaman cochinilla". Queda claro que *tecpantli* es un numeral. En la segunda, *matlactecpantli cacaxtli* vertido al castellano como "10 cargas de cacaxtli para cargar". El glifo registra un *cacaxtli* único y el caso no es equiparable con el de la leña, a la que suponemos dentro del recipiente dibujado en Quahuacan. Por si fuera poco, no lleva numeral ni en la *Matrícula de Tributos* ni en el *Códice Mendoza* , y en este último se dice "200 cacaxtles". La misma provincia nos ofrece algunos otros ejemplos interesantes. Tenemos unas cargas de cal, representadas por un bulto con unos puntos encima, el numeral y la leyenda *matlactzontli tenextli* "40000 cargas de cal" que es un claro error, pues debe decir 4000 como hace el *Códice Mendoza* "quatro mill cargas de cal". No hay problema aquí para aceptar la representación de la cal, aunque Mohar (1987:221) comenta que es una cantidad grande. Tenemos también el tributo en otates, en el que aparece un atado con el texto *matlactzontlamamalli otlatl* "diez cargas de otates". El *Códice Mendoza* da "quatro mill cargas de varas de cañas maçizas que llaman otlatl", con acuerdo en esta ocasión en que se trata de cargas. Se emplea un cuantificador distinto a los vistos hasta ahora. Junto a los otates tenemos "ocho mill cargas de cañas con que hazian flechas" en el *Códice Mendoza*, representadas por un atado muy similar al anterior, del que sale una línea que lo une a una flecha. El glifo del *xiquipilli* es muy conocido. En la *Matrícula de Tributos* el glifo es igual. El texto es difícil de leer. Berdan (1980:39) lee *cenxiquipilli tlacotectli*, sin dar el castellano, y Mohar (1987:219) *cenxiquipilli tlatzontectli* dando también por ilegible el castellano. Nosotros nos inclinamos por la lectura del nahuatl de Mohar y alcanzamos a leer algo el castellano: "una talega del (palabra ilegible) de cañas". La talega se refiere obviamente al *xiquipilli* y la interpretación es muy endeble. Lo que nos atañe es que mientras en los otates se aceptaba que eran cargas, ahora se convierten en unidades con un mismo glifo.

La palabra *tlamamalli* aparece también en la provincia de Cihuatlan, unida a *tecpantli* para contar algodón y cacao, lo que parece dejar claro que *tlamamalli* es "carga" y *tecpantli* el cuantificador para ciertas cosas. La interpretación al castellano en este caso es de lo más desafortunada. Donde el nahuatl dice *centzontecpantlamamalli coyoichcatl* y el castellano debía decir "400 cargas de algodón" dice "cien tercios de algodón". Claro que la inclusión de *tecpan* en esta frase debe ser un error. En la otra, *nauhtecpantlamamalli xochicacauatl* pasa a ser "400 cargas de flor de cacao" en vez de "80 cargas de cacao bermejo o xochicacauatl".

El *Códice Mendoza* (f. 38r) da "lxxx cargas de cacao bermejo" y "cccc fardos de algodón todo leonado".

Todavía tenemos otro ejemplo. En la provincia de Yohualtepec se tributan rostros de hombres hechos de piedra azul y "un envoltorio grande de las dichas piedras de azul", con un glifo que representa un paquete atado con dos cuerdas y con un glifo de piedra dentro (f. 40r). En la *Matrícula de Tributos* (f. 10v) aparece el envoltorio ligado a los "rostros de hombre" y no presenta texto.

Aún hay más argumentos. El propio *Códice Mendoza*, en la parte etnográfica tiene representaciones de mantas: en el f. 64r aparecen las mantas que se daba a cada "valiente" y su representación es diferente de la de la parte de los tributos. Mantas blancas aparecen en el f.68r en la escena de los *telpopopochtin* (parte superior) y también son diferentes. Creemos que el propio códice nos muestra la manera de representar las unidades y las cargas.

La *Matrícula de Tributos* no tiene parte etnográfica, pero como ya señaló Berdan (1975: 105) se emplea la palabra *quimilli* que según Sullivan (1976:193) se usa para contar compuestos de cosas que se envuelven, con lo que *cenquimilli* sería igual a "20 mantas". Según Simeon (1977:431) se emplea en composición con los numerales para los fardos o cargas de mantas. Es cierto que su ocurrencia es muy escasa en la *Matrícula* y que lo hace donde no se completa un *tzontli* por lo que su uso se refiere solo, como Berdan dice, al numeral. En vez de *pohualli*, las veintenas de mantas se llaman *quimilli.* Pero también puede tratarse de veintenas de bultos, como hemos visto con *tecpantli.* Esta lectura está en consonancia con el resto del códice; el intérprete lee mantas donde nosotros proponemos leer el glifo como "carga". Si estamos en lo cierto, debería haber interpretado "x veintenas de cargas de mantas" o algo similar.

La evidencia del *Códice Mendoza* parece más fuerte que la de la *Matrícula de Tributos.* Hemos visto, de todos modos, algunos errores en el texto nahuatl y en el castellano. Las interpretaciones de estos libros, al menos las que nos han llegado, no son fáciles. En la *Información de 1554*, en la que generalmente se leen mantas individuales, hay pasajes que nos muestran la duda del intérprete. En el comienzo de cada interrogatorio de los testigos impares, cuando el testigo está dando el tributo de la primera provincia dice "cada ochenta dias quatro-çientas mantas de las susod[ic]has que son veynte cargas de veynte mantas cada una". ¿Qué ponía realmente en el códice? ¿Un glifo, como el de *Códice Mendoza* y la *Matrícula de Tributos*, con un tzontli o con un pantli? Y en el primer caso, ¿cómo explicamos la frase del testigo? Y si se trata del segundo, las similitudes con la *Matrícula de Tributos* se difuminan. En las demás apariciones de las mantas ya no dice cargas.

Evidencia externa

Antes de llegar a un callejón sin salida y seguir dando vueltas a las mismas evidencias que se han discutido una y otra vez permitiendo apoyar las opiniones opuestas, veamos lo que nos pueden aportar otros documentos de la época. No hay que olvidar que contamos con numerosos códices económicos, que siguieron usándose durante la Colonia y que el tributo en mantas fue uno de los que más continuaron.

Tenemos por un lado dibujos de mantas en varios códices, como es el *Florentino*, el *Tudela* o el *Magliabechi*. En todos ellos las mantas aparecen dibujadas como un perfecto cuadrado, no con los picos de nuestros documentos. En concreto en el *Códice Florentino* (vol. II: f.306v) aparecen las ofrendas hechas a un señor y el dibujo de las mantas se parece a la parte etnográfica del *Códice Mendoza* y no a la de los tributos. Tenemos textiles en otros documentos como los *Tributos de Tzintzuntzan y Tlalpujahua* (Glass y Robertson 1975: no. 379, fig. 70). Aparición de "cargas" y "unidades" en el mismo documento tenemos en el *Códice de Tlachco* (Glass y Robertson 1975: no. 334, fig. 63), en el que en el interior de cada "carga" se lee: " veynte sabanas delgadas q an dado al dho corregidor". Otro documento interesante es el 403 del censo de Glass y Robertson (1975: fig.77) Documento concerniente a la propiedad de Pedronilla Francisca y Constantino de San Felipe. En él se ven mantas y otros textiles y unos bultos, en la parte inferior izquierda que semejan las cargas de la *Matrícula de Tributos* y del *Códice Mendoza* sin terminar de atar. De una de ellas sale una línea que la une con el dibujo de una manta individual, como las que aparecen en el mismo códice, con dos líneas quebradas, que pueden ser las divisiones de las "piernas". Creemos que indica el contenido del bulto.[7]

En el *Códice Kingsborough* llegamos a tener "cargas" de ranas. El último testimonio que aportamos, sin agotar por ello el material, procede del *Códice de Otlazpan* (F.8). Tenemos dieciseis representaciones similares a las de los códices tributarios, cada una de ellas con una similar a las que llamamos "unidades" en su interior, y otras cinco de estas, del tamaño de las "cargas", fuera. El texto en castellano dice:

> E ansy mismo. Dexo hordenado el d[ic]ho Juez q[ue] en el d[ic]ho pu[ebl]o se hiziese cada año cierta cantidad de ropa de mantas labradas con tochimitl p[ar] a dar a los prinçipales y tequitlatos del pueblo. De la manera sig[uient]e a cada uno dos mantas en vn año y para saber la cantidad de las mugeres q[ue] ay en el d[ic]ho pueblo las conto y hallo dos mill mugeres de trabajo y dexo y hordeno q[ue] cada año hiziesen dos mugeres una pierna de manta de las suso d[ic]has de algodon q[ue] suman y montan por todas las mantas q[ue] se an de hazer trezientas y veynte y çinco. anse de entregar a los m[ay]ordomos en la casa publica y ellos dar q[uent]a dellas.
>
> Trescientas veinte y cinco mantas, o lo que es lo mismo, dieciseis "cargas" más cinco "unidades". La evidencia externa parece fuerte.

Nosotros nos inclinamos a pensar, pues, que las correccio-

7 Agradezco la indicación de las mantas que aparecen en estos códices y la primera discusión sobre su importancia a Juan José Batalla.

nes que el intérprete del *Códice Mendoza* hizo incorporando la palabra "carga" se deben a que fue advertido de su error y no a otra cosa.

Naturaleza de los documentos sobre tributos

Permanecen algunos puntos oscuros tras la comparación de los tres documentos de que disponemos. La mayoría de ellos se refiere a discrepancias entre ellos, sobre todo en los totales. Es obvio que los intérpretes de los tres documentos dejan mucho que desear. Nos encontramos, demasiado a menudo, con errores claros y diferencias entre pictografía, texto en castellano y texto en nahuatl. La lógica indica que deben primar las pictografías, que son interpretadas o traducidas al castellano en *Códice Mendoza* y al nahuatl en la *Matrícula de Tributos*, incorporándose en esta mucho más tarde la versión en castellano. Creemos que algunos de los problemas de lectura que ahora tenemos los experimentaron ya los "interpretadores" en el siglo XVI y en algún caso puede tratarse de una interpretación parcial o "dirigida" que nos ha confundido, como ocurrió, por ejemplo, con la recogida del alfabeto maya de Diego de Landa[8].

Para progresar, deberíamos solucionar algunos problemas. No es demasiado importante para cada documento en forma aislada saber si se trata de una tasación o un recibo, pero sí lo es para la comparación: tenemos que saber si estamos tratando con las mismas cosas. Durante la colonia se puede hacer la comparación sobre lo que los pueblos debían pagar y lo que efectivamente entregaban y nos encontramos con diferencias notables. Además, para el análisis del sistema tributario prehispánico es importante saber si nos encontramos con lo que las provincias debían pagar, lo que pagaron o lo que llegó a Tenochtitlan, por ejemplo. Armillas (1987) creía que no todo

---

8 Landa preguntaba cómo escribir la "b", por ejemplo, y los informantes le escribían "be" (b + e), lo que ha traído de cabeza mucho tiempo a los investigadores contemporáneos. Comunicación personal de José Miguel García y Alfonso Lacadena.

lo que figura en los códices llegaba a Tenochtitlan y nosotros creemos que sí, pero que no figuran los tributos que quedaban en las provincias (Rojas 1991a, 1991b). Los tributos diarios que aparecen en la *Información de 1554* lo hacen también en muchas tasaciones del siglo XVI y desconocemos aún su papel en el mundo prehispánico.

Conocemos la extensión del uso de los documentos tributarios por la administración mexica, pero no su sistema de archivo. Por ello, no tenemos períodos de validez. Sabemos que nuestros documentos son muy tardíos, por la incorporación de provincias conquistadas poco antes de la llegada de los españoles, pero no sabemos si periódicamente se variaban los tributos de las ya conquistadas o si se destruían los documentos que quedaban obsoletos. En los nuestros no hay ninguna orientación al respecto. Por la explicación de los períodos de pago parece que nos encontramos más bien ante algo así como una tasación o un resumen anual, pero esos períodos se derivan de la interpretación del códice en época española, no los tenemos en las pictografías, por lo que hay que estar atentos ante la posibilidad de un error en origen. Los españoles trataron de hacer una información y utilizaron los documentos que les presentaron. Como ya hemos señalado, pensamos que los informantes de 1554 emplearon más de un documento o bien el escribano que preparó el documento lo hizo, para presentar un solo libro a los testigos, pero esta creencia se basa en la comparación con el *Códice Mendoza* o más bien, con su segunda parte, excluyendo las otras dos, y con la *Matrícula de Tributos*. Hay suficientes diferencias para suponer la existencia de una tercera nómina de tributos, similar pero no la misma, por las diferencias que se encuentran. Muchas menos, salvo las páginas faltantes, hay entre los dos códices pictográficos. La mayoría se centra en las glosas y en los períodos de pago que, como hemos dicho, dependen del intérprete. En las pictografías hay cambios de lugar, pues el orden está invertido, y en un caso, el glifo de un pueblo que había sido "olvidado" aparece al final. Precisamente el orden de los tributos aparece también en la *Información de 1554* y los periodos de pago coinciden con los de la *Matrícula de Tributos*. Ciertos productos se pagaban cada ochenta días y otros anualmente y la introducción de este tercer testimonio nos ha llevado a pensar que el interpretador del *Códice Mendoza* se equivocó, como ya hemos señalado.

De todos, modos, no es necesario que se trate de una copia directa, establecida ya la existencia de más documentos.

Berdan (1980:10-11) cree que el códice empleado para hacer la *Información de 1554* se parecía más a la *Matrícula de Tributos* que al *Códice Mendoza*. Creemos que está en lo cierto, sobre todo por un detalle: las provincias de diferente nombre. En el folio 40r del *Códice Mendoza* aparecen tres provincias, divididas por líneas horizontales, por lo que queda una encima de la otra. Los glifos de los pueblos aparecen bajo los tributos en vez de a la izquierda y los primeros pueblos son respectivamente Tlalcoçauhtitlan, Quiauhteopan y Yoaltepec. En la *Matrícula de Tributos* aparecen en el folio 10v, separados por líneas verticales y con los glifos de los pueblos situados también debajo, pero en sentido vertical. De acuerdo con el *Códice Mendoza* hay que leerlos de abajo a arriba. En el caso de la *Información de 1554*, los nombres dados a los pueblos coinciden con los glifos situados en último lugar, con la salvedad de la diferente lectura en Quiyauhteopan. El *Códice Mendoza* lo llama Xala, la *Matrícula de Tributos* no tiene glosa y la *Información de 1554* Tequisquitlan, en una lectura que es aceptable para Berdan (1992:61) y también para nosotros. Es más verosímil, como indica Berdan (1975:97) que el intérprete cambiara la lectura en una página anómala a leer de arriba hacia abajo que de izquierda a derecha, pues en ambos casos lee en primer lugar el primer glifo que encuentra en una lógica europea. En el otro caso supone en vez de leer de arriba hacia abajo hacerlo de derecha a izquierda y cambiar de leer el primer glifo al último, lo que es más forzado. El orden de la I*nformación de 1554* puede deberse a esa misma lectura "a la europea" del códice.

Y por último, una reserva. Si no son, pese a las apariencias, documentos de un mismo tipo o de un mismo momento, no es imprescindible que casen completamente. Debería haber otras explicaciones para las diferencias. Parece poco probable, pero dado nuestro limitado conocimiento del sistema tributario (ver Rojas 1993a, 1993b) podría ocurrir. Tenemos que tener cuidado de no cerrar un círculo vicioso reconstruyendo los tributos prehispánicos con los documentos que hemos comentado, al tiempo que interpretamos los documentos con nuestra explicación del sistema tributario prehispánico, construida sobre el contenido de estos códices, etc.

Capítulo V
Desde Barlow a los años 1980[9]

Otra obra general de considerable éxito y con muchas reediciones en varios idiomas es la de Jacques Soustelle publicada por primera vez en 1956 (Soustelle 1983). El capítulo donde se encuentra la información sobre el Imperio es variopinto, pero nuestros estudiantes se podían hacer una idea de la visión del autor. Hay que rastrear las noticias sobre la estructura del imperio, sobre todo en la primera parte, "La clase dirigente", en la que aparecen los cargos que dominaban los territorios, y sus nombramientos. En general está muy apegado a las noticias que nos brindan las fuentes, insistiendo en los ciclos de vida de los señores y, de vez en cuando, dejándose ver la visión de Soustelle:

> En su grado más alto, la jerarquía de los guerreros se confundía con la del Estado. Uno de los títulos del emperador era el de *Tlacatecuhtli* "señor de los hombres", es decir "de los guerreros", y su función primordial consistía en mandar los ejércitos no solo de México, sino también de las ciudades aliadas. Entre los grandes dignatarios que lo rodeaban, los más importantes desempeñaban cargos esencialmente militares, al menos en un principio; cuatro de ellos dirigían, en tiempo de guerra, los contingentes suministrados por las cuatro secciones de la capital. (Soustelle 1983: 59)

En las páginas 62-63 describe la administración del imperio, apareciendo gobernadores "en ciertas ciudades o lugares", con algunos sitios que presentan dos, lo que le lleva a afirmar que "es, pues probable que uno de ellos se reservara la administración, en tanto que el otro conservaba el mando de la guarnición". Dado que menciona entre estos lugares a Oztoman, Zozola y Uaxyacac, está claro que está utilizando el *Códice*

9 Las lecturas comentadas en esta lección eran el Capítulo II del libro de Soustelle (1956) titulado "La sociedad y el Estado al principio del siglo XVI" y el artículo de Gibson (1971)que al aparecer en el Handbook of Middle American Indians se convierte en una referencia obligada.

Mendoza y que esa dualidad del mando está ligada a una de las interpretaciones de las páginas 17v y 18r de dicho documento. A continuación se ocupa de los *calpixque* cuya "tarea principal consistía en hacer que se cultivaran las tierras destinadas al pago del impuesto, en recibir granos, mercancías y productos que cada provincia debía enviar a intervalos fijos, y en asegurar su transporte hasta México" (Soustelle 1983: 62). Dado el tipo de obra ante el que nos encontramos, no se indican las fuentes de ninguna de las afirmaciones. La dependencia del tributo de toda organización descrita es manifiesta. El resto del capítulo está dedicado a los restantes grupos sociales, con apego a las cuestiones que se mantenían en aquellos momentos.

La mezcla de niveles sociales y oficios que presenta ha sido bastante habitual en la historiografía azteca. Y de la organización del estado, nada tenemos.

El libro de Katz, publicado originalmente en 1956 y traducido al castellano en 1966, es un clásico de los estudios sobre los aztecas. Al final del capítulo sobre las clases sociales, Katz nos habla del "imperio" mexicano (Katz 1966: 148-149):

> ¿Es posible emplear en su verdadero sentido las palabras imperio mexicano y emperador mexicano? ¿Qué tan grande fue el poder de Tenochtitlan y de sus dos aliadas, Tetzcoco y Tlacopan?
>
> Tenochtitlan tenía la supremacía; pero las otras dos no estaban carentes de autoridad. En cuanto al grado de dominación que ejercieron sobre los territorios conquistados, no se cuenta con información. En el capítulo acerca del tributo se dijo que unas crónicas se refieren a los gobernantes de las provincias conquistadas, en tanto que otras hablan de su autonomía. Zurita[474] (Op. Cit. pp. 91-92) mismo, el más preciso de los cronistas, cae en contradicciones. Por un lado dice: "los reyes mexicanos y sus aliados los de Tlacuba y Tlezcuco, en todas las provincias que conquistaban y ganaban de nuevo dejaban los señores naturales della en sus señoríos, así a los supremos como a los inferiores...

e les dejaban en sus usos e costumbres y manera de gobierno. Por tributo y en reconocimiento de vasallaje acudían (los habitantes de las regiones) a los mayordomos e personas que el señor tenía puestas para la cobranza... y esto era general a todas las provincias que tenían sujetas y se quedaban tan señores como antes, con todo su señorío e gobernación de él y con la jurisdicción civil y criminal."

En otra parte[475] (Ibid. p. 86) escribe acerca de los *tetecuhtzin* que, como se dijo, eran los señores que iban a las provincias conquistadas, al decir que "las casas de estos señores se llamaban *teccalli* y tenían dominio y mando sobre cierta gente anexa a aquel *teccalli*... e tenían ansimismo cuidado de mirar y volver a hablar por la gente a su cargo." Con ello Zurita desmiente su primera aseveración en la que pretendía destacar la autonomía de las provincias sojuzgadas. La explicación lógica de este desacuerdo se encuentra en la diferencia existente entre las regiones dominadas situadas en el Valle de México y en su proximidad y aquellas ubicadas más distantes.

Las próximas estaban sometidas al dominio directo de Tenochtitlan, por lo que se facilitaba su control. A ellas eran enviados los nobles —*tetecuhtzin*— con carácter de señores. Solo así se explica que Zurita diga que el señor pedía al *tectecuhtzin* fuera todos los días a su palacio, lo que no le hubiera sido posible tratándose de los territorios más alejados.

Además, las regiones más inmediatas tenían más tiempo de haber sido conquistadas, y, por ende, en ellas la influencia azteca era preponderante.

Según parece, en las zonas más alejadas, solo con excepción, quizá de aquellas que se encontraban dentro de los límites de la jurisdicción de alguna guarnición azteca, la autonomía debe haber sido mayor.

Sin duda, con el transcurso del tiempo esta situación hubiera evolucionado en un fuerte centralismo, lo que expresa también, como los diferentes aspectos de la organización azteca, el estado de transición social en que se encontraban.

Como novedad, tenemos la proximidad como reguladora del tipo de administración, unido a la antigüedad de la conquista. Según vimos en los mapas de Kelly y Palerm, al principio estas dos características iban unidas, pero luego cambió la situación. Aunque su visión de Zorita es un poco optimista, por lo menos, trata de armonizar las contradicciones de las fuentes, y cree que el imperio iba camino de la centralización, pero la evolución se vio truncada por la llegada de los españoles. Es importante la afirmación de que dejaban a todos los señores, pues, en realidad, ese proceder indica la forma en que se organizaba el Imperio, aunque fue muy frecuente, durante mucho tiempo, que se interpretara como "falta de interés" o dejadez.

En 1969 apareció *Vorkolumbische Kulturen*, traducido al inglés en 1972 como *Ancient American Civilizations*. El capítulo diez está dedicado a los aztecas (Katz 1989: 134-242):

> The regions overthrown by the cities of the Triple Alliance ranged from small independent villages through larger city states to regular states, containing hundreds of thousands of inhabitants. Did the victors create out of all this a cohesive, consolidated, viable empire? The degree of integration in these regions was so varied that it is difficult to give any single answer. (Katz 1989: 188).
>
> [Las regiones vencidas por las ciudades de la Triple Alianza fueron desde pequeños pueblos independientes hasta estados regulares que contenían cientos de miles de habitantes, pasando por ciudades-estado más grandes. ¿Crearon los vencedores con esto un imperio cohesionado, consolidado, viable? El grado de integración de estas regiones fue tan variado que es difícil dar una sola respuesta].

Lo de las respuestas múltiples se da en muchas partes. Ni el imperio romano ni el de Carlos I de España y V de Alemania eran uniformes. A continuación de esta cita, se refiere Katz al problema de la existencia de tres cabeceras y al tributo. Ve un tratamiento diferente en las ciudades próximas y en las distantes y afirma que no hay *"staff of administrators, no state bureaucracy"* [cuerpo de administradores, ni burocracia estatal] en las provincias sometidas (Katz 1989: 191). Insiste en el tratamiento diferente dado a los rebeldes, con el conocido ejemplo de Cotaxtla, y propone no usar la palabra "imperio" sino solamente "dominio" (domain), dado el *"insignificant degree of integration of the territories overthrown by the Aztecs"* [insignificante grado de integración de los territorios vencidos por los aztecas] (Katz 1989: 193). Se pregunta por los sentimientos de los conquistados y qué recibían:

> Was there, like the *Pax Romana* in Rome, a *Pax Azteca* in Mesoamerica, offering protection from external aggresion and assuring people peace between the members of the Aztec "domain"? To what extent did the conquerors erect major constructions and large public works which the conquered had not until then been able to create because of the sums which would have to be raised? To what extent did the conquerors propagate new techniques that enabled the peoples they had conquered to increase radically their own productivity? To waht extent were the conquered peoples enabled to join a large market, which gave them the opportunity of receiving products that they hardly been able to attract before? (Katz 1989: 193-194).
>
> [¿Hubo allí en Mesoamérica una *Pax Azteca* como la *Pax Romana* en Roma, que ofreciera protección de la agresión externa y asegurara a la gente la paz entre los miembros del "dominio" azteca? ¿Hasta qué punto los conquistadores erigieron construcciones importantes y grandes obras públicas que los conquistados no hubieran sido hasta entonces capaces de crear debido a las grandes sumas que habrían tenido que reunir? ¿Hasta qué punto propagaron los conquistadores técnicas nuevas que permitieran a las gentes que habían conquistado incrementar radicalmente su propia pro-

> ductividad? ¿Hasta qué punto se permitió a los vencidos unirse a un gran mercado, que les diera la oportunidad de recibir productos que les habría sido muy difícil atraer antes?]

Las preguntas son interesantes, pero habría que reflexionar sobre su idea de imperio (parece que los incas tienen algo que ver) y los objetivos de las conquistas. Katz percibe que hay algo, pero no quiere darle el término de "Imperio", pues no aprecia claramente la existencia de una estructura administrativa. Vuelve a insistir en las diferencias entre el Valle y el resto, pero parece olvidar —él, Katz— que Mesoamérica era ya un área civilizada y confunde cultura y política. Acaba considerando que los pueblos de fuera de Tenochtitlan eran distintos culturalmente y por eso no pudo haber realmente *Pax Azteca* ni integración. Si eso fuera así, la existencia de un área cultural llamada Mesoamérica debería ser cuestionada (ver Rojas 2005).

Con un título precioso *Sons of the shaking earth*, al que no ha hecho justicia la traducción *Pueblos y culturas de Mesoamérica*, Eric Wolf publicó un repaso a Mesoamérica, desde el medio físico a la llegada de los conquistadores. El capítulo VII está dedicado a los "guerreros del sol". En él da la preeminencia a Texcoco en los primeros tiempos y discute los cambios que el crecimiento supuso, sobre todo en detrimento de los *calpulli*. Y al concluir, atisbamos su idea del Imperio:

> En 1519, la llegada de los españoles encontró a la mayor parte de Mesoamérica unida bajo la égida de los mexicas. Desde su reducto isleño en la laguna de Texcoco, los ejércitos de estos últimos se trasladaban a regiones lejanas para reprimir revueltas, en la costa del país montañoso del sur, en la vertiente del Pacífico, o para proteger de los ataques de los mixtecas y de los zapotecas, a la principal ruta comercial que conducía a la región de las tierras altas del sureste. Sin embargo, su poder resultó más aparente que real. Sería poco provechoso predecir lo que hubiera podido acontecer si los mexicas hubieran sido capaces de realizar su destino

sin ser importunados. Quizá hubieran consolidado e integrado sus vastas posesiones de manera más eficaz y competente de lo que lo hicieron durante su breve periodo de dominio absoluto. Sin embargo, básicamente, los mexicas continuaron siendo poco más que una banda de piratas que efectuaban incursiones fuera de su gran ciudad para pillar y saquear, sometiendo a grandes territorios que les pagaban tributos, sin alterar, en esencia, la estructura social de sus víctimas.

Los mexicas hubieran podido apoderarse de los dioses de los vencidos para encerrarlos en Tenochtitlán, obligando a contraer matrimonios políticos entre los reyes vencidos y el linaje de sus propios gobernantes. Hubieran podido, en el interior y en el exterior del valle de México, dar tierras a sus nobles. Sin embargo, en la mayor parte de Mesoamérica, permitieron que las poblaciones conservaran sus costumbres y sus jefes tradicionales, y no recordaron a éstos las obligaciones que tenían con Tenochtitlán; se limitaban a invitar a sus súbditos a contemplar el espectáculo de los sacrificios en masa en su capital lacustre. Este dominio poco estricto sobre la periferia, ejercido por un fuerte poder central, recuerda más a los asirios del Medio Oriente que al Egipto faraónico o a los incas del Perú. Así como los ejércitos asirios incursionaban anualmente en las montañas persas y del Kurdistán o volvían, de tiempo en tiempo, a las ricas ciudades del Levante para saquearlas y retirarse enseguida hacia sus fortalezas del Valle entre los ríos, los mexicas también preferían la incursión rápida a la ocupación permanente y la invasión para recoger tributos, en vez de una administración permanente. De este modo, dejaron intactas las instituciones tradicionales de las poblaciones sometidas, pero fomentaron al mismo tiempo el odio a los vencedores, lo que los españoles observaron enseguida y no dejaron de explotar.

Los territorios sobre los que se extendía la dominación mexica no constituían una unidad. En el interior de los límites del "Imperio" quedaban grandes zonas que, o bien conservaban su plena independencia, o no sentían el peso del poder mexica, sino en forma intermitente. Debido a ello, cerca de los mismos límites de su valle, había dos estados chichimecas, Tlaxcala y Metztitlán, enteramente independientes de los mexicas. Los mexicas rodearon a Tlaxcala y cortaron sus contactos comerciales con la costa, pero jamás la vencieron. No tuvieron mejor suerte los mexicas en sus batallas contra el reino Tarasco, al oeste. A pesar de sus repetidas tentativas para forzar las defensas de los tarascos, siempre fueron obligados a retirarse ignominiosamente derrotados. Tampoco mantuvieron muy vigilada la gran ruta comercial que conducía a Guatemala; y aunque lograron sostener una serie de guarniciones a lo largo de la ruta que llevaba al Soconusco, rico en cacao, las tierras que estaban a los lados de esa ruta, permanecieron en poder de los reyes mixtecas o zapotecas, y no estaban sujetas, sino por muy débiles lazos a la autoridad de los mexicas. Jamás penetraron en el Yucatán de lengua maya. Allí, pequeños principados guerreros y herederos de dinastías emparentadas con los toltecas mantuvieron, cada uno por su lado, su independencia hasta la llegada de los españoles. En lo que se refiere a la organización política y social, estas pequeñas unidades imitaron las formas mexicas, con su jefe hereditario dedicado a los sacrificios humanos y a la guerra, con su nobleza monopolista, sus unidades de parentesco ficticio formadas por nobles y por gente del pueblo, y sus esclavos.

La dominación de los mexicas, tuvo, pues, en sí misma, sus limitaciones. No obstante poseer una poderosa organización destinada a la conquista, fueron incapaces de triunfar sobre el carácter esencialmente insular de la sociedad de Mesoamérica. No lograron más que aterrorizar y someter temporalmente a los islotes que la constituían. Sembraron vientos y cosecharon tempestades. Como sociedad y como cultura estaban condenados a desaparecer por la violencia que ellos mismos habían engendrado. (Wolf 1975: 135-137).

Y en el capítulo siguiente los conquistan, claro. Para el imperio declara haber seguido a Barlow, a Katz y a Kelly y Palerm. Lo de los asirios de Mesoamérica es una sugerencia de Ángel Palerm, y parece oportuno lo de comparar, aunque hay que fijar con cuidado los términos. Antes de decidir si es imperio o no, habrá que saber qué es un imperio o a qué entidades del pasado hemos reconocido como tales y por qué. La ruta del Xoconochco se parece a la que diseñó Barlow. Wolf insiste en la idea de la escasa integración y, desde luego, no considera las tradiciones mesoamericanas a la hora de enjuiciar al Imperio Mexica. Los "débiles lazos" de unión anuncian la fácil desintegración, sin ninguna alusión a la desintegración del Imperio Tepaneca, en la que participaron como protagonistas los mexicas. Y esta falta de conexión con el pasado queda más en evidencia cuando estamos tratando de un libro que cubre la evolución de Mesoamérica desde los primeros tiempos hasta la llegada de los españoles.

Aunque la contribución de Alfredo López Austin es de larga duración lo situamos aquí por convenir su "primera entrega": *La Constitución Real de México-Tenochtitlan* (1961). El capítulo IV está dedicado al "funcionamiento estatal". Comienza con "el estado" y lo define: "Por Estado se entiende ´la organización jurídica de una sociedad bajo un poder de dominación que se ejerce en un determinado territorio´ (García Maynez 1956, p. 98)" (López Austin 1961: 81). Se plantea después las fuentes de las leyes aztecas y el concepto nahuatl de estado, concluyendo que reside en el poder de sentenciar. Quizá por eso encontramos en los cronistas tan prolijas descripciones del sistema judicial. Analiza el sistema de gobierno de Tenochtitlan y dice que es el mismo para cada lugar sujeto (López Austin 1961: 97). Y nos esperamos a otro trabajo para ver dónde le llevan estos inicios tan ligados a la formación jurídica del autor.

En 1973 aparece *Hombre-Dios. Religión y política en el mundo náhuatl* que fue su tesis de grado en Historia. Y en 1974,"Organización política en el Altiplano Central de México durante el Postclásico" (reeditado en 1985, con una addenda). En él propone que las fuentes permiten una mayor profundidad temporal de la que normalmente consideramos. Se ocupa del calpulli, la posesión de la tierra, la estructura social y la organización estatal (López Austin 1985: 215 y ss) en la que destaca la existencia de *tlahtocayotl* como estados en principio independientes, pero que podían integrarse en unidades mayores. Un cuadro sinóptico en el que se reflejan los niveles de integración acompaña al texto:

> El Hueitlatocayotl
>
> Difícil fue en el posclásico el equilibrio de coaliciones hegemónicas, discutido por vía de armas entre las ciudades fuertes en turno. El sistema de alianzas había dividido a los Estados en dos categorías: los *tlatocayotl* comunes, en teoría independientes, y los *hueitlatocayotl* que, integrando coaliciones de tres o cuatro miembros, dominaban zonas más o menos extensas. La más famosa coalición de poderosos en el altiplano central fue la nacida a raíz de la derrota de Azcapotzalco, que formaron el *culhuatecuhtli*, *tlatoani* de Tetzcoco, y el *tepanecatecuhtli*, *tlatoani* de Tlacopan, que en ese tiempo —hacia 1430— eran respectivamente Itzcóatl, Nezahualcóyotl y Totoquihuatzin [faltan algunas palabras en esta frase, entre culhuatecuhtli y Tetzcoco]. Como bases del trato se establecieron la alianza política, que permitía la conservación del predominio; la unión de las guerras de conquista y consolidación; el reparto preestablecido de las ganancias de conquista; la defensa común contra las incursiones enemigas; la confirmación, hecha por los dos *hueitlatoque* existentes, del *hueitlatoani* recién electo por su pueblo, a fin de conferirle el poder religioso específico de su cargo superior, la ayuda económica y técnica en casos de necesidad, y, al parecer, el auxilio judicial en algunos casos.
>
> La lucha por la hegemonía y el derecho de conquista, aparentemente estaban basados en un antiguo orden en el que Estados poderosos eran las fuentes originarias del poder, recibido directamente de la divinidad suprema. Cada uno de los nuevos *hueitlatocáyotl* hacía

valer títulos supuestamente legítimos de descendencia en calidad de sucesor de uno de los antiguos grandes Estados ya desaparecidos. Pretendían que su posición se reconociera universalmente, y que el poder de todos los *tlatoque* emanara del de cualquiera de los *hueitlatoque* coaligados, ya por descendencia directa, ya por confirmación en el mando. En esta forma serían los protectores y benefactores de todos los hombres y, en correspondencia a esta magnanimidad, todos los *tlatocáyotl* deberían dar prueba de reconocimiento en forma de alianza y tributo. El reconocimiento era en ocasiones voluntario, y por lo regular, forzado. Esto creó el llamado derecho de conquista, que sometía a los pueblos en forma heterogénea: unos, conscientes de su debilidad, reconocían espontáneamente a un *hueitlatocáyotl* y entregaban periódicamente tributo no fijado en forma estricta; otros, más escépticos acerca de la legitimidad de los títulos exhibidos y de los beneficios que otorgaban los poderosos, eran derrotados y obligados a establecer en el momento del triunfo del vencedor, tras penoso regateo, un tributo determinado, pero quedaban con sus tierras, leyes y gobernantes; otros, que habían prestado mayor resistencia, eran privados de sus dirigentes y caían directamente bajo los nuevos gobernantes enviados desde el *hueitlatocáyotl* para formar otro tronco; otros más eran completamente arrasados y en su territorio se establecían colonias de los extranjeros vencedores. La regla común, sin embargo, era la subsistencia de tlatocáyotl autónomos que reconocían el poder religioso de los *hueitlatocáyotl*. Entregaban éstos, por los supuestos beneficios recibidos de la forzada alianza, un tributo, y se comprometían a dejar paso libre a los comerciantes. En materia de guerra quedaban en calidad de protegidos y en la realidad estaban obligados a auxiliar a las tropas conquistadoras con hombres y con vituallas. De hecho, aunque no de derecho, tenían que soportar una fuerte intervención económica y política. En su territorio quedaban *calpixque* -funcionarios fiscales- del *hueitlatocáyotl* y era corriente que los hijos de los gobernantes

> vencidos acudiesen a la corte del Estado poderoso en calidad de cortesanos. El *hueitlatocáyotl* no integraba, con sus *tlatocáyotl* sometidos, un gran estado.
>
> El equilibrio de fuerzas en la coalición de los *hueitlatocáyotl*, pese a su fundamento religioso, no siempre se mantuvo. Maxtla, *tlatoani* de Azcapotzalco, trató de dominar a los débiles aliados de su padre, y Motecuhzoma Xocoyotzin estaba en vías de desconocer a Tetzcoco y a Tlacopan, aunque tal vez con la mira de proyectar su alianza con Estados poderosos más distantes que coadyuvaran a una nueva expansión. (López Austin 1985: 221-222).

Aquí podemos percibir la pertinencia de las preguntas sobre las características de los códices tributarios: si eran "recibos" podían aparecer todos los tipos de "alianza" expuestos por López Austin, pero si eran tasaciones, solo lo harían los que tenían un tributo en especie reglado. La afirmación de que había intervención política y económica es interesante, aunque se limita a la presencia de calpixque, y es un tema a estudiar en profundidad, para tratar de resolver el problema de la "integración". Y vemos como ya no son iguales todas las ciudades sometidas. López Austin enmarca el sistema político de los mexica en una tradición mesoamericana, donde las alianzas múltiples eran frecuentes, lo que supone ya un cambio importante de mentalidad, aunque sigue viendo una falta de integración entre un centro poderoso y los sometidos a él.

Para no romper la secuencia y porque está escrito en los 70, aunque publicado en 1981, vamos a recuperar un fragmento de una obra general de Alfredo López Austin *Tarascos y mexicas*:

> *La nueva triple alianza*
>
> Apenas Azcapotzalco rebasaba el pico de la crisis e iniciaba su descenso, los mexicas se cambiaron a las filas enemigas. No faltó el pretexto, porque los dos *tlatoque* mexicas nietos del viejo Tezozomoc fueron asesinados por el nuevo señor tepaneca. De la antigua posición de aliados más inmediatos de Azcapotzalco, cambia-

ron los mexicas a ser los líderes de la ofensiva. Bien organizados, sin haber padecido derrotas, ganaron la partida a Tetzcoco en la dirección de la campaña. En el año de 1430 cayó Azcapotzalco. La reestructuración partió del supuesto de que la vieja alianza debía seguir funcionando. Tetzcoco, de la que quedó dicho que era la sucesora de Coatlinchan, se proclamó en cabeza de los acolhuas; México-Tenochtitlan, con sus gobernantes de linaje culhua, pudo confirmar que sucedía a Culhuacan. Era necesario que un señorío tepaneca, con suficiente ascendiente sobre los señoríos occidentales, principalmente los del valle de Toluca, supliera a Azcapotzalco. Se invitó a Tlacopan, y en esta forma se continuó -o se revivió- la llamada alianza de Tollan, en la que no hubo cabida para los mexicas de Tlatelolco.

Ser cabeza de la alianza, ya no ser simple *tlatocáyotl*, sino *hueitlatocáyotl*, significaba para cualquier pueblo la máxima oportunidad de desarrollo. Cada *tlatocáyotl* era en teoría un señorío independiente. Al frente estaba un *tlatoani*, cuyo cargo derivaba de la elección de la nobleza o del ascenso automático del primogénito, según la costumbre imperante. Los *tlatocáyotl* tenían sus propias leyes, y por sí celebraban alianzas o declaraban guerras. Pero sobre los *tlatocáyotl* comunes y corrientes habían surgido otros mayores, especie de guardianes o protectores en un área extensa. En la cuenca se daban en número de tres, unidos por un pacto que no solo era político, sino religioso, porque sus tlatoque decían ser la máxima representación de las divinidades. Como tales, se arrogaban las facultades de distribuir territorios, dirimir contiendas, emitir juicios en los casos sumamente graves, velar por la legitimidad de los gobernantes, vigilar por la seguridad de su área frente a posibles invasiones, en pocas palabras, ser una especie de "parientes mayores" de los *tlatocáyotl* de la región. Estas facultades les permitían ir mucho más allá, pues solían controlar la política en su zona de influencia, interviniendo de alguna manera en las campañas militares, rutas de comercio, mercados, equilibrios de poder entre los aliados menores, tratados de erección de obras hidráulicas, y aun, en forma muy velada, en la elección de tlatoque de otros *tlatocáyotl*. No era una hegemonía franca, reconocida, ni se ejercía por igual sobre todos los vecinos y en cualquier tiempo. En efecto, el grado de intervención estaba de acuerdo con las fuerzas de cada *tlatocáyotl* y *hueitlatocáyotl*, uno frente a otro, en cada momento histórico.

Un *hueitlatoani* era, al mismo tiempo, *tlatoani* de su señorío, *hueitlatoani* de la alianza, y *tecuhtli* -jefe- de una gran cantidad de seres humanos que no pertenecían a su *tlatocáyotl*, y que supuestamente estaban unidos por descender de un antepasado común. El *hueitlatoani* de Tlacopan, por ejemplo, era el *tecuhtli* de todos los tepanecas; el de Tenochtitlan dijo serlo de los culhuas, mientras que el de Tetzcoco se ostentaba al mismo tiempo como *tecuhtli* de los aculhuas y de los chichimecas. El valor de este dictado variaba, también con el grado real de dominio.

Como en el caso del "pariente mayor", los *hueitlatocáyotl* recibían una compensación. Cada *tlatocáyotl* que reconociese su dependencia debía entregar tributo al señorío superior por el derecho de ocupar un territorio, por la calidad que tenía el *hueitlatocáyotl* de legitimador de gobernantes y creador de linajes, y por la labor de protector que este decía tener en beneficio de los aliados más débiles del complejo. El tributo podía ser desde espontáneo y libre, hasta impuesto en forma brutal por medio de la conquista. Un *hueitlatoani* que empezaba a sentirse seguro de su fuerza, podía sugerir a otro tlatoani que le hiciese algún regalo o servicio en calidad de reconocimiento de jerarquía. Si su seguridad aumentaba, exigía la sumisión y aplastaba a los rebeldes para pactar en el momento de la rendición la entrega de fuertes tributos periódicos.

Los tres miembros de la nueva triple alianza hicieron un pacto para precisar las funciones y derechos. Tenochtitlan dirigiría las campañas militares. Era esta, sin duda, la función más importante en aquel momento del proceso de expansión, y fue el nombramiento de

> los tenochcas como líderes militares uno de los factores que llevaron a los isleños a superar a sus aliados con el paso de unos cuantos años. En lo que se refiere a los derechos de conquista, las ganancias de la guerra se dividirían de ahí en adelante en quintos: dos para Tetzcoco, dos para Tenochtitlan, y uno para el estado tepaneca que había sido invitado, Tlacopan. (López Austin 1981: 73-77).

Lo primero que hay que destacar es el carácter diacrónico del modelo. También es importante poner de acuerdo si las intervenciones en las elecciones eran "veladas" o el *hueitlahtoani* era "legitimador y creador de linajes". En la sucesión de Tenochtitlan tenemos elementos suficientes para ver el problema sobre todo tras el trabajo de Santamarina (1998). Hay que destacar que, aunque se trata de una obra breve destinada a la divulgación, López Austin no duda en sintetizar la forma en que ve el Imperio mexica, su formación y desarrollo, dejando sin aclarar los puntos que están oscuros para no tergiversar el estado del conocimiento en ese momento. Es muy interesante la forma en que enlaza el relato, con el inicio en la independencia de Azcapotzalco, para luego describir brevemente las complejidades del sistema de dominio, con las distintas competencias que un *huey tlahtoani* podía asumir al mismo tiempo.

Aunque la labor fundamental de Ángel María Garibay fue con los textos en nahuatl, traduciendo varias partes de "los informantes de Sahagún", también hizo algunos pinitos en nuestro tema, como el artículo de 1961 titulado "Relaciones internacionales en los pueblos de la meseta del Anahuac" donde postula que los aztecas constituyeron un auténtico estado y trata de explicar las relaciones entre los diferentes señoríos y los sistema de confederación de estados.

En 1968 la editorial Batsford publicó por primera vez *Everyday Life of the Aztecs* de Warwick Bray. No hay ningún capítulo dedicado al Imperio. En el quinto, *City Life*, se dice al comienzo que la unidad política mayor era la ciudad-estado, como en Grecia o la Italia del Renacimiento (Bray 1987: 97). Pero antes, en el capítulo uno *Setting and History* han aparecido las conquistas y se ha dicho que Tenochtitlan se había convertido en una "capital imperial" (Bray 1987: 22) y que *"It was this Empire, still expanding its territory, and at the height of its glory when Cortés began his invasion in 1519, which was to be unexpectedly overturned"* (Bray 1987: 23) [Fue este imperio, que todavía estaba expandiendo su territorio, y se encontraba en la cima de su gloria cuando Cortés comenzó su invasión en 1519, el que fue inesperadamente derrocado]. A continuación afirma que el Imperio tenía 489 ciudades tributarias repartidas en 38 provincias y quince millones de habitantes (Bray 1987: 23-25). Pero los aztecas no trataban de imponer su civilización a los lugares conquistados, aunque sí su dios:

> The Allies, unlike the Spaniards, did not pretend that their mission was to bring light to the heathen, nor did they justify their conquests by claiming that everything was for the benefit of the conquered people. As long as the cities of the Triple Alliance received tribute and obedience they were satisfied (4). Tax-gatherers were sent to the provincial capitals, Aztec governors were installed, and if necessary military garrisons were stationed in potencial trouble spots. Occasional large-scale transfers of population are reported in the histories, but usually the life of the region went on as before. Language and local customs were not interfered with, nor was the political structure altered. Strictly speaking, the "Aztec Empire" was not an empire at all. The basic unit of Mexican politics was the city state, and although Tenochtitlán was able to exact tribute from many other cities by force of arms the Aztec never consolidated their conquests into a political unified empire. (Bray 1987: 26).

> [Los aliados, al contrario que los españoles, no pretendían que su misión era iluminar a los paganos ni justificar sus conquistas proclamando que todo era por el beneficio de los conquistados. Mientras las ciudades de la Triple Alianza recibían tributo y obediencia,

> estaban satisfechas (4). Los recaudadores de tributos eran enviados a las capitales provinciales, se instalaban gobernadores aztecas, y si era necesario, se estacionaban guarniciones militares en puntos potencialmente problemáticos. Ocasionalmente se informa de transferencias de población en gran escala en las historias, pero habitualmente la vida de las regiones seguía como antes. El lenguaje y las costumbres locales no eran interferidas, ni alterada la estructura política. Hablando estrictamente, el "Imperio Azteca" no era un imperio. La unidad básica de la política mexica era la ciudad-estado, y aunque Tenochtitlan era capaz de extraer tributo de muchas otras ciudades por la fuerza de las armas, los aztecas nunca consolidaron sus conquistas en un imperio unificado].

Es decir, que si no es unificado, no hay imperio. No da alternativas. Eso de que la vida sigue igual, aunque te hayan conquistado, impuesto un gobernador, recaudadores de tributo, quizá una guarnición y tus excedentes (o quizá lo que necesitas) vaya a otro más fuerte, me suena, pero no bien. Más bien es una especie de negación de la evidencia, pues su aceptación complica las cosas. En el texto de Bray, como en el de muchos otros, se encuentran los datos que nos permiten ver el tipo de actuaciones que los conquistadores tenían en los lugares sometidos y su análisis nos debe conducir al conocimiento del tipo de estructura que existía y a la determinación de si funcionaba o no.

Autor de varios artículos sobre los principios organizativos de los mexicas, sobre todo en *Estudios de Cultura Nahuatl*, Rudolf van Zantwijk tiene dos artículos en este período que nos interesa comentar, aunque en temas sucesivos volverá a aparecer su nombre.

El primer trabajo (Zantwijk 1969) se llama "La estructura gubernamental del estado de Tlacupan (1430-1520)", tema que constituye una auténtica rareza, como él mismo señaló en la primera página. Sigue con un trasfondo histórico que arranca del imperio tolteca y llega a la Triple Alianza, pasando por Azcapotzalco. Encuentra una división entre ocho *tlahtocayotl*, aunque hay tres que podían ser solo *teucyotl*. Lo que deja claro es que había rangos distintos. Pasa después a analizar el *Memorial de los Pueblos sujetos a Tlacopan*, buscando las subdivisiones que tan queridas le son. En la p.139 llegamos a "Las provincias tributarias imperiales dentro del Estado de Tepanohuayan", y allí leemos:

> El gran mexicanista R.H. Barlow publicó un estudio iniciador sobre estas provincias, de manera que mi labor se limita a la localización de algunos de los pueblos que no han sido encontrados por Barlow en los mapas que él tenía a su disposición y a interpretaciones más adelantadas de algunos datos. Sin deseo de menospreciar en forma alguna la obra de Barlow, tengo que señalar dos equivocaciones suyas más o menos serias:
>
> 1. Barlow interpretó los datos saliendo de la idea de que las provincias tributarias imperiales cubrían todo el territorio dominado por los aztecas, y
>
> 2. Barlow hizo una interpretación a mi modo de ver totalmente equivocada de los folios 17v. y 18 r. del *Códice Mendocino.*
>
> Debido a la idea de que las provincias tributarias cubrían todo el territorio, Barlow pasó por alto la existencia de una zona libre de tributo imperial alrededor de la capital estatal de Tlacupan. A consecuencia de la segunda equivocación, Barlow consideró a una parte de la *tlahtocayotl* de Cuauhtitlan como perteneciente a una "provincia tributaria de Citlatépec y Tlaltelolco", una provincia no existente, como ya he explicado en otro artículo.[20] (20. Véase mi artículo titulado "La organización de once guarniciones aztecas", una nueva interpretación de los folios 17v. y 18r. del *Códice Mendocino*, que dentro de poco será publicado en el *Journal de la Société des Américanistes*. (Zantwijk 1969: 139-140).

Estamos de acuerdo en las afirmaciones sobre Barlow, aunque que él se equivocara no da automáticamente la razón a quien se da cuenta de ello. Por ejemplo, más adelante (Zantwijk 1969: 145-146) se ve que no interpreta correctamente el *Códice*

Mendoza cuando dice que en la provincia de Xillotepec no aparece como subcentro Tollan y supone que había quedado libre del tributo imperial "por el prestigio que tenía entre los aztecas como capital del imperio de sus antepasados". Me permito aquí una digresión: si tanto prestigio tenía, ¿por qué no la hicieron capital de una provincia? ¿Y si no aparece porque no es la Tollan del Imperio Tolteca? Señalemos que según Mike Smith (comunicación personal e idea compartida por mí, que tendremos ocasión de discutir más adelante), Tula de Allende no cumple los requisitos para ser capital de un imperio, por lo que quedaría pendiente identificar la sede de la capital del imperio tolteca.

Es interesante el cálculo de la presión tributaria hecha a base de las cifras de la *Información de 1554* en las que resulta que las provincias de población predominante nahua pagaban mucho menos que las mazahuas y matlatzincas (Zantwijk 1969: 149-150).

V. Otros aspectos de la estructura externa del Estado de Tepanohuayan

Aparte de las provincias tributarias imperiales, había otros lazos con la organización del imperio azteca. Fuera de la esfera tributaria, el Estado de Tepanohuayan se vinculaba con el imperio en los terrenos siguientes:

1.El *tlahtoani* de Tlacupan era miembro de la *tlahtocan*, la entidad gubernamental más alta del imperio, cuya ejecutiva se componía de siete miembros, a saber, los tres *tlahtoque* de México, Tezcoco y Tlacupan y cuatro altos funcionarios del gobierno central, encargados de los mandos jurídico, militar, financiero y religioso respectivamente. En virtud de este título, el *tlahtoani* de Tlacupan era también uno de los electores del *tlahtoani* de México que, además, era el *huey tlahtoani* (gran mandatario) del imperio. Los tres *tlahtoque* pertenecían a tres linajes patrilineales diferentes; pero a la vez a una sola gran familia matrilineal, ya que los tres, al igual que sus padres, se buscaban esposas entre las hermanas, hijas, primas y sobrinas de los otros dos *tlahtoque*.

2.El Estado de Tlacupan-Tepanohuayan tenía una función particular poco agradable en el terreno de la representación exterior oficial del gobierno imperial. En el caso de un conflicto con un estado no conquistado por los aztecas, la primera embajada, pacífica todavía, se componía de oficiales del Estado de México, que entonces de manera moderada explicaban las condiciones del gobierno imperial en la sede de las autoridades enemigas. Si fracasaba esta primera embajada, el gobierno imperial enviaba otra, compuesta de funcionarios gubernamentales tezcocanos, que iban a proponer condiciones ya más graves en el campo enemigo. Después de haber sido en vano este segundo intento de lograr una solución pacífica, eran mandados los emisarios tlacupanecos encargados de poner enfrente de las autoridades enemigas la declaración de guerra. Eran ellos los embajadores que corrían más riesgo de ser matados por los enemigos del imperio.

3.En las guerras, el ejército de Tepanohuayan iba a vanguardia de los ejércitos de los estados centrales del imperio. Los guerreros de Tepanohuayan entraban en la batalla inmediatamente después de las últimas tropas auxiliares y antes de los de Tezcoco y los de México.

4.Como se muestra en los folios 17 v. y 18 r. del *Códice Mendocino*, dos pueblos de la *tlahtocayotl* de Cuauhtitlan, a saber, Citlaltepec y Tzompanco, tenían funciones especiales en relación con una serie de guarniciones militares imperiales. Juntamente con otros pueblos pertenecientes a Tezcoco y otros siete situados en el territorio del Estado de México, estos dos pueblos tenían la obligación de suministrar funcionarios gubernamentales de niveles medio y bajo para cierto tipo de guarniciones militares en diferentes regiones conquistadas. Se trata aquí de guarniciones militares que fueron acompañadas de colonias. A veces el gobierno imperial mandó repoblar una región que por hostilidades o por otras causas se había despoblado. En estos casos

> los aztecas enviaban con preferencia colonizadores procedentes de los tres estados centrales. Como jefes de estos colonizadores tomaban entonces a personas de los pueblos mencionados. Suministrar a estos jefes era su tributo, y por eso se anota en el *Códice Mendocino*. (Zantwijk 1969: 151-153).

Para lo último se cita a sí mismo. No da sus fuentes. y el artículo termina con una mención de los comerciantes, de cuya organización también se ha ocupado. El punto dos contiene un error muy común que procede de la lectura de arriba a abajo en vez de abajo a arriba de un códice, lo que ha invertido el orden de actuación de los tepanecas, acolhuas y mexicas en los conflictos, error que fue cometido por Alva Ixtlilxochitl y repetido desde entonces (Batalla, comunicación personal).

El artículo mencionado sobre las guarniciones apareció en 1967. Comienza explicando que los once pueblos de los márgenes eran del centro de México, perteneciendo siete a Tenochtitlan y dos a cada una de las otras cabeceras, y los once del centro están en provincias distantes. Deduce del texto del f. 18r que son guarniciones, aunque la verdad es que es similar al de la provincia de Petlacalco y echa de menos guarniciones conocidas como Tuchtepec. Toma el episodio de la población de Oztoman según lo cuenta Tezozomoc, en el que aparecen los pueblos de Iztacalco, Popotlan, Coatlayauhcan y Acolnahuac, y termina el artículo ilustrado con mapas:

> Acabamos de encontrar un dato muy interesante que nos proporciona la solución de nuestro problema principal respecto a la interpretación de los folios 17v y 18 r del *Códice Mendocino*. Como autoridad regional máxima sobre las tres colonias, el gobierno central de los aztecas mandó a veinte principales, naturales de Iztacalco, Puputlan, Coatlayauhcan y Acolnahuac. Estos cuatro pueblos o estancias pertenecen al grupo de once pueblos centrales mencionados en el folio 17 v y son pueblos del territorio *mexi'catl*. De esta manera se explica la relación entre los pueblos centrales y las

> guarniciones: los pueblos centrales, muy cercanos a las tres capitales aztecas y habitados por aztecas o por nahuatlacas y otomíes relacionados con ellos por lazos de parentesco, tenían como obligación frente al gobierno central de suministrar los funcionarios de primera y de segunda categoría para las guarniciones mencionadas. Esto era su "tributo". (Zantwijk 1967: 156).

Es muy interesante que en el mismo *Códice Mendoza* puedan aparecer distintas formas de tributar y desde ese punto de vista, el trabajo de Zantwijk es muy interesante, aunque haya que tomar sus conclusiones con cuidado.

> Es notable que en Oztoman todos los puestos en los dos niveles más altos de la autoridad regional fueron ocupados por *mexi´ca*, mientras que funcionarios originarios de Tezcoco, Tlacopan y otras regiones del imperio se encontraron solamente entre los *tecne´nenque´* o *macuiltepanpixque´*, o sea en el nivel más bajo de la autoridad local.
>
> Como era común en las sociedades indígenas mexicanas, la jefatura máxima de la región se componía de dos funcionarios de rangos más o menos iguales, de los cuales uno probablemente ejercía la autoridad externa y el otro la interna o con otras palabras, uno representaba a la región en los contactos con poderes, grupos o personas de fuera de la región, mientras que el otro se ocupaba de mantener la autoridad sobre los habitantes de la región.[9]
>
> Con todo esto, todavía no se ha aclarado la estructura total de los 11 pueblos centrales y las 11 guarniciones. El ejemplo de Oztoman ya mostró que por lo menos una suposición bastante lógica es falsa, a saber la de que cada uno de los once pueblos centrales tuviera una relación directa con una sola ciudad del mismo número de guarniciones. Pues en el caso de Oztoman eran 4 pueblos centrales los que suministraron a los principales.
>
> El hecho de que Oztoman con sus altos jefes *mexi´cas*

está anotado en el *Códice Mendocino* junto con los jeroglíficos de un Tlacochte(uh)ctli y de un Tlacatecatl, mientras que en el texto explicativo del folio 18r del mencionado códice habla de caciques y principales de *Méxi´co*, nos hace suponer que en los folios 17v y 18r solamente se han indicado los generales *mexi´cas*, omitiéndose los nombres y títulos de los de Tezcoco y Tlacopan. Si esta suposición (A) es correcta, lógicamente nos quedan dos posibilidades:

Hipótesis A-1:

Había 22 comandantes de guarnición (dos en cada una de las once), de los cuales 12 eran *mexi´cas* (los indicados en el *Códice Mendocino*). Los otros diez comandantes eran originarios de Tezcoco y Tlacopan, o con más precisión de Xaltocan y Acalhuacan y de Citlaltepec y Tzompanco.

Basándose sobre el sistema dado por Torquemada para dividir los tributos entre las tres capitales según la fórmula 8:4:3[10], se puede esperar a 6 comandantes tezcocas al lado de los 12 *mexi´cas*, de modo que quedan 4 puestos para los tepanecas de Tlacopan.

Hipótesis A-2:

La estructura de los pueblos centrales (7+2+2) se repite en las guarniciones. En este caso se supone que había once jefaturas militares (o generalatos) de las cuales siete fueron ocupadas por *mexi´cas*, dos por texcocas y otras dos por tlacopanecas. En este caso cinco de los siete generalatos mexi´cas tenían una jefatura dualista mientras que los otros dos fueron gobernados por un solo jefe.

Sin embargo, no hay que descartar totalmente la posibilidad de que la suposición (A) sea la equivocada. Entonces resulta como lógica la suposición (B), que en el *Códice Mendocino* se han enumerado todos los generalatos y que las ciudades sin jefes supremos deben ser consideradas como dependencias de las que van acompañadas de los jeroglíficos de altos jefes militares.

Hipótesis B:

Existían cinco generalatos *mexi'cas*, a saber:

1. Huaxyacac
2. Zozolan y Poctepec
3. Atzacan, Cuauhtochco y Itzteyocan
4. Oztoman
5. Xoconochco

Había un generalato tezcoca: Atlan y Tezapotitlan, y un generalato tlacopaneca: Quecholtenanco. En este caso el *Códice Mendocino* hubiera indicado solamente los jefes externos de los generalatos texcoca y tlacopaneca.

9. Véase Van Zantwijk, 1963. Los lectores que estén interesados en casos modernos de jefatura bipartitas son remitidos a mi libro sobre los tarascos de Ihuatzio (Van Zantwijk 1965)

10. Torquemada 1723, tomo I, pág. 146.

(Zantwijk 1967: 157-158).

Sugerente interpretación. Con ella vemos cómo es vital decidir algunas cosas previamente, pues si el *Códice Mendoza* trata solamente de Motecuhzoma ¿qué pintan Texcoco y Tlacopan? Y para saber esto, hay que decidir qué es la Triple Alianza y cómo evolucionó. A lo mejor lo de la población de Oztoma responde a una situación anterior.

Volveremos sobre Zantwijk en capítulos posteriores, pues su producción se extiende en el tiempo. Una cosa muy importante de su trabajo es el cuestionamiento de lugares comunes y la introducción del análisis de otras partes de la Alianza para una mejor comprensión del conjunto.

Uno de los investigadores que más impulso han dado al estudio de los indígenas durante la Colonia también ha contribuido al estudio de la organización prehispánica: Charles Gibson. La versión "canónica" de la estructura del Imperio en la gran enciclopedia de Mesoamérica es suya (Gibson 1971). El

Handbook of Middle American Indians tardó mucho en gestarse. El encargo es de principios de los años 60, y los tomos fueron apareciendo poco a poco.

Comienza Gibson con una presentación en la que discute el término "Imperio Azteca" y afirma que el imperialismo en Mesoamérica no estaba reducido a los aztecas. Tras dar un repaso a las fuentes se ocupa de la cronología e interpreta con todo acierto que las conquistas de los primeros tlahtoque fueron realizadas por cuenta de Azcapotzalco (Gibson 1971: 378-379). La idea es muy importante, pues nos pone de manifiesto una parte del funcionamiento de los imperios mesoamericanos que nos obliga a plantearnos si después se siguió produciendo. Dos mapas tratan de mostrar la máxima expansión del Imperio, diferenciando quién conquistó cada pueblo (Gibson 1971: fig. 1) y la forma de la administración (Gibson 1971: fig. 2). En el epígrafe dedicado a la Triple Alianza aparece el reparto del tributo, en el que da las distintas posibilidades que aparecen en las fuentes y en el comentario al *Códice Mendoza* para la cuestión tributaria va más allá de lo que han ido la mayoría:

> Glosses on the *Códice Mendoza* assert that the towns enumerated were the locations of the calpixque appointed by the rulers of Tenochtitlan. If this be literally accepted, the list may be viewed as an administrative roster and not incomplete at all for its purpose. (Gibson 1971: 388)
>
> [Glosas en el *Códice Mendoza* afirman que los pueblos enumerados eran donde residían calpixque nombrados por los gobernantes de Tenochtitlan. Si se acepta literalmente esto, la lista debe verse como una enumeración administrativa y no incompleta para su propósito].

De nuevo nos encontramos con la importancia de la determinación clara de lo que son los documentos, y eso que Gibson pasa por alto que las mismas glosas hablan de la existencia de gobernadores, lo que posiblemente le habría hecho variar su exposición de la estructura administrativa y las funciones de los *calpixque*.

Encontramos más adelante algo de evolución dentro del imperio, cuando menciona la posibilidad de restaurar el *tlahtoani* en un lugar en el que se había suprimido (Gibson 1971: 390) y una descripción de las obligaciones de los sometidos. Pese a sus numerosos valores, y a la intención del título, la descripción de la estructura del Imperio que nos brinda Gibson también es parcial y nos sabe a poco.

Jaime Litvak King, además de haber estudiado la guerra con Tlatelolco ("Las relaciones entre México y Tlatelolco antes de la conquista de Axayacatl: problemática de la expansión mexica", 1971), tiene un libro destinado al análisis de dos de las provincias del Imperio: *Cihuatlán y Tepecoacuilco. Provincias tributarias de México en el siglo* XVI (1971b). Fue su tesis de maestría, presentada en 1963 en la Escuela Nacional de Antropología e Historia (México D.F.). Aunque se centra preferentemente en el tributo, tenemos afirmaciones como que "el imperio mexica no fue un fenómeno aislado en Mesoamérica" (Litvak 1971b: 17), y al hablar de la administración de las provincias en el capítulo general dice:

> El dominio mexicano sobre el territorio y la población que controlaba se traducía, en la práctica, en un mínimo de intervención en las costumbres, religión o gobierno de los pueblos. Como representantes del poder central quedaban solamente administradores que estaban encargados del tributo y, en cierta medida, de planear la producción de la región para servir los intereses de la metrópoli.[99]. Los detalles de pacificación y mantenimiento del orden eran manejados por medio de guarniciones, fortificaciones en zonas fronterizas y, en casos extremos, con el asentamiento en la comarca de poblaciones traídas de otras partes donde los aztecas habían adquirido supremacía hacía tiempo.[100] De los habitantes originales de las provincias se exigía solamente el pago del tributo. Al parecer nunca hubo in-

tención formalizada de integrar a los vencidos en una unidad regional mayor.[101]

99. Zurita 1941, pp. 91-92
100. Armillas 1951, p. 30
101. López Austin 1961, p.28

(Litvak 1971b: 32-33).

Tenemos como novedad el "control de la producción", pero el resto es normal: solo interesa el tributo y no se modifica casi nada. El resto del libro se dedica casi completamente al tributo, y algo a la frontera tarasca al hablar de las conquistas.

En 1976 Sep-Setentas publicó el breve repaso a la historia del Valle de México que se llama T*enochtitlan en una isla*, firmada por Ignacio Bernal. Llegados al capítulo de los mexicas (el IX) leemos:

> Con la instauración del imperio, la construcción de la ciudad y el establecimiento del patrón religioso, resulta muy claro que Moctezuma I es el verdadero forjador del imperio azteca. No inventa prácticamente nada; pero recoge en favor de su pueblo, por fin llegado al poder, la herencia milenaria de todos los que lo habían precedido. (Bernal 1976: 145).

La tradición mesoamericana por encima de la propaganda mexica de que ellos inventaron todo. ¿Será casualidad que casi todos los que opinan como Bernal son arqueólogos y los que se empeñan en creer los relatos mexicas suelen ser etnohistoriadores? Pero Bernal no nos cuenta ya más.

Con una larga carrera de más de cincuenta años preocupado por la organización social y política del centro de México, Pedro Carrasco ha sido uno de los pocos autores que se han ocupado del imperio tepaneca en *Los otomíes* (1950). Nos centraremos en sus trabajos varias veces en los temas que quedan, pues su trayectoria ocupa todas nuestras divisiones. Con los cursos de verano impartidos en el CISINA (después CIESAS) en los años 70 ha influido directamente en varias generaciones de antropólogos mexicanos y de otras nacionalidades. Es el autor del capítulo dedicado a la "organización social" del *Handbook of Middle American Indians* (Carrasco 1971) y autor de "La sociedad mexicana antes de la conquista" dentro de la obra colectiva que publicó El Colegio de México (1976, usamos la edición de 1977), en la que dedica bastantes páginas a la "organización política" de las que tomamos las primeras:

> La organización política del México antiguo presenta varios niveles de integración político-territorial difíciles de analizar por lo incompleto de los datos y por la complejidad misma de una situación caracterizada por el entreveramiento de distintos señoríos y la variabilidad de las relaciones de dependencia política. En el idioma nahuatl, como en la realidad política de aquel tiempo, no existe un término que corresponda al concepto de estado nacional. La idea de nación como grupo étnico, pero sin suponer ningún tipo de organización política, se expresa simplemente con la palabra tlaca, "gente". La idea de un grupo de gente organizado en un territorio se designa con altepetl, pueblo o ciudad, literalmente "agua y cerro". El concepto de estado se puede expresar con la palabra tlatocayotl —derivada de tlatoani, rey—, que se entiende por lo tanto como realeza, reino o señorío, y que se aplica a unidades de distinta naturaleza. Para distinguir niveles de organización o grados de poderío se dice simplemente huey altepetl, huey tlatoani, huey tlatocayotl, "gran ciudad" o capital, "gran rey", "gran reino".
>
> El nivel más amplio de integración político-territorial es el imperio azteca. El uso ha sancionado lo de imperio y se puede conservar el término para dar a entender que se trata de los organismos políticos de mayor amplitud en los que bajo el gran rey (o reyes) cabeza del imperio, había otros reyes subordinados de menor categoría. No se debe pensar que hubiera una administración uniforme ni centralizada de todas las partes del imperio; era fundamentalmente una alianza de tres grandes reinos, México, Tetzcoco y Tlacopan, con objetivos limitados. El segundo nivel es el representado por las tres partes constituyentes del imperio azteca.

> Cada una de ellas estaba encabezada por un gran rey (huey tlatoani) soberano de la ciudad capital del reino, el cual comprendía también varias otras ciudades con sus respectivos tlatoani, los cuales eran generalmente parientes del gran rey y formaban consejos que eran los órganos supremos de gobierno. El tercer nivel es el de los reinos o señoríos que formaban parte de lo que hemos llamado gran reino. (Carrasco 1977: 205).

Complejidad y parentesco entre los señores. Niveles distintos de organización y falta de uniformidad como rasgos característicos. Vemos ya la preocupación de Carrasco por el uso correcto de la terminología, y que él no cree en la existencia de una estructura integrada de la Triple Alianza. Se ocupa después del funcionamiento del *altepetl*, el gobierno, con tlatoque y consejos y retoma lo que nos interesa al final:

> La alianza de México, Tetzcoco y Tlacopan que constituía el imperio azteca tenía funciones limitadas y bien definidas. Fundamentalmente era una alianza para hacer la guerra y cobrar tributo de los lugares conquistados. El rey de México tenía la función de general de los ejércitos aliados y esto le daba dentro de la alianza una preponderancia que creció con el tiempo. Por otra parte se describe al rey de Tetzcoco, Nezahualcoyotl, como legislador, poeta y constructor, lo cual puede ser no únicamente una característica personal, sino una especialización funcional de los tetzcocanos dentro de la alianza. Cada una de las partes aliadas podía hacer sus propias conquistas y tener sus propios tributarios, pero había también pueblos sometidos por la alianza que se repartían en lo particular entre los aliados o que tributaban conjuntamente a los tres, repartiéndose el tributo de manera variable, la fórmula más mencionada es la de dos partes a México, dos a Tetzcoco y una a Tlacopan. La alianza también se manifestaba en la organización del comercio a gran distancia con las regiones en los límites del imperio. Los mercaderes de varias ciudades en las tres partes del imperio tenían una organización común, con establecimientos en Tochtepec (hoy Tuxtepec, Oax.), base del comercio más

distante. La autoridad suprema del imperio era el consejo formado por los soberanos de los tres reinos. Cada ochenta días se reunían por turno en las tres capitales. También estaban conectados por alianzas matrimoniales, y aunque algunos datos son contradictorios, parece que los hijos de las princesas tenochcas sucedían a sus padres en Tlacopan y Tetzcoco, mientras que en México los reyes tenían madres de su propio linaje. La elección o confirmación de los soberanos de los tres reinos se hacía con la participación de los otros dos soberanos. El equilibrio del poder entre los tres reinos cambió en el curso de la historia con la tendencia al crecimiento del poder de los mexicanos, quienes en vísperas de la conquista española habían impuesto en Tetzcoco a su candidato Cacama como sucesor de Nezahualpilli. Los mexicanos también habían establecido señores dependientes directamente de ellos en lugares antes pertenecientes a los otros dos reinos. El imperio azteca alcanzó el mayor grado de extensión de todas las unidades políticas conocidas de las tradiciones históricas, sin tomar en cuenta la posible extensión de un probable imperio tolteca acerca del cual los datos históricos son sumamente nebulosos. El antecedente inmediato y modelo directo del imperio azteca fue el que tuvo como centro Azcapotzalco en tiempos del rey Tezozomoc. El reino tepaneca de Azcapotzalco comprendía una gran zona al oeste del Valle de México y regiones más occidentales, básicamente la región que después formó el reino de Tlacopan. Además, Azcapotzalco estuvo aliado con Colhuacan en el sur del Valle y Coatlichan en el este, formando de esta manera una unidad semejante a la del imperio azteca, si bien no llegó a lograr conquistas tan distantes como este.

En territorios más apartados los mexicanos, solos o con sus aliados, exigían tributo de los señoríos sometidos. Lo recogían los calpixque o mayordomos de las distintas regiones, pero generalmente no cambiaban la organización interna de los señoríos dominados, aunque a veces forzaban cambios en el personal reinante introduciendo señores más manejables y concertando

> alianzas matrimoniales. En algunos lugares estratégicos establecieron colonias de pobladores llevados desde Tenochtitlan y otras ciudades del Valle que estaban gobernadas directamente por generales (tlacateca, tlacochcalca) mandados desde la ciudad de México. Algunas de las más importantes de estas colonias se asentaron en la región de Toluca, en Oztuma, cerca de la frontera con los tarascos y en Huaxyacac (hoy ciudad de Oaxaca). Para solventar asuntos en las regiones lejanas del imperio se mandaban desde México comisiones de funcionarios del rango de teuctli que actuaban como jueces visitadores. (Carrasco 1977: 218-221).

Énfasis en los matrimonios. Es muy interesante el predominio de las madres tenochcas. De nuevo la evolución se vuelve necesaria para la comprensión del sistema, pero queda un poco en el aire la injerencia en las provincias. ¿Decisiones personales o "aparato"? Hasta aquí el Carrasco anterior a los 80. Volveremos con nuevas entregas en temas sucesivos.

Tenemos una contribución, no directamente referida a la estructura del Imperio, de Broda (1979), en la que propone que los señorios eran las unidades básicas político-territoriales antes de la expansión del Imperio y después (Broda 1979: 77). Un poco más adelante da una idea de la estructura:

> Sin embargo, el "imperio" mexica no llegó a dominar siempre un territorio continuo. Los pueblos tributarios de los mexica se encontraban entremezclados con lugares que pagaban tributo a Tetzcoco y Tlacopan, y dentro de estas relaciones múltiples existían diferentes grados de dependencia, que variaban desde una especie de alianza expresada en obsequios periódicos, hasta una dominación completa bajo un gobernante militar enviado desde el centro. Además, estas regiones colindaban con señoríos independientes que nunca fueron incorporados al imperio. Las unidades básicas de este vasto aglomerado político seguían siendo los señoríos, y el conocer su organización interna nos ayuda a entender el funcionamiento del Imperio. (Broda 1979: 81)

Este tipo de estructura, con un papel predominante de las instancias locales, va a ser muy importante en la década siguiente.

No se ha prodigado Miguel León-Portilla en estudios de este tipo, pero en su obra de 1980 *Toltecayotl* tenemos un capítulo sobre "Sociedad y economía" en el que el punto cinco se llama "Estado mexica, pipiltin y macehualtin en vísperas de la conquista española".

> *La gran expansión del Estado mexica*
>
> En algunos casos las conquistas significaron el derrocamiento de los tlatoque locales y la designación de otros, bien sea del mismo señorío vencido o provenientes de México. Surgieron así constelaciones de "provincias", en un principio cercanas (en las regiones ribereñas y en los valles vecinos). La dependencia de las mismas implicó el establecimiento de sistemas tributarios y de otras prestaciones. Ello comenzó a transformar las condiciones de vida de los mexicas.
>
> A lo anterior se sumó el afluir de bienes como consecuencia del comercio del que trataremos más ampliamente en otro capítulo de este libro. El hecho es que, a lo largo de los reinados del primero al último de los Motecuhzomas, la zona de predominio mexica llegó a abarcar la mayor parte de los actuales estados de México, Hidalgo, Puebla, Morelos, Veracruz y Oaxaca, alcanzando incluso algunos puntos de Chiapas y de la zona limítrofe con Guatemala. Tan enorme territorio constituía en realidad un mosaico de pueblos con lenguas y costumbres muy diferentes entre sí. Su grado de sujeción con respecto a Tenochtitlan ofrecía una gama de variantes. En algunos casos los antiguos tlatoque nativos se mantenían en el gobierno de sus propios señoríos pero prestando obediencia y pagando tributos a los mexicas. En otros, habían sido nombrados *tlatoque* locales en sustitución de los que antes ejercían el poder. Podía tratarse de *pipiltin* de esa región que aceptaban el papel de subordinados o si se quiere de peleles del *Huey tlatoani* de Tenochtitlan. Otra variante era la que se presentaba en el caso de que, desde la misma capital,

> los mexicas enviaran *tetecuhtin* para hacerse cargo de la administración del pueblo o provincia conquistados. La frecuente presencia de guarniciones, capitaneadas por guerreros mexicas en puntos estratégicos dentro del conjunto de las regiones sometidas, garantizaba la obediencia al supremo gobernante de México y aseguraba también el mantenimiento sin peligro de las rutas comerciales de los pochtecas. (León-Portilla 1980: 274-275).

La descripción de la organización política comienza con la de Tenochtitlan, para resumir al final lo que aparece sobre los señores de los lugares conquistados, es lo más relevante en la cita que hemos hecho.

Capítulo VI
Los años 80[10]

La influencia de Pedro Armillas en los estudios sobre Mesoamérica es mucho mayor que su producción bibliográfica. En el caso del Imperio Azteca, apenas algún escrito suyo recoge sus opiniones, pero en conversaciones y conferencias aparecía asiduamente. De hecho, el texto que comentamos (Armillas 1987) procede de una conferencia que dio en El Colegio de Michoacán a fines de 1983, poco antes de su fallecimiento. Dado mi interés en conocer el contenido, Andrés Lira me prestó las cintas, me animó a transcribirlas y me sorprendió con el "regalo" de que las editara para su publicación. Sirva este comentario como nota de agradecimiento.

Destaca en el texto la riqueza de pensamiento de Armillas, su posición crítica continua y la magnitud de sus sugerencias. Se percibe su disgusto por la manera en que se han estado tratando algunos temas (Armillas 1987: 13-14). Un aporte importante es la necesidad de estudiar el imperio desde las provincias, con documentación "no centralista":

> En las Relaciones Geográficas está la percepción del imperio por los sujetos al imperio, como era recordada sesenta años después de la conquista española. (Armillas 1987:14).

Insiste en la visión provincial tras una digresión sobre las transformaciones que la llegada de los españoles produjo:

> Las Relaciones geográficas proporcionan las bases para iniciar los estudios de este tipo que, hasta donde llega mi información, que puede ser ignorancia, no han sido debidamente utilizadas. Además, la información contenida en el libro XII de Sahagún, y la información del imperio azteca y de sus vecinos es vital para estudiar la estructura de dicho imperio, porque tampoco se

---

10 Las lecturas seleccionadas para este capítulo fueron Smith 1983 y Armillas 1987.

> puede estudiar realmente, como el profesor Lameiras ha señalado muy bien, el imperio de los culhua-mexica sin hacer referencia al reino tarasco y a Tlaxcala.
>
> Las informaciones que uno analiza, como la segunda carta de Cortés principalmente, y las primeras partes de Bernal Díaz, contienen información muy importante de lo que yo llamo el imperio percibido, la percepción del imperio. De hecho, quizá algún día lo escriba en un libro, que es lo que me ha llevado a esto y que no he llenado, quizá no llene, pero un capítulo sería "El imperio observado y percibido". (Armillas 1987: 15).

No llegó a escribir ese libro, que habría ampliado nuestra comprensión de sus puntos de vista. Destacamos sus comentarios sobre los distintos documentos y sobre la mentalidad de los cronistas, en los que es muy crítico con el carácter indígena de los cronistas mestizos. Da mucha importancia a las comunicaciones (Armillas 1987: 18-19), para dar paso a la estructura del poder y el sistema de administración:

> Los señores naturales, los *tlatoque* de los diferentes señoríos independientes o subordinados, eran considerados como cabeza de linaje, lo cual era una ficción, porque había una clase aristocrática, si no panmesoamericana, sí muy extendida, en la que todos eran parientes, lo mismo que ocurre en la realeza y la nobleza europea, que se casaban entre ellos, o como pasa en la familia real de Arabia Saudita, que aunque no sabemos mucho de su organización interna porque es muy misteriosa, creo que, hasta donde se puede percibir, es el mejor modelo para entender la organización central del imperio mexica. Especialmente la organización interna del imperio mexica propiamente dicho, de esa gran familia de príncipes. (Armillas 1987: 20).

Analiza a continuación las esposas de Moctezuma y pasa a los *calpixque*, poniendo como ejemplo de su variedad de funciones sus actuaciones en los primeros tiempos de la conquista española, tanto cuando los españoles desembarcaron en la costa de Veracruz, como durante la visita al Cacique Gordo en Cempoala.

Como veremos más adelante, el situar el eje de la administración del imperio en la gran familia mesoamericana de élite no es exclusivo de Armillas, pero es uno de los grandes aportes de la década al estudio del Imperio.

Aunque la labor de Edward Calnek se ha centrado fundamentalmente en el estudio de Tenochtitlan, en 1982 se publicó su trabajo *Patterns of Empire Formation in the Valley of Mexico. Late Postclassic Period* ["Patrones de formación de imperios en el valle de México. Periodo Postclásico tardío"], que es el capítulo dos del libro de Collier, Rosaldo y Wirth *The Inca and Aztec States, 1400-1800* (pp- 43-63). En él, Calnek pasa revista a los procesos de formación de imperios y afirma (Calnek 1982: 56) que la supremacía de Tenochtitlan sobre sus aliados está atestiguada desde 1504 aproximadamente, es decir, con el segundo Motecuhzoma. Dos apartados preceden a las conclusiones *Organization of Empires* ["Organización de Imperios"] y *The tribute System* ["El sistema de tributos"]. En el primero dice que el patrón imperial incluía la subordinación pero no la absorción de las ciudades-estado conquistadas y que los señores locales retenían el control de sus zonas, organizando la recogida de tributos y funcionando como personal "administrativo" del centro imperial. Esto lleva a lo siguiente:

> These policies greatly reduced the need for creating any form of overarching bureaucratic administration, but at the same time limited the extent to which centralized authority could act outside the immediate territorial limits of the dominant city-state. The most remarkable characteristic of this system is that the imperial centers did not at any time seriously attempt to simplify their organizational problems by abolishing and annexing the petty, often minuscule, city-states that fell to their armies. On the contrary, local rulers were deposed or executed only if there was a serious threat of future rebellion. Frequently, local dynastic groups were protected and even strengthened by interdynastic marriages, so long as they remained loyal and subservient to the empire. (Calnek 1982: 57).

> [Esta práctica reducía mucho la necesidad de crear cualquier forma de administración burocrática general, pero al mismo tiempo limitaba la extensión en la que la autoridad centralizada podía actuar fuera de los límites territoriales inmediatos a la ciudad-estado dominante. La característica más remarcable de este sistema es que los centros imperiales no intentaron seriamente nunca simplificar sus problemas organizativos aboliendo o anexando las pequeñas, a menudo minúsculas, ciudades-estado que caían bajo sus ejércitos. Por el contrario, los gobernantes locales eran depuestos o ejecutados solamente cuando había una amenaza seria de rebelión en el futuro. Frecuentemente, los grupos dinásticos locales eran protegidos e incluso fortalecidos por matrimonios interdinásticos, mientras permanecieran leales y sumisos al Imperio].

No tengo tan claro lo de los problemas organizativos y la simplificación, pero aquí hay una estructura que utiliza lo ya existente en las ciudades que se incorporan al Imperio. De nuevo encontramos a los señores locales como factor clave. Calnek insiste en que las relaciones personales eran reforzadas por la conciliación más que por la fuerza, pero eso no quiere decir que se les dejara en libertad, pues la asistencia a Tenochtitlan y el dejar un hijo en ella eran parte de las obligaciones, para acabar con esa familia "panmesoamericana" que Armillas citaba como clave del sistema. Lo podemos relacionar con el comentario a Smith (1983) sobre la ideología y las clases y decir que el Imperio no incorporaba —según el modelo de Calnek— a las ciudades-estado, sino a sus señores. En cambio, para el tributo sí acepta la creación de un sistema administrativo con los *calpixque*. Y si Armillas tiene razón con su idea sobre los ámbitos de actuación de los *calpixque*, el modelo de Calnek se vería afectado.

Es interesante, como resumen, tomar las palabras con las que termina su artículo:

> The system of government adopted throughout the Valley of Mexico was based on the acceptance of hereditary elites claiming Toltec descent as a

permanent ruling class. Political relationships between city-states, whether involving coalitions or conquest empires, were negotiated between these groups. It was assumed that local dynasties would remain in power even if conquered in war. In most cases, the loyalty of subject states was sought through indirect means, such as interdynastic marriages, although force was applied when required. There was no significant development of bureaucratic administration at the regional level, apart from the special case represented by the tribute system as described in the preceding section.

The discussion of empire formation presented in this paper differs from conventional interpretations of the rise of the Aztec empire primarily in that greater emphasis is placed on the early development of the city-state system. Unfortunately, little attention has thus far been given to events in the Valley of Mexico between the fall of Tula and the rise of Tenochtitlan. It may, therefore, be necessary to revise this account in important respects in the light of future studies of this critically important era. (Calnek 1982: 69-60).

[El sistema de gobierno adoptado en el Valle de México estuvo basado en la aceptación de las clases dominantes que reclamaban ascendencia Tolteca como una clase gobernante permanente. Las relaciones políticas entre las ciudades-estado, aunque involucraran coaliciones o imperios conquistadores, eran negociadas entre estos grupos. Se asumió que las dinastías locales permanecerían en el poder, incluso si eran conquistadas mediante una guerra. En la mayoría de los casos la lealtad de los estados sujetos eran buscadas por medios indirectos, tales como los matrimonios interdinásticos, aunque la fuerza era aplicada cuando era necesario. No hubo un desarrollo significativo de la administración burocrática en el nivel regional, aparte del caso especial representado por el sistema de tributo como ha sido descrito en la sección precedente.

La discusión de la formación del imperio presentada en este artículo difiere de las interpretaciones convencionales del auge del imperio Azteca primeramente en que el mayor énfasis es puesto en el temprano desarrollo del sistema de ciudades-estado. Desafortunadamente, poca atención semejante ha sido dada a los acontecimientos en el Valle de México entre la caída de Tula y el ascenso de Tenochtitlan. Puede ser necesario, entonces, revisar este relato en aspectos importantes a la luz de futuros estudios de esta época de importancia crítica].

Para resolver lo de la administración burocrática en los niveles locales, habría que estudiar éstos —la perspectiva provincial del imperio—, para poder evaluar qué es lo que incorporan —bajo el mando de sus señores— al imperio. Es muy importante resaltar la necesidad de estudiar Mesoamérica en una perspectiva temporal profunda. No solamente el periodo entre la caída de Tula y el ascenso de Tenochtitlan, con la hegemonía tepaneca, que es clave, sino también la propia organización tolteca, y lo que las inscripciones mayas nos están revelando sobre la organización política en el periodo clásico. Solamente tras haber hecho ese trabajo estaremos en condiciones de calibrar qué es lo que el imperio azteca debe a la tradición mesoamericana y cuáles son las novedades que aporta.

Ya conocemos algunos de los trabajos de Frances F. Berdan. Ahora nos ocupamos de *The Aztecs of Central Mexico* (1982), que lleva como subtítulo *An imperial society* ["Los Aztecas del México Central. Una sociedad imperial"], lo que no da la pista de que para Berdan sí tratamos con un imperio. El libro es un manual sobre los aztecas, que, para mi gusto, en su día fue el mejor que había. Es posible que hoy día lo siga siendo, pese a que los más de veinte años que han pasado desde su publicación deberían obligar a cambiar algunas cosas. El capítulo cinco es el que nos interesa ahora: *Imperial Politics and Warfare* ("Políticas imperiales y guerra"), dividido en tres apartados: *Rulership and government* ["Gobierno y administración"], *Warfare and Conquest* ["Guerra y conquista"] y *Human Sacrifice* ["Sacrificio humano"]. El último se entiende mejor por la fecha de publicación, cuando las secuelas del artículo de Harner (1977) y su magnificación por Marvin Harris (1981) estaban aún candentes.

Berdan comienza hablando de la ciudad-estado y dice (Berdan 1982: 99) que para comienzos del siglo XVI, la Triple Alianza había sometido muchas ciudades creando *a vast imperial network* ["una vasta red imperial"]. Siguen los habituales *tlahtoque* y consejos, los jueces, para pasar a la guerra, incluyendo la guerra florida para llegar al sacrificio y ya está. Nos tenemos que ir al capítulo ocho *The consequences of conquest* ["Las consecuencias de la conquista"], que se refiere a la conquista española, para encontrar algo sobre el imperio:

> During the fifteenth and early sixteenth centuries the Aztecs had formed a powerful empire encompassing most of present-day central and southern Mexico and expanding into Guatemala. They had developed an effective centralized political structure with an elaborate bureaucracy that administered the affairs of empire. A major goal of this empire building was the control of economic resources; through tribute of conquered provinces the Aztecs obtained vast quantities of utilitarian and exotic goods. (Berdan 1982: 159).
>
> [Durante el siglo XV y comienzos del XVI los aztecas habían formado un poderoso imperio que comprendía la mayor parte del hoy México Central y del sur, expandiéndose en Guatemala. Habían desarrollado una efectiva estructura política centralizada con una elaborada burocracia que administraba los asuntos del Imperio. Un objetivo principal de la construcción de este imperio era el control de recursos económicos; a través del tributo los Aztecas obtenían vastas cantidades de bienes utilitarios y de lujo].

Parece poco, aunque sea un manual, pero como tendremos ocasión de ver, Frances Berdan se ha desquitado y ha contribuido a ofrecernos una visión mucho más compleja y completa de las características, objetivos y funcionamiento del imperio.

Un caso editorial raro es el de Burr Cartwright Brundage, pues en 1982 aparecieron el original en inglés (University of Texas Press) y la traducción al castellano de *Lluvia de Dardos. Historia Política de los Aztecas mexicas* (Brundage 1982). Dentro de la estructura tipo "Crónica x", Brundage coloca en el capítulo seis a "Moctezuma I y el Estado", lo que ya nos da una idea de inmovilismo en su concepción.

> La Liga de las Tres Ciudades existió esencialmente para el propósito de engrandecimiento, aunque también era un pacto de ayuda mutua. Al unir amigablemente las fuerzas de los tres importantes reinos aztecas, enfrentó a todo el mundo mesoamericano con la amenaza de subyugación. Las conquistas que hasta el momento se habían logrado y las que estaban por venir, iban a crear lo que conviene denominar, con objeto de ponerlo a tono con los hechos, el Imperio de las Tres Ciudades... y que a menudo se ha llamado a la ligera el Imperio Azteca. Visto desde el exterior, parecía ser en verdad un solo imperio colectivo; pero en términos de su estructura interior eran tres imperios de apoyo mutuo, entrelazados y unidos pero cada uno completamente separado y soberano.[14] Era una confederación de tres imperios iguales y su ejecutivo era un colegio de tres soberanos: el culúa teuctli, como se denominaba al señor tenochca, aludiendo a sus derechos de linaje tolteca, el *tepaneca teuctli*, de Tlacopan y el *acolhua teuctli*, quien poseía el título más antiguo puramente honorífico: *chichimeca teuctli*.
>
> La conjunción de imperios estaba ahora ligada en varias formas. La elección de un gobernante a cualquiera de los tres reinos tenía que recibir la aquiesciencia de los otros dos; y ya hemos visto cómo funcionó esto en la ratificación de la elección de Moctezuma. Los reinos estaban unidos entre sí por el matrimonio continuo y arbitrado entre los linajes reales y así, conforme pasaban las generaciones, por ligas cada vez más estrechas de parentesco.[15] En el caso de reclamantes en competencia a uno de los tronos vacantes, se elegiría a aquel

cuya madre había sido una princesa de una de las otras dos ciudades. Las capitales se eslabonaron más por un intercambio de dioses y cultos de una a la otra y formando de este modo una especie de anfictionía. Asimismo, estaban ligadas por el nombramiento de embajadores en las cortes de los otros, listos para consulta instantánea o presencias rituales.[16] Netzahualcóyotl, de hecho, ordenó que se construyera en su palacio un salón de trono triple, sobrio y suntuoso en sus decoraciones heráldicas, donde los tres gobernantes podrían transar sus asuntos de estado. Debido a su pasado tan distinguido y al hecho de que él había sido el principal arquitecto de la Liga, Netzahualcóyotl gozaba de ciertas prioridades y cortesías sobre los otros, como el hablar y votar primero en estas reuniones. Finalmente, existía un flujo libre de información entre las tres capitales, cosa que parece haber sido inusitada en Anáhuac, donde el secreto y la sospecha eran endémicos.

El mecanismo por el cual las Tres Ciudades combatían en sus guerras y se dividían el botín, era simple y efectivo: cada ciudad se reservaba el derecho soberano de declarar y efectuar una guerra propia o castigar por sí sola a un estado súbdito rebelde y, por tanto, apoderarse de todo el botín que de él pudiera obtener. Pero cuando se hallaban involucradas las Tres Ciudades, se distribuían lo logrado en una campaña exitosa en dos formas:[17] la ciudad capturada podía adjudicarse en su totalidad a una de las ciudades imperiales, en cuyo caso el poder que tenía derecho instalaba en esa ciudad su propio calpixqui para cobrar y remitir el tributo impuesto con su correspondiente conocimiento de embarque. O bien, el tributo de esa ciudad capturada podría enviarse directamente a México, donde se dividía en la proporción 2:2:1, donde Tlacopan recibía la parte más pequeña; y cada lote separado era recibido por agentes en representación de sus respectivos reyes. Los tributos llegaba periódicamente durante todo el año, de acuerdo con lo convenido, por lo regular cada ochenta días, que era el periodo de cuatro meses normal en el calendario azteca.

> El efecto de lo anterior era crear en cada provincia conquistada tres corrientes de tributo que fluían anualmente a las tres capitales aztecas, cada una de ellas de exacción separada. Así, pues, las Tres Ciudades tenían jurisdicciones separadas pero una política común; cada una de ellas era soberana pero involucrada en una indisoluble liga con las otras dos.
>
> 14. Respecto a la índole independiente de los tres imperios confederados, véase IXCH, p. 154; DINE, I, 409; AZR, p. 89; GCNE (Gómara), p. 156; CAS (Las Casas), p. 147; TTT (Tlatelolco a través de los Tiempos), X, 31; CLA (Clavijero), IV, 319; ANE (Hernández), p. 101.
> 15. GCNE, p. 156; POM (Pomar), p. 34.
> 16. IXCH (Ixtlilxochitl, Historia), p. 178, 241; DINE (Durán), I, 362.
> 17. Respecto a los arreglos en lo tocante a tributos de la Liga, véase ANE, pp. 65 y siguientes, 112; MON, I, 146; IXREL, p. 492; TMM (Motolinía, Memoriales), pp. 354 y siguientes; AZR (Zorita), p. 89; CLA, I, 269 y siguientes.
>
> (Brundage 1982: 117-118).

Como vemos, la Triple Alianza total, pero puede que en esta época temprana fuera realmente así. Es uno de los puntos de controversia más importantes: imperio de Tenochtitlan o imperio de la Triple Alianza, y tiene muchas repercusiones, pues con un punto de vista como el de Brundage, tenemos que estar atentos en nuestros documentos para saber si están refiriéndose al conjunto o a uno de los tres. Lo que nos parece más dudoso es lo de la transparencia de las relaciones entre ellos, y un repaso a algunos episodios narrados por las crónicas más comunes (ya sea el grupo X o Ixtlilxochitl, por ejemplo) apoyan el poner en duda ese tipo de afirmaciones.

Unas páginas más a delante comienza un epígrafe llamado "Organización del Estado Imperial", donde se afirma que "Si bien el concepto mexicano de imperio era así universal en su declaración, en términos de su administración era relativamente difuso y tentativo" (Brundage 1982: 121), para continuar líneas después:

> Siempre que se conquistaba un estado y se le hacía entrar a la órbita mexicana, sus costumbres y estructuras por lo regular se conservaban intactas. En la ciudad capital de cada nueva provincia se instalaba un comisionado residente, cuyo principal deber consistía en el cobro y remisión del tributo.[30] Sin embargo, en aquellos casos en que se había encontrado una decidida hostilidad y oposición armada, la línea legítima de gobernantes de la ciudad subyugada quedaba desposeída y en su lugar se colocaba un cuauhtlatoa o gobernador militar mexicano, lo que probablemente se acercaba más a un sistema de gobierno directo que llegaron a instituir los mexicas.
>
> Se desconocía completamente una reglamentación a las relaciones entre las varias partes del imperio. Dos ciudades aliadas o súbditas, por ejemplo, podían declararse la guerra entre sí, sin siquiera consultar a su señor máximo en México. En vez de instituir una estructura y código de conducta provincial común a todos los componentes del imperio, los mexicas se contentaban con vigilar el gobierno y colocar guarniciones y fortalezas en sitios estratégicos entre los conquistados. Tales guarniciones parecen haber sido en muchos casos resultado del esfuerzo conjunto con las otras dos ciudades imperiales. La guerra era tan importante para los mexicas que parece nunca habérseles ocurrido como desideratum la existencia de un imperio pacífico y organizado con minuciosidad.
>
> 30. Respecto al puesto de cobrador de impuestos (*calpixqui*), véase CLA, II, 202 y siguientes; HE, III, 222; ANE, pp. 59, 101; TEZ, p. 112; DINE, I, 131; II, 165; SAGH, II, 308; POM, p. 9; ROCA, p. 107; PL, p. 134; MEN (Mendieta), I, 167; (Relación Anónima), pp. 15 y siguientes.
>
> (Brundage 1982: 121-122).

Se instalan individuos, pero no hay control. Es muy dudoso. Lo de que se dejaban las manos libres a los súbditos me parece un error, aunque no se llegara a una *Pax Azteca*, pues perjudicaría el cobro de los tributos y la autoridad central. A continuación se ocupa de los tributos, y no vuelve a aparecer la estructura. Por cierto, que tras haber destacado la existencia de las tres entidades separadas, la descripción imperial se ciñe a una, la mexica. Así que tenemos algunas afirmaciones novedosas mezcladas con grandes dosis de descripciones tradicionales.

En 1983 apareció *Law and Politics in Aztec Texcoco* ["Ley y Política en el Texcoco Azteca"] de Jerome A. Offner, cuyos primeros capítulos están dedicados a la historia antigua de Texcoco, a la historia de sus leyes y el capítulo tres a la estructura del imperio texcocano, comenzando por la construcción del imperio (Offner 1983: 87-97). Discute la formación de la Triple Alianza y propone (Offner 1983: 90) que podía haber arreglos concretos para cada campaña y que sí había una división de áreas de influencia, y que en tiempos de Nezahualpilli, Tenochtitlan tenía el papel predominante (Offner 1983: 93). Para la organización de Texcoco, utiliza el *Mapa Quinatzin*, el documento sobre el llamamiento, Ixtlilxochitl y los *Anales de Quauhtitlan*. Una vez más, la discusión se refiere fundamentalmente a los tributos, aunque aparecen seis áreas con mayordomos, que pagaban directamente a Nezahualcoyotl, así como algunas zonas más como Chalco y la Cuexteca del sur. Trece pueblos del Valle de México pagaban también tributos.

> He organized the heartland and hinterlands of the empire into fifteen "provinces" subject to fifteen principal cities, the rulers of fourteen of which assisted him in governing the empire. To these, he married his daughters, produced in large numbers in his sizable "harem", in order that the future sons of the grandes (great lords) would be his grandsons (see Carrasco 1974). Strong measures were taken to circumscribe the power of the grandes, yet they continued to plot and conspire to increase their power. Ties of kinship often proved less important than political ambitions.
>
> The heartland and hinterlands were also divided into six tax and legal districts, and eight mayordomías (tribute districts) of Nezahualcoyotl´s patrimony provided the central administrative palace in Texcoco with

foodstuffs and other supplies. Eight towns maintained the royal woodlands and gardens, and there may have been six principal towns of the Sierra region. The city of Texcoco itself was divided into six districts, and six educational "orders" were established there. (Offner 1983: 113).

[Él (Nezahualcoyotl) organizó el corazón y el cuerpo del imperio en quince provincias sujetas a quince ciudades principales, los señores de catorce de ellas ayudándole a gobernar el imperio. Con ellos, casó a sus hijas, producidas en gran número en su considerable harén, para que los hijos futuros de los "grandes" fueran sus nietos (ver Carrasco 1974). Fuertes medidas eran tomadas para circunscribir el poder de los "grandes", ya que continuaban conspirando y tramando para incrementar su poder. Los lazos de parentesco a menudo probaron ser menos importantes que las ambiciones políticas.

El corazón y el cuerpo fueron divididos también en seis distritos tributarios y legales y ocho "mayordomías" del patrimonio de Nezahualcoyotl proporcionaban al palacio centro de la administración en Texcoco los alimentos y otros suministros. Ocho ciudades mantenían los bosques reales y los jardines, y ahí podían estar seis ciudades principales de la región de la Sierra. La ciudad de Texcoco misma estaba dividida en seis distritos, y allí se establecieron seis "órdenes" educativas].

A continuación, se ocupa del simbolismo de los números y pasa ya a la parte de las leyes. Es uno de los escasos estudios que están dedicados por completo a Texcoco y su imperio y eso le da más valor. Falta integrar este segmento en la Triple Alianza. Se ve también aquí el peso de los señores en el entramado político, y la gran familia de la elite, que a través del mismo Nezahualcoyotl y Nezahualpilli entronca con la dinastía de Tenochtitlan.

Seguimos por orden cronológico y la suerte nos trae otro libro de parte del imperio *Aztec City-States* ["Ciudades-Estado

Aztecas"] de Mary G. Hodge (1984). En la introducción se ocupa de definir los imperios y los estados, dedica luego un capítulo a las ciudades-estado en el Valle de México, incluyendo un epígrafe para el Imperio de la Triple Alianza y analiza en capítulos sucesivos Amecameca, Cuauhtitlan, Xochimilco, Coyoacan y Teotihuacan, con un capítulo final que se llama *Conclusions: The Aztec Empire as seen from its dependencies* ["Conclusiones: El Imperio Azteca visto desde sus dependientes"]. En cada una de las ciudades ya incluía un epígrafe de "efectos de la conquista" y manifiesta que eligió estas cinco ciudades por la calidad de la documentación existente.

Para Amecameca, la conquista mexica supuso el reemplazo de sus gobernantes por gobernadores militares y la reestructuración de los tetecuhtin. Durante veinte años no hubo señores hereditarios en Amecameca y tras ese plazo se reinstalaron cinco de los siete tecuhtli que había. Además, parte de sus tierras fueron repartidas a señores mexicas.

En Cuauhtitlan, también se puso un gobernador militar, para más tarde ser el señor mexica el que elegía quien había de ser señor local. Se redujo la complejidad administrativa, eliminando un nivel. De nuevo los señores mexicas tomaron tierras en la población, aunque más tarde los señores de Cuauhtitlan también recibieron tierras en otras regiones cuando habían colaborado en su conquista. Los señores de Cuauhtitlan después de la conquista, casaban con mujeres de la elite mexica. Por ejemplo, el último tlatoani de Cuautitlan se casó con una hija de Moctezuma. Al mismo tiempo, el señor de Cuauhtitlan entregaba sus hijas a los señores de sus sujetos. Esto nos recuerda el modelo de Carrasco sobre la dinastía teotihuacana (Carrasco 1974).

Xochimilco fue conquistado en 1430 y su señor huyó. No hay apenas datos posteriores, salvo la creación de la cabecera de Olac por Moctezuma II, colocando a un hermano suyo como señor. Una vez más, parte de sus tierras fue a parar a manos de los conquistadores, que esta vez incluyen a los acolhuas.

Coyoacan había sido una de las tres cabeceras tepanecas. Estuvo más de veinte años sin señor y tuvieron que dar tierras a los conquistadores. Dependió de Tlacopan para muchas cosas. Al final, el señor de Coyoacan formaba parte de la red de parentesco.

Teotihuacan fue una de las catorce provincias de Nezahualcoyotl, participando de la red de parentesco y siendo su señor nombrado por el de Texcoco.

En las conclusiones, tenemos una parte dedicada al Imperio:

> *Administration of Dependencies of the Empire*
>
> The Aztec empire included a central area, in which administrative control was tighter, as opposed to the newly-conquered periphery where administrative controls were fewer (Katz 1958: 20-21; Davies 1973a: 110-114). These nearer areas were subject to more administrative controls, but they received protection, food reserves against famine, and public works such as irrigation canals, chinampas and aqueducts (Adams 1979: 68). These city-states formed the central support area of the empire. Their tlatoque or cuauhtlatoque (rulers or military governors) and other officials were directly responsible to the rulers of Tenochtitlan, Texcoco or Tlacopan. Thus, the center of the empire was comprised of polities having special relationships of an administrative nature with the capital. Polities in this category were not necessarily located in the Valley of Mexico, but most were, and for that reason dependencies in the valley were chosen for this study. (Hodge 1984: 141).
>
> [*Administración de las dependencias del Imperio*
>
> El Imperio Azteca incluía un área central, en la que el control administrativo era más estrecho, opuesto a la periferia nuevamente conquistada donde el control administrativo era menor (Katz 1958: 20-21; Davies 1973a: 110-114). Estas áreas más cercanas estaban sujetas a más controles administrativos, pero recibían pro-

> tección, reservas de alimentos contra las hambrunas, y obras públicas como chinampas, canales y acueductos (Adams 1979: 68). Estas ciudades-estado formaban el soporte central del imperio. Sus tlatoque o cuauhtlatoque (señores o gobernadores militares) y otros cargos eran directamente responsables ante los señores de Tenochtitlan, Texcoco o Tlacopan. Así, el centro del imperio estaba compuesto de unidades políticas que tenían relaciones especiales de naturaleza administrativa con la capital. Las unidades de esta categoría no estaban necesariamente situadas en el valle de México, pero la mayoría sí lo estaba y por esta razón se eligieron dependencias situadas en el valle para este estudio].

Analiza las obligaciones de los señores, que eran instalados por los de la capital y acudían a las fiestas en ella, donde recibían regalos. Después recapitula los cambios que la conquista produjo en los sitios estudiados, como la centralización del poder local y la participación en las alianzas matrimoniales. Encuentra que hay una jerarquía administrativa con cinco niveles: 1. El *tlatoani* de Tenochtitlan; 2. Los *tlahtoque* de Texcoco y Tlacopan y el *cihuacoatl* de Tenochtitlan; 3. Los *Tlahtoque* de los lugares sometidos; 4. Los *tlahtoque* dependientes de 3; 5. Los administradores locales (Hodge 1984: 144-145). También ve, basándose en el *Códice Mendoza* y en Barlow, una jerarquía tributaria aparte. Citaremos para terminar sus últimas palabras (por ahora):

> Although city-states rulers became part of the Aztec empire´s political organization, they continued to be the political leaders within their territories. They continued to receive tribute from their commoners (as well as from estates outside their own territories, in some cases). In large provinces, there is evidence that rulers and their assistants directed local craft specialists and oversaw the markets. Local city-states retained their traditional deities and rituals, but their rulers participated in imperial ceremonies. Within the Aztec imperial system, administration by the capital was adapted to dependencies indigenous political organizations, and each city-state retained its political

identity, despite its participation in the empire´s activities. (Hodge 1984: 150).

[Aunque los gobernantes de las ciudades-estado se convertían en parte de la organización política del imperio, continuaban siendo los líderes políticos en sus territorios. Seguían recibiendo tributo de sus macehuales (así como de sus tierras fuera de su territorio, en algunos casos). En provincias grandes, hay evidencia de que los señores y sus asistentes dirigían la artesanía local y supervisaban los mercados. Las ciudades-estado retenían sus deidades tradicionales y sus rituales, pero sus señores participaban en las ceremonias imperiales. Dentro del sistema imperial azteca, la administración por la capital fue adaptada a las organizaciones políticas indígenas de las dependencias, y cada ciudad-estado retuvo su identidad política, a pesar de su participación en las actividades del imperio].

Los señores se integran, pero las ciudades no. Por un lado, se convierten en parte de la administración del imperio y por el otro continúan siendo los señores locales. Y todos parten de una misma familia. Debemos destacar también los niveles de la administración que Hodge postula, con el *tlahtoani* de Tenochtitlan por encima y los de Texcoco y Tlacopan en un nivel inferior, compartido por el *cihuacoatl* de Tenochtitlan, cargo del que por cierto sabemos mucho menos de lo que nos gustaría, pues solamente está bien descrito cuando lo ocupó Tlacalelel, uno de los artífices de la independencia junto a Itzcoatl, Nezahualcoyotl y Motecuhzoma Ilhuicamina. No acabamos de tener claro si esta jerarquía se da porque analiza sujetos de Tenochtitlan o la considera general. Después, no distingue entre tlahtoque sometidos a las diferentes cabeceras, pues según su propia jerarquía, quizá habría que distinguir entre los sometidos a Tenochtitlan y los que lo estaban a una de las otras cabeceras. En la forma que lo plantea parece que estaban sometidos a las tres a la vez, y no es ese el caso. La presencia en el estudio de Teotihuacan, sujeto de Texcoco, parece apuntar a que piensa que su jerarquía es general al Imperio. Es muy interesante en el trabajo de Hodge el aporte que los estudios locales hacen a la comprensión de la organización del imperio, y entre ellos los repartos de tierras en los lugares conquistados, en los que participan los señores previamente sometidos que han participado en las campañas, es un punto muy importante.

Recuperamos un conocido, Rudolph van Zantwijk, quien en 1985 publicó en la Universidad de Oklahoma (Norman) un libro en el que recoge sus ideas de más de veinte años y que se llama *The Aztec Arrangement. The Social History of Pre-Spanish Mexico* ["El Arreglo Azteca. La historia social del México Prehispánico"]. Después de discutir las fuentes se ocupa del desarrollo de los mexitin, con atención a los mercaderes y al ritual. En el capítulo diez encontramos a *Tenochtitlan, Base of an Empire* ["Tenochtitlan, base de un Imperio"], donde retoma sus queridas divisiones en partes. Y nada más. La palabra "Imperio" ni siquiera aparece en el índice, aunque la figura 1 es un mapa del mismo.

Nigel Davies comenzó tarde, pero desde su libro de 1968 *Los señoríos independientes del Imperio Azteca* (INAH, México) ha venido ocupándose principalmente de la historia política de los aztecas. En esa línea tenemos *Los mexicas, primeros pasos hacia el imperio* (UNAM, México, 1973) que trata de la historia hasta la emancipación; *The Aztecs. A History* (1974, con traducción al castellano en Destino "Los aztecas", 1977), que es una historia que sigue en gran medida las líneas de Durán y Tezozomoc, es decir, de la *Crónica X*; y la trilogía consagrada a las raíces toltecas de los mexicas, publicada por la Universidad de Oklahoma (Norman) y que consta de *The toltecs: until the fall of Tula* (1977) ["Los Toltecas hasta la caída de Tula"] que es uno de los pocos intentos que tenemos de reconstruir el Imperio Tolteca; *The Toltec heritage: from the fall of Tula to the rise of Tenochtitlan* (1980) ["La Herencia Tolteca: desde la caída de Tula hasta el ascenso de Tenochtitlan"] y *The Aztec Empire: the Toltec resurgence* (1987) ["El Imperio Azteca: la resurgencia tolteca"]. Además tiene un curioso libro traducido al castellano en 1983 que supone su contribución a la polémica del canibalismo, llamado *Human sacrifice in History and Today* ["El sacrificio humano en la historia y hoy"], donde minimiza la "barbarie azteca" dando un repaso a las de otras zonas del mundo, y un volumen general *The Ancient Kingdoms of Mexico* (1982) ["Los Antiguos reinos de México"] que ha sido traducido al castellano por el Fondo de Cultura Económica (México). Habría mucho que decir de Davies, pero nos vamos a centrar en su última entrega sobre el Imperio, pues el título nos compromete a ello.

El capítulo octavo se llama *Imperial Administration* ["Administración Imperial"] (Davies 1987:194-216). Establece en primer lugar las vías de organización que cree posibles, que son en líneas generales: 1) red de guarniciones; 2) deportaciones en masa y reasentamientos; 3) amenaza de brutales represalias (Davies 1987:194-195). A continuación, nos dice que los aztecas debieron basarse en la segunda y la tercera (Davies 1987:196) pues *A true garrison in the modern sense of the word presuposes the existence of a standing army* ["una verdadera guarnición en el moderno sentido de la palabra presupone la existencia de un ejército permanente"]. Por lo tanto, como no cree que tal cosa exista, lo que tenemos como guarniciones son meros asentamientos. No se pregunta qué es una guarnición "en el antiguo sentido de la palabra" y mucho menos qué entendían los mexicas. Como encuentra pocos casos de deportaciones, lógicamente la organización estribaba en la amenaza (Davies 1987:197), citando el caso de Cotaxtla como muestra. Para que esto funcione son necesarios aliados. Los *calpixque* estaban solamente para recoger tributos y la administración se dejaba en manos de los señores locales. Ahora cita a Cotaxtla y a los señores que Moctezuma I puso como excepción (Davies 1987: 202). Contrariamente a otros autores que hemos visto, afirma que conquistadores y conquistados tenían una misma cultura (Davies 1987: 202), lo que facilitaba las cosas. Aparecen luego los *calpixque* y ahora reconoce que tenían misiones más allá de la recogida de tributos (Davies 1987: 205), aunque *for a limited period* [por un periodo limitado] Detengámonos en su "resumen":

The Standard Pattern

Notwithstanding such numerous anomalies within the bounds of empire, as defined by Barlow and others, that enjoyed a varying degree of independence, the standard pattern seems to have been administration of subject peoples by the traditional local señores; since for the office of local *tlatoani* there was no fixed rule of succession, the *hueytlatoani* of Tenochtitlán (or in certain cases of Texcoco or Tacuba) would have had a certain say in the choice of successor to any tlatoani who died. These local *tlatoanis* were supervised by a number of *calpixquis*, whose real task was to ensure regular payment of tribute; they had their opposite numbers in Tenochtitlán who counted the tribute when it arrived. The presence of a calpixqui seems to have mainly limited to centers of major significance. Cortés encountered the party of five gaudily dressed officials who had come to collect tribute to Quiahuiztlan, but there seems to have been no resident *calpixqui* either there or in Cempoala, which was quite an important place.

As we have seen, a few places, such as Oaxaca, were controlled by Mexican colonists and ruled by a Mexica dynasty. But what Cortés found on the Gulf Coast represented the more regular pattern. The same situation also prevailed in Zacatlán (now Zautla), where Cortés, on his march towards Tlaxcala, found a local ruler, but neither Aztec warriors nor a calpixqui. In exceptional cases, direct rule by a *calpixqui* or governor was reportedly imposed; it is possible, however, that in the case of those places reported in the *Relaciones geográficas* as being ruled directly by Aztec *calpixquis*, the local inhabitants´ memories had failed them, since this was not the standard form of government. Tlatelolco is the only sure case of direct military rule serving as a permanent measure, as opposed to other places where this lasted for but a while until a new ruling family was installed. As we have seen, the tendency to rebel may have been on the wane. The Aztec intelligence network was sufficiently good, and their ability to retaliate and punish rebels so great, that it logically seemed a better proposition to pay the tribute imposed rather than to risk the horrors of remorseless retaliation. The respect which the *calpixquis*, arrested by Cortés, inspired was probably fairly tipical of the overall situation.

Empires can hardly be kept in being without a degree of consensus among subject peoples. Many of the conquered city-states at least profited by a cessation of costly hostilities with their inmediate neighbors. No source tells us how, wherever these locals wars were forbidden, the local *tlatoanis* obtained war captives for sacrifices. Had they sacrificed only slaves as substitutes, they would soon have eliminated their own slave population. The practice of forming certain alliances, sometimes involving marriage with Tenochca princess, was basic to a system in which, if the threat of retaliation was the ultimate weapon, it was preferable to use it as little as possible. (Davies 1987: 213-214).

[El patrón general

No obstante tan numerosas anomalías dentro de los límites del imperio, como ha sido definido por Barlow y otros, que disfrutaban diversos grados de independencia, el patrón general parece haber sido la administración de los pueblos sujetos por sus señores locales tradicionales; ya que para el cargo de *tlatoani* local no había regla fija de sucesión, el *hueytlatoani* de Tenochtitlan (o en ciertos casos el de Texcoco o Tacuba) tenían algo que decir en la elección del sucesor de cualquier *tlatoani* que muriera. Estos *tlatoanis* locales eran supervisados por cierto número de *calpixquis*, cuya tarea real era asegurar el pago regular de tributo; tenían sus correspondientes en Tenochtilan que contaban el tributo cuando llegaba. La presencia de un *calpixqui* parece haber sido principalmente limitada a los centros de mayor importancia. Cortés encontró una partida de cinco oficiales chillonamente vestidos que habían llegado a Quiahuiztlan para recoger tributo, pero parece no haber habido *calpixqui* residentes ni allí ni en Cempoala, que era un lugar bastante importante.

Como hemos visto, algunos lugares, como Oaxaca, eran controlados por colonos mexicas y gobernados por una dinastía mexica. Pero lo que Cortés encontró en la costa del Golfo representaba el patrón más regular. La misma situación también predominaba en Zacatlan (ahora Zautla), donde Cortés, en su marcha hacia Tlaxcala, encontró un señor local, pero no guerreros aztecas ni un *calpixqui*. En casos excepcionales, el gobierno directo por un *calpixqui* o un gobernador era impuesto, según se informa; es posible, sin embargo, que en el caso de los lugares que aparecen en las Relaciones geográficas siendo gobernadas directamente por calpixquis aztecas, los recuerdos de los habitantes del lugar les hayan fallado, ya que no era la forma general de administración. Tlatelolco es el único caso seguro de gobierno militar directo utilizado como medida permanente, en oposición a otros lugares donde esto se extendió un tiempo hasta que se instaló una nueva familia gobernante. Como hemos visto, la tendencia a la rebelión pudo ir menguando. La red de inteligencia azteca era suficientemente buena, y su habilidad para reprimir y castigar rebeldes tan grande, que lógicamente parecería una propuesta mejor pagar los tributos impuestos más que correr el riesgo de los horrores de una represalia despiadada. El respeto que los *calpixquis* arrestados por Cortés inspiraba era probablemente típico de la situación general.

Los imperios pueden conservarse difícilmente sin cierto grado de consenso entre los pueblos sujetos. Muchas de las ciudades-estado conquistadas por lo menos se beneficiaron del cese de costosas hostilidades con sus vecinos. Ninguna fuente nos dice como, donde estas guerras locales fueron prohibidas, los *tlatoanis* locales obtenían cautivos de guerra para el sacrificio. Si hubieran sacrificado solamente esclavos como sustitutos, habrían eliminado rápidamente su propia población esclava. La práctica de formar ciertas alianzas, que

> algunas veces incluían el matrimonio con una princesa mexica, fue básico para un sistema en el cual, si la amenaza de la represalia era el arma definitiva, era preferible utilizarla lo menos posible].

Si hay tantas anomalías ¿cómo puede sacarse un patrón general? En lo referente a los informantes de las *Relaciones Histórico Geográficas*, tenemos un buen ejemplo de como se puede quitar uno de en medio lo que le estorba. Davies ya ha decidido cómo era y el resto consiste en seleccionar lo que le apoya y desmentir lo que se opone.

Lo de los cautivos puede tener explicaciones alternativas, como que solamente las guerras junto a los mexica les permitiera obtener esos cautivos, pero entonces la autonomía de los señores se resentiría. Concluye el capítulo preguntándose por qué el Xoconochco está aislado y por qué hay señoríos independientes en el interior del imperio. Parte de nuestras dificultades residen precisamente en la pretensión de obtener un patrón general único, cuando los datos nos muestran, precisamente, que había una disparidad de actuaciones dentro de unos procedimientos básicos.

El capítulo final es una crítica a otros autores, en donde se demuestra que Davies es partidario de la paja en el ojo ajeno. Cal y arena, en cantidades poco equilibradas.

Nos encontramos ahora con un autor que nos va a ocupar muchas páginas: Michael E. Smith. En 1983 apareció un artículo en *Estudios de Cultura Nahuatl*, con el título "El desarrollo económico y la expansión del Imperio mexica: una perspectiva sistémica", en el que Smith aboga por una visión integrada de diferentes aspectos que influyeron en el crecimiento del Imperio, desde una perspectiva multicausal. Además, postula que es necesario unir los datos sincrónicos y diacrónicos para una mejor comprensión de los procesos. Esta es una afirmación muy importante, pues continuamente hemos dedicado más atención a la comprensión del funcionamiento del imperio, de una manera sincrónica, dejando de lado la construcción del mismo, cuando este proceso, precisamente, nos brinda multitud de informaciones sobre la evolución y la estructura del mismo, de igual manera que los relatos del papel de los tenochcas en el imperio tepaneca nos brinda muchos datos sobre la estructura del que ellos crearon.

En el mismo orden de cosas metodológico, Smith precisa la importancia de los ámbitos regionales y la aplicación de las "declaraciones" sobre la organización política el Valle de México pueden no ser aplicables fuera, o lo que es lo mismo, hay una sociedad urbana mexica y una rural, un centro y una periferia (Smith 1983: 139). Y es necesario destacar que los procesos que analiza comenzaron décadas antes que la expansión mexica. De hecho, afirma (Smith 1983: 153) que los procesos de expansión tepaneca y mexica son partes de lo mismo. De hecho, las primeras conquistas mexica fueron realizadas como súbditos de Tezozomoc de Azcapotzalco. Y en este conjunto tiene un papel muy activo la élite:

> Hay pocos datos sobre las perspectivas de las clases bajas (*macehualtin*, *mayeque*, etcétera), pero hay muchas más pruebas de que la clase dominante mexica creó activamente una ideología que no solo justificó el sistema existente de estratificación, sino que incluyó a las clases bajas en la justificación. Por ejemplo, Broda (1976), demuestra cómo los ritos del templo mayor reflejaban los grados complejos del sistema de estratificación y Townsend (1979), discute la manera en que el arte monumental de Tenochtitlan incorporó y retrató una cosmología, justificando la estructura del estado mexica. De esta manera, el sistema de estratificación social proporciona más eslabones entre los procesos del aumento de la complejidad social, tanto de la religión como de la centralización política. Además, la estratificación, a través de su manifestación en reglas suntuarias (cf. Davies, 1973: 99; Broda, 1976) influyó en los patrones de consumo económico, creando una demanda más grande de los bienes exóticos de lujo para el uso exclusivo de la clase alta. De este modo, la

> estratificación, compleja y rígida en aumento, estimuló también el desarrollo del intercambio a larga distancia para obtener bienes de lujo. (Smtih 1983: 146-147).

No se limita, pues, al papel de las elites. De una forma u otra, todos los segmentos sociales están complicados en la construcción del imperio. Considera que los lazos políticos entre las ciudades-estado eran débiles, salvo parcialmente en lo que se refiere al tributo (Smith 1983:151).

El porqué de la justificación por las elites de la estratificación social queda de manifiesto cuando se refiere a los beneficios de las conquistas, que tanto en riquezas como en poder político, iban a parar mayoritariamente a las elites (Smith 1983: 156). El germen de las ideas de Smith está ya en este artículo, cuya primera versión es de 1979, pero en la misma década tenemos más entregas.

La primera es "The role of social stratification in the Aztec Empire: a view from the provinces" (Smith 1986) ["El papel de la estratificación social en el Imperio Azteca: una visión desde las provincias"] en la que comienza preguntándose *An Empire with no provincial infrastructure?* ["¿Un imperio sin infraestructura provincial?"]:

> THE RAISON D'ETRE OF ANY EMPIRE IS THE ENRICHMENT OF ITS RULERS and their supporters (Eisenstadt 1969: 13ff.). This was certainly true of the Aztec, or Triple Alliance, empire, which served as a device for generating tribute in provincial areas to support the peoples and governments of its three allied ruling states in the Basin of Mexico. In contrast to other known ancient empires, such as the Roman, Athenian, or Inca, the Triple Alliance empire had virtually no provincial infrastructure (see Wells 1984, Garnsey and Whitakker 1978, or Rowe 1946 for comparative cases). The empire, with rare exceptions, did not build towns, fortresses, roads, bridges, storehouses, or administrative centers outside of its own local core territory. Apart from a small contingent of tribute collectors (*calpixque*),

administrators were not sent to the provinces, where local rule was maintained. How then was the Triple Alliance able to control and maintain a vast realm that produced considerable tribute in foodstuffs, textiles, valuables, and labor for the enrichment of three core states? (see *Códice Mendoza* 1980, Barlow 1949, Gibson 1971, or Berdan 1982: 35-41 on imperial tribute; the three states were the Mexica, Acolhua and Tepaneca polities). It is my contention that the primary force binding the empire together was the common interest of the Postclassic Mesoamerican nobility. Provincial ruling dynasties cooperated with the rulers of the Triple Alliance states in the economic exploitation of their local commoners. Social stratification may thus be singled out as one of the most important factors in the integration of much of the empire. (Smith 1986: 70).

[LA RAZÓN DE SER DE CUALQUIER IMPERIO ES EL ENRIQUECIMIENTO DE SUS GOBERNANTES y sus apoyos (Eisenstadt 1969: 13 ff). Esto era con certeza verdad en el imperio azteca o de la Triple Alianza, que servía como un mecanismo para generar tributo en las zonas provinciales para sostener la población y gobiernos de los tres estados aliados que gobernaban la Cuenca de México. En contraste con otros imperios antiguos conocidos, como Roma, el ateniense o el Inca, el imperio de la Triple Alianza no tenía virtualmente ninguna infraestructura provincial (ver Wells 1984, Garnsey y Whitakker 1978, o Rowe 1946 para las comparaciones). El imperio, con raras excepciones, no construía ciudades, fortalezas, caminos, puentes, almacenes o centros administrativos fuera de su territorio central. Aparte de pequeños contingentes de recaudadores de tributos (*calpixque*), no eran enviados administradores a las provincias, donde el gobierno local era mantenido. Entonces ¿cómo fue capaz la Triple Alianza de controlar y mantener un vasto dominio que producía considerable tributo en alimentos, textiles, objetos valiosos, y trabajo para el enriquecimiento de los estados centrales? (ver *Códice Mendoza* 1980, Barlow 1949, Gibson 1971, o Berdan 1982: 35-41 para el tributo imperial; los tres estados eran el Mexica, el Acolhua y el Tepaneca). Es mi opinión que la primera fuerza que mantenía unido el imperio era el interés común de la nobleza mesoamericana del postclásico. Las dinastías gobernantes provinciales cooperaban con los señores de los estados de la Triple Alianza en la explotación económica de sus macehuales locales. La estratificación social puede ser así señalada como uno de los factores más importantes en la integración de la mayoría del imperio].

Quiero destacar la importancia que tiene el comienzo de los artículos. En este caso, vemos cómo nos plantea su intención con claridad y de una forma que motiva a uno a seguir la lectura. Nunca debemos olvidar que la transmisión del conocimiento es uno de nuestros objetivos, y hay que procurar hacerlo de forma que capte la mayor atención posible, sin sacrificio del rigor.

Afirma que la existencia de estados que resistieron la fuerza combinada de la Triple Alianza, como los tarascos, Metztitlan y Tlaxcala, es prueba de que la amenaza sola no era suficiente (Smith 1986: 71), clara alusión a las teorías de Davies.

> It is the tesis of this paper that the bonds between provinces and the core area existed primarily within the elite stratum. Provincial elites were co-opted by the Triple Alliance through marriage alliances, preferred trade agreements, and other mechanisms, and the burden of tribute fell on the provincial commoners, not the elite. The major social cleavage in Late pre-Hispanic Mesoamerica was *not* between the Basin of Mexico and the provinces, as Mexica state ideology maintained (see Townsend 1979), but rather between the nobility and commoners. While the importance of social stratification and elite solidarity in the rise of the Mexica state within the Basin of Mexico have been pointed out by others (Rounds 1979; Monjarás-Ruiz 1980; Calnek 1982), the role of these factors in the organization of the entire empire has not been investigated. (Smith 1986: 71).
>
> [Es la tesis de este artículo que los lazos entre las pro-

> vincias y el centro del Imperio existían fundamentalmente entre el estrato de élite. Las elites provinciales eran cooptadas por la Triple Alianza a través de alianzas matrimoniales, acuerdos de comercio preferentes y otros mecanismos, y que la carga del tributo caía sobre los tributarios provinciales, no sobre la elite. La principal división social en la Msoamérica de los últimos tiempos antes de la llegada de los españoles *no* era entre la Cuenca de México y las provincias, como mantenía la ideología mexica (ver Townsend 1979), sino entre la nobleza y los plebeyos. Mientras que la importancia de la estratificación social y la solidaridad de la élite ha sido puesta de manifiesto (Rounds 1979; Monjarás-Ruiz 1980; Calnek 1982), el papel de estos factores en la organización de todo el imperio no ha sido investigada].

Pasa revista a la organización mesoamericana del postclásico y remarca que las necesidades imperiales cambiaron cuando comenzó la expansión fuera del Valle de México. Su ejemplo es Cuauhnahuac, donde se produjo una activa alianza matrimonial. Los señores de Cuauhnahuac también participaban en ceremonias en Tenochtitlan y había otros tipos de interacciones, destacando las económicas, que no se limitaban al tributo. Cree, no obstante, que el imperio azteca difiere de otros previos, como el tolteca o el teotihuacano que juzga más "tradicionales" debido a los restos arqueológicos que nos han llegado. (Este es un punto que se puede discutir). La ideología y la propaganda tienen su poder y hay que ir más allá de la visión mexica y mirar la integración provincial para dilucidar el tipo de control, con la estratificación social como clave. A este respecto hay una información interesante (Smith 1986: 79) y es que Cuauhnahuac mientras era tributaria de la Triple Alianza continuó conquistando y extendiendo su "imperio" hasta el punto de que se sintieron suficientemente fuertes para desafiar a sus señores en 1452. Perdieron. Termina el artículo así:

> This may represent an unusual form of imperial organization, but it fulfilled the basic goal of all

> empires: enrichment of the rulers and their supporters in the center at the expense of the peoples of the periphery. (Smith 1986: 85).
>
> [Esto puede representar una forma inusual de organización provincial, pero cumple el objetivo básico de todos los imperios: enriquecimiento de los gobernantes y sus apoyos en el centro a expensas de los pueblos de la periferia].

El otro artículo se llama "The expansion of the Aztec Empire: a case study in the correlation of diachronic archaeological and ethnohistorical data" (Smith 1987) ["La expansión del Imperio Azteca: un estudio de caso en la correlación de datos diacrónicos arqueológicos y etnohistóricos"], donde inicia una de sus preocupaciones, vinculada a su trabajo arqueológico en Morelos, en sitios conquistados por los aztecas. Es un problema viejo, pero aún no resuelto y tiene que ver con la discusión de las evidencias de los imperios teotihuacano y tolteca. No se trata solamente de correlacionar fechas, sino también otro tipo de informaciones, como la huella que la conquista dejó en los sitios conquistados. Smith postula que hay que construir una arqueología de la Triple Alianza (Smith 1987: 37) pero poca ayuda ha recibido hasta ahora.

En el artículo de Armillas, y en uno de los párrafos que hemos citado, se aludía a una presentación de José Lameiras que se había convertido ya en libro, y por aquel entonces estaba en prensa (Lameiras 1985). Tuvo algunos problemas su aparición, como una consulta del gobierno del estado de Michoacán acerca de a quién se refería el título *Los déspotas armados*. Una vez aclarado con el subtítulo *Un espectro de la guerra prehispánica* pudo ver la luz en El Colegio de Michoacán en 1985. Una de las cosas interesantes que postula, en lo que coincide con Armillas, es en "La guerra que descubrió la guerra..." que es la conquista española:

> La decisión cortesiana de emprender con la violencia de las armas la conquista y sujeción de las tierras del

> extremo yucateco dio inicio en varios órdenes a una de las más valiosas y completas informaciones sobre el desarrollo del arte de la guerra entre civilizaciones antiguas como la de Mesoamérica. (Lameiras 1985: 23).

Claro que esta opinión ha encontrado detractores que piensan que fue una guerra especial. Lameiras basa gran parte de su análisis en los vocabularios. En el transcurso de sus páginas va apareciendo su opinión:

> Debido a la complejidad administrativa que supuso el llamado "imperio mexica", el poder estaba controlado por un grupo considerable de funcionarios encabezados por un linaje de tlatoanis déspotas cuya sede de gobierno se asentaba en el corazón de un territorio dominado por una civilización hidráulica. (Lameiras 1985: 139).

> La amplitud y complejidad de la organización de los funcionarios administrativos, que implicó una nueva disposición del asentamiento urbano según especialidades y el mantenimiento de una crecida población no dedicada a la producción de alimentos, parece no haber sido posible sin el apoyo de los bienes allegados por las acciones de guerra. La intensificación del culto a Huitzilopochtli, dentro y fuera de Tenochtitlan, su frecuente acompañamiento de sacrificios —entonces con la novedosa variedad del sacrificio gladiatorio sobre la piedra del *temalacátl*— y la institucionalización del adiestramiento militar en el *Calmecac* y en el *Telpochcalli*, no indican otra cosa que la preeminencia que la guerra y la posición de fuerza que los militares alcanzaron con Moctezuma Ilhuicamina. No obstante todo ello hay que tener en cuenta que detrás de esa situación, más que establecerse un grupo oligárquico militar, se iba estructurando un Estado con un poder prácticamente absoluto, un despotismo que alcanzaría su momento culminante con el joven Moctezuma. (Lameiras 1985: 146).

> Debido a la guerra y al control del ejercicio de la violencia y de la represión, el Estado mexica dominó los

> puestos públicos y sin necesidad de apropiarse totalmente de ellos, señoreó en los medios de producción, como la tierra, el agua y sus productos. No resulta incongruente relacionar la acción militar con las medidas políticas que dispusieron la entrega del control territorial en manos de caciques pro-militares y la perpetuación en el poder de las élites favorables a los guerreros.
>
> La guerra y el Estado en Mesoamérica —al menos el tipo de Estado militarista que existía a la llegada de los conquistadores españoles en el altiplano central— tuvieron íntima relación. La conquista, la dominación de la población, de su territorio y la formación de una estructura compleja de funcionarios, incluido el ejército regular, implicaron necesariamente un mayor orden, asistencia recíproca e integración social que coadyuvó a configurar un nuevo Estado que redundó, a su vez, en la proyección y fuerza de un ejército profesional bajo su exclusivo control. No es difícil suponer que con todas esas bases para el fortalecimiento del Estado, se condicionaran las maneras de fortalecer la sociedad: una más marcada clasificación social y por la enajenación de ella, de su organización e integración en actividades productivas, de intercambio, políticas y militares.
>
> A pesar de los resultados destructivos que en muchos sentidos tuvo la guerra en el México prehispánico, no puede negarse que fue un formidable activador de la economía, de la integración de regiones productoras diferenciadas, de mercados, de urbanización, de expansión y cambio cultural. En este último sentido habría que mencionar tanto la propagación de prácticas, usos y costumbres civiles, como la adopción de patrones militares para defenderse de los grupos hostiles. (Lameiras 1985: 159-160).

Resulta interesante ver cómo, aunque el objetivo principal es estudiar la guerra, uno de los elementos más aplicados a los aztecas, esta se va imbricando con otros aspectos de la sociedad hasta ser indisociables. De la misma manera, no podemos estudiar la estructura política sin acudir a la guerra o mejor, a las guerras que fueron conformando la unidad territorial.

> El amplio territorio que los mexica controlaron por medio de la violencia organizada llevó a la complejización administrativa: las posesiones territoriales estratégicas hicieron necesario establecer guarniciones, grupos de pobladores, administradores y aún de centros religiosos. La guarda de las fronteras, el mantenimiento de rutas de comunicación y de mercados, de centros de aprovisionamiento de materias primas y de concentración de tributos llevó a tal eficiencia y precisión como la que atestigua la velocidad con la que Moctezuma II fue informado de la llegada de "hombres blancos y barbados" a las costas yucatecas apenas unos días después de este suceso.
>
> En síntesis, la guerra llevó al desarrollo de un Estado del que dieron cuenta los invasores iberos en el centro de Mesoamérica desde los inicios del siglo XVI. Este Estado difícilmente se puede explicar sin el uso de la violencia en su exterior. A través de ella se logró controlar un territorio, una integración económica, una estructura social y una formación sui generis en la que la milicia, la "burocracia" agroadministrativa e hidráulica, los comerciantes, los sacerdotes, el sistema educativo y la ideología "nacional" se estructuraron y relacionaron bajo el control del Estado. (Lameiras 1985: 161-162).

Coincidieron en el tiempo de sus presentaciones y en sus ideas. Buscando entre líneas, en las cartas de Cortés —primadas aquí sobre otros relatos de la conquista— encontramos muchas noticias de la estructura y funcionamiento del imperio. Y no solo en la segunda carta, sino en la tercera, en el relato de las actividades entre la Noche Triste y el comienzo del asedio (más o menos once meses), donde la actividad política provincial brilla intensamente y muchos pueblos "se dieron de paz a los españoles", como quizá habían hecho antes con los mexica.

En 1985 vió la luz *Trade, tribute and transportation. The sixteenth century political economy of the Valley of Mexico* ["Comercio, tributo y transporte. La economía política del valle de México en el siglo XVI"], de Ross Hassig, que tiene versión castellana en Alianza Mexicana y el gran mérito de dividir la obra en dos partes relacionadas: el prehispánico y la colonia. Es un libro lleno de buenas ideas e interesantes desafíos, como la red de caminos, la organización de los cargadores y la evolución de la población colonial. El capítulo cinco se llama *The political structure and the economic reorganization of Central Mexico* (Hassig 1985: 85-126) ["La estructura política y la reorganización económica del México central"]. Discute las descripciones del imperio y critica la excesiva dependencia que han tenido del modelo de Clausewitz, en el que los imperios, para ser tales, requerían un ejército permanente, control de los territorios conquistados y guarniciones. Hemos visto ya con Davies algo de esto. Propone una alternativa:

> THE HEGEMONIC EMPIRE
>
> Rather than viewing the Aztec empire as a deficient political entity, as the traditional approach requires, an alternative perspective displays the data in a better light. In reanalyzing the Roman Empire, Edward Luttwak[13] has presented several alternative imperial models, the earliest of which, the Julio-Claudian system, is applicable to the Aztecs. Under this system the empire was one of hegemonic expansionism. The Roman Empire did not fortify and man the frontier. Rather, beyond their nuclear zone of direct control [the territorial empire] lay two zones of diplomatic control, an inner one composed of client states and an outer one composed of client tribes. Unlike the passive true buffer states, the client states actively supplied auxiliary troops and provided peripheral security against "low-intensity" threats. Roman troops were deployed as a field army, available to meet threats rather than being tied to territorial defense. The army was defensive, aimed at internal unrest. The empire was one of political rather than territorial control, buttressed by the threat rather than the presence of

Roman military might, thus achieving great economy of force:

> By virtually eliminating the burden of maintaining continuous frontier defenses, the net "disposable" military power generated by the imperial forces was maximized. Hence, the total military power that others could perceive as being available to Rome for offensive use -and that could therefore be put to political advantage by diplomatic means- was also maximized. Thus the empire´s political military power could be converted into actual political control at a high rate of exchange.[14]

While the similiarities between the Romans and the Aztecs can be overstated, they did share certain characteristics: (1) expansion of political dominance without direct territorial control, (2) a focus on the internal security of the empire by exercising influence on a limited range of activities within the client states, and (3) the achievement of such influence by generally retaining rather than replacing local officials. Because their imperial concerns were limited, maintenance of the empire was achieved with great economy of force, local resources being relied on for local security and order. The Aztec army did not have to maintain a presence. It was mobilized only for further conquests, rebellions, and other major disruptions. In lesser matters the threat of its inexorable presence was sufficient to achieve the compliance of the clients. In such a system a standing army, garrisons, and fortifications take on a different significance from that in a territorial empire. By adopting this alternative model, the heretofor "inadequate" pivotal characteristics of the Aztec empire can be profitably analyzed.

Aztec expansion was neither continuous nor smooth but punctuated by revolts and reconquest (see table 5.1), usually following the succession of a new ruler. However, the Aztecs did engage in successful imperial expansion,[15] and there was at least some internal cohesion.

13. Luttwak 1976
14. Luttwak 1976:19
15. Gibson 1971: 378-380; Holt 1979

(Hassig 1985: 92-94).

[El imperio hegemónico

Más que ver la Imperio Azteca como una entidad política deficiente, como requiere la idea tradicional, una perspectiva alternativa despliega los datos de mejor manera. Al reanalizar el Imperio Romano, Edward Luttwak[13] ha presentado algunos modelos imperiales alternativos, el más temprano de los cuales, el sistema Julio-Claudiano, es aplicable a los Aztecas. Bajo este sistema el imperio era del tipo de expansionismo hegemónico. El Imperio Romano no fortificaba ni se ocupaba de las fronteras. Es más, más allá de su zona nuclear de control directo (el imperio territorial) había dos zonas de control diplomático, una interior compuesta de estados clientes y una exterior compuesta de tribus clientes. A diferencia de los pasivos estados tapones verdaderos, los estados clientes activamente proporcionaban tropas auxiliares y proporcionaban seguridad periférica contra amenazas "de baja intensidad". Las tropas Romanas eran desplegadas como un ejército de campaña, disponible para enfrentar amenazas más que para estar ligado a la defensa territorial. El ejército era defensivo, orientado a disturbios internos. El imperio era del tipo de control político más que territorial, apoyado en la amenaza más que en la presencia del poder militar romano, obteniendo así gran economía de fuerzas:

> Por la virtual eliminación de la carga de mantener continuas defensas fronterizas, el poder neto "disponible" generado por las fuerzas imperiales era maximizado. Así, el poder total militar que los otros percibían como disponible por Roma para usos ofensivos -y que podía ser convertido en ventajas políticas por medios diplomáticos- era también maximizado. Así el poder militar político del

imperio podía ser convertido en control político real en una tasa de cambio muy beneficiosa.[14]

Aunque las similitudes entre los Romanos y los Aztecas pueden ser exageradas, comparten ciertas características: (1) la expansión del dominio político sin control territorial directo, (2) interés en la seguridad interna del imperio ejerciendo influencia en una limitada serie de actividades en los estados clientes, y (3) la consecución de tal influencia generalmente reteniendo más que reemplazando a los dirigentes locales. Dado que estos intereses imperiales eran limitados, el mantenimiento del imperio era conseguido con gran economía de fuerzas, dejando los recursos locales para la seguridad local y el orden. El ejército Azteca no tenía que estar presente. Era movilizado solamente para otras conquistas, rebeliones, y otros disturbios importantes. En materias menores la amenaza de su inexorable presencia era suficiente para lograr la conformidad de los clientes. En tal sistema un ejército permanente, guarniciones y fortificaciones tenían un significado diferente que en un imperio territorial. Adoptando este modelo alternativo, las hasta aquí "inadecuadas" características básicas del imperio azteca pueden ser beneficiosamente reanalizadas.

La expansión azteca no fue continua ni tranquila, sino salpicada por revueltas y reconquistas, usualmente a continuación de la sucesión de un gobernante. Sin embargo, los Aztecas se embarcaron en una expansión imperial exitosa[15], y había al menos alguna cohesión interna].

Pasa revista al ejército, a las fortificaciones, las guarniciones, la logística y el control interno tomando como foco la economía, que es el tema de su libro. El capítulo se completa con el tributo y el comercio.

En 1988 y en la misma editorial tenemos una gran ampliación de lo visto en *Aztec warfare. Imperial Expansion and political control* ["La guerra azteca. Expansión imperial y control político"], donde propone una visión más emic, aunque en el primer capítulo repite prácticamente lo que hemos leído. Una novedad es que algunos lugares conquistados se integraban en el imperio y otros no. Para nosotros, lo malo es que apenas hay nada de control político en el libro (Hassig 1988: 256-261), pero al menos nos facilita los medios para que hagamos el trabajo. En la p. 257 dice que las guerras entre tributarios existían y que eran toleradas porque no afectaban las relaciones con los aztecas, asunto en el que no estamos de acuerdo. En la página siguiente dice que los aztecas paraban las guerras internas que no les beneficiaban, lo que ya es otra cosa: sí había intervención, aunque la forma de esta en ocasiones fuera la pasividad.

La saga de Hassig continuó en 1992 con *War and society in Ancient Mesoamerica* ["Guerra y sociedad en la Meosamérica Antigua"], donde hace un repaso de la guerra desde el formativo y en 1994 con *Mexico and the Spanish Conquest* ["México y la Conquista Española"] donde plantea ya que la conquista se debió a la dinámica interna de Mesoamérica, aunque en el capítulo de los inicios de la Colonia no sigue la pauta marcada por sus propias ideas. Curiosamente, coincidió en el tiempo con otra visión similar que es la de José Lameiras en *El encuentro de la piedra y el acero* (1994).

Encontramos en el capítulo introductorio, titulado *Mesoamerica and the aztecs* (Hassig 1994: 14-35) ["Meosamérica y los aztecas"] un resumen, tipo manual, de la estructura imperial:

> But what exactly did it mean to be conquered by the Aztecs? The most obvious consequence was having to pay tribute, which was the typical economy of Mesoamerican city-states. Although the crown, nobility and temples frequently held their own lands and labourers, most of their income was in the form of goods and labour paid as tribute by the commoner classes. In the case of an independent city-state, the king was the highest level in the tribute system, but once conquered, Aztec tributary demands were added, requiring the payment of additional goods and labour but operating through the local tribute

system. The Aztecs merely tapped into the existing system, positioning themselves at the top. This tribute payment was a net loss to the subject towns but conquest typically caused few other overt changes in the local society. Except in the case of recurrent rebellion, conquered rulers remained in place and exercised local control, which freed the Aztecs from the local administration and allowed them to continue their military expansion.

Local economic relations were left largely intact because the Aztec sought to maintain healthy local economies that were able to pay their new tributary obligations. Imperial tribute siphoned off wealth, which was a local net loss, but Aztec demands also stimulated local production and often expanded trade relationships to secure the goods required. Moreover, tributaries were now linked into an Aztec-dominated trade network dispersing rare and elite goods throughout the empire. As long as local rulers complied with Aztec wishes, leaving them in power was more efficient than replacing them. However, this system was constantly vulnerable to dissolution because it did not shift the loyalty of tributary populations from their traditional rulers to the Aztec kings.

Religious organizations solidly supported the Aztec state and its imperial aspirations, but religious conversion did not play a major role in Aztec imperial ideology. Wars were not primarily religiously motivated, although kings often manipulated religious mandates to further their aims. For example, the Aztec kings occasionally demanded labour and materials from both tributary and independent towns to help in the construction of temples to the gods; failure to comply meant war. The timing of these construction campaigns was decided by the king, not by priests or regular religious events, and the groups targeted tended to be in the direct line of existing Aztec expansion, strongly indicating the primarily political use of religious mandates rather than the opposite. Moreover, conquered towns did not suffer forced religious conversion and Aztec gods were not exported beyond the Valley of Mexico except by the occasional migration of the Aztecs themselves; even then, the local gods and their ceremonies were left intact.

However, not everything continued in conquered city-sates because Aztec domination caused major, even if unintentional, changes in the local political system. In most central Mexican polities, rulership did not descend in a fixed fashion, such as from father to eldest son. Mexican kings typically had multiple wives, numerous children and thus many potential successors. The selection of a royal successor was an issue internal to the kingdom, but who was chosen was greatly influenced by external ties. External as well as internal political support for a royal contender was crucial and the single most important factor in terms of the formal requirements for elegibility was his mother.

Intermarriage among allied rulers was common, with rulers giving their daughters as wives to other rulers, which added an important political dimension to the selection of a successor. Consequently, the successor was likely to be the son of the king by his most important wife - the daughter of the king´s most powerful ally. The pool of potential successors was determined by that kingdom´s rules of succession, but which among the various elegible candidates was actually chosen depended on the larger political context, and this was massively altered by the Aztec conquest. (Hassig 1994: 30-32).

[Pero ¿qué significa exactamente ser conquistado por los aztecas? La consecuencia más obvia era tener que pagar tributo, que era la economía típica de las ciudades-estado mesoamericanas. Aunque la corona, la nobleza y los templos frecuentemente tenían tierras propias y trabajadores, la mayoría de sus ingresos eran en forma de bienes y trabajo pagados como tributo por las clases bajas. En el caso de una ciudad-estado independiente, el rey era el nivel más alto del sistema tributario, pero una vez conquistada, las demandas tributarias aztecas eran añadidas, requiriendo el pago de bienes y trabajo adicionales, pero operando a través del sistema tributario local. Los aztecas simplemente intervinieron en el sistema existente, colocándose en la cima. Este pago de tributo fue una pérdida neta para las ciudades sometidas pero la conquista produjo pocos cambios manifiestos en la sociedad local. Excepto en el caso de una rebelión recurrente, los gobernantes conquistados permanecían en su lugar y ejercían el control local, lo que liberaba a los aztecas de la administración local y les permitía continuar su expansión militar.

Las relaciones económicas locales quedaban fundamentalmente intactas pues los aztecas buscaban economías locales ricas que fueran capaces de cumplir sus nuevas obligaciones tributarias. El imperio azteca trasvasaba la riqueza, lo que constituía una pérdida local neta, pero las demandas aztecas también estimulaban la producción local y a menudo expandían las relaciones comerciales para asegurarse las mercancías requeridas. Más aún, los tributarios estaban ahora ligados a una red de comercio dominada por los aztecas que distribuía mercancías raras y de elite por todo el imperio. Mientras los señores locales aceptaban los deseos aztecas, dejarlos en el poder fue más eficiente que reemplazarlos. Sin embargo, este sistema era constantemente vulnerable a la disolución porque no cambiaba la lealtad de las poblaciones tributarias de sus señores tradicionales a los reyes aztecas.

Las organizaciones religiosas soportaban sólidamente el estado azteca y sus aspiraciones imperiales, pero la conversión religiosa no jugó un papel principal en la ideología imperial azteca. Las guerras no eran principalmente motivadas por la religión, aunque a menudo los reyes manipularan los mandatos religiosos para cumplir sus objetivos. Por ejemplo, los reyes aztecas ocasionalmente solicitaron trabajo y materiales de pueblos tributarios y ciudades independientes para ayudar en la construcción de templos para los dioses; el no cumplirlas significaba la guerra. El momento de estas campañas "de construcción" era decidido por el rey, no por sacerdotes ni por acontecimientos religiosos regulares, y los grupos elegidos tendían a estar en la línea directa de la expansión azteca existente, indicando fuertemente el principal uso político de los mandatos religiosos, más que lo opuesto. Más aún, los pueblos conquistados no sufrían conversiones religiosas forzadas y los dioses aztecas no eran exportados más allá del Valle de México excepto por la ocasional migración de los mismos aztecas; incluso entonces, los dioses locales y sus ceremonias quedaban intactos.

Sin embargo, no todo continuaba igual en las ciudades-estado conquistadas ya que la dominación azteca causó importantes, incluso cuando no eran intencionados, cambios en el sistema político local. En la mayoría de las unidades políticas del México central, el gobierno no descendía en una forma fija, como de padre a hijo mayor. Los reyes aztecas generalmente tenían muchas esposas, numerosos hijos y así muchos sucesores potenciales. La selección de un sucesor real era un acto interno del reino, pero quién era elegido era muy influenciado por lazos externos. Que la política interna y externa diera apoyo a un pretendiente real era crucial y el factor único más importante en términos de los requerimientos formales para la eligibilidad era su madre.

El intermatrimonio entre los gobernantes aliados era común, con señores que daban sus hijas como esposas de otros señores, lo que añadía una importante dimensión política a la selección de un sucesor. Consecuentemente, el sucesor debía ser el hijo del rey con su esposa más importante —la hija de su rey aliado más poderoso. El grupo de potenciales sucesores era determinado por las reglas de sucesión del reino, pero cuál de entre los varios candidatos eligibles era realmente escogido dependía de un amplio contexto político, y esto fue masivamente alterado por la conquista azteca].

O sea, que sí hay modificaciones, pues la injerencia política es muy importante.

Dos artículos de José Luis de Rojas tienen que ver con el tema del Imperio. El primero de ellos "El control del granero del imperio y la consolidación del estado mexica" (Rojas 1987) toma como pretexto el tema de un congreso sobre almacenamiento para estudiar la secuencia de conquistas mexicas antes y después de la hambruna de 1451-54, encontrando que tras un largo periodo de paz en tiempos de Motecuhzoma Ilhuicamina, después de haber clarificado la situación en el centro de México en los primeros años de su gobierno, se lanza a realizar conquistas en las zonas agrícolas más ricas, como es Toluca, Chalco y la costa del Golfo, poniendo de manifiesto que más que una expansión planificada, las conquistas podían ser estimuladas por otros factores.

En "El Xoconochco: ¿una provincia aislada del Imperio?" (Rojas1989) encontramos el análisis de las causas que llevaron a los mexica a conquistar una región que estaba desvinculada territorialmente del resto del imperio, tal y como se ve en el mapa dibujado por Barlow. Se analiza la conquista desde el lado mexica y desde el lado guatemalteco, pues en diversas fuentes sobre los quichés aparecen noticias sobre las relaciones con los poderosos mexicas. En las conclusiones se afirmaba que la conquista no había sido un capricho de Ahuitzotl, sino que razones económicas y políticas la habían impulsado, apuntando diversas posibilidades de aclarar el "aislamiento":

> El asilamiento se debió, pues, a un fracaso militar. Otra posibilidad digna de estudio es que los pueblos de lo que Barlow llamó el "camino al Xoconochco" no aparezcan en las nóminas de tributos por tener cometidos diferentes. No tributarían en especie, sino en servicios, manteniendo abierta la ruta terrestre.
>
> Por otro lado, aunque las fuentes de tradición mexica

> no nos mencionan el hecho, las de tradición quiché nos señalan los intentos de Motecuhzoma II por dominar las regiones adyacentes al Xoconochco, posiblemente como medio de ampliar la zona cacaotera dominada y asegurarse la llegada de cacao más abundante y a mejor precio, como resulta de obtenerlo como tributo y no por medio del comercio. Desde esta óptica la conquista del Xoconochco uniría a su propia trascendencia la de haberse convertido en puerta para llevar el imperio a las tierras mayas. (Rojas 1989: 105).

Vemos que en esta época casi hay consenso en que no hay una estructura administrativa general, aunque sí tributaria. Armillas sería la excepción, con las dos misiones encomendadas a los mismos individuos. Tenemos alguna discusión de diferencias, algunas veces solventadas de forma curiosa, como Davies, y otras no contempladas o metidas en el modelo general y una convergencia en que la organización dependía de las ciudades-estado o sus señores. No se discute cuál era la organización de estas entidades y cómo la incorporaban al imperio. Hassig integra en un modelo algunos de los temas de discusión y nos hace reflexionar sobre la diversidad que puede ser en el espacio como él la presenta o en el tiempo (evolución: del Imperio o de lugares concretos). Aparece también el tema de las relaciones entre los lugares sometidos, cesando las hostilidades (Davies) o permitiéndose (Brundage y en cierta manera, Hassig) y nos encontramos con una vida autónoma casi insospechada en las conquistas de Cuauhnahuac (Smith).

Otro punto que tiene que ver con varios de los autores es el de la cultura de conquistadores y conquistados. Para Davies, era prácticamente la misma, y no había impacto en este aspecto. Otros insisten en que "no se modificaban las costumbres", lo que puede deberse a que eran básicamente las mismas. De nuevo hemos de señalar que hay que precisar de qué estamos hablando, pues unidades políticas distintas en una misma área no significa necesariamente culturas distintas, incluso si hablan distintas lenguas. Un ejemplo, Europa.

En definitiva, señores como eje de todo: desarrollo económico, estructura administrativa, familias gobernantes, etc., ligados, según el modelo de Hassig, a una entidad política no territorial. Estas ideas se verán ampliadas en la siguiente década, en la que se publican trabajos realizados durante estos años, y otro nuevos, en los que se van incorporando las nuevas ideas.

Capítulo VII
Los primeros 90[11]

A la hora de refundir los temas de los que proceden este capítulo y el siguiente, hemos preferido seguir un orden cronológico, para seguir fieles a la idea de estudiar la evolución del concepto de Imperio aplicado al centro de México. Otra opción podía haber sido el agrupamiento por autores, pero en algunos casos, eso rompería la secuencia de aparición de los temas a tratar. De la misma forma, aunque algunos trabajos sobrepasen en fecha de publicación a los del capítulo ocho, al haber sido entregados con anterioridad quedan mejor aquí.

Tenemos una nueva entrega de Zantwijk, esta vez en castellano (Zantwijk 1990), con un tema que debería recibir mayor atención, dado el fuerte componente *emic* que presentan la mayoría de los estudiosos de la cultura azteca: "El concepto del "Imperio Azteca" en las fuentes históricas indígenas".

> En las obras históricas de origen europeo que se refieren a las organizaciones políticas y gubernamentales de Mesoamérica prehispánica, casi siempre se describen las funciones del poder local y regional indígenas en términos de la práctica y de la tradición europeas. De esta manera se aplicaban conceptos prestados de los estados nacionales europeos o de sus antecedentes históricos, como por ejemplo, del feudalismo o de tiempos más remotos como la época de las culturas clásicas. Sin embargo, mediante este procedimiento no se ha podido explicar la esencia de los sistemas autóctonos mesoamericanos y al contrario se ha producido una enorme confusión que ha dado como resultado

11 En el curso había dos capítulos: "Los 90 en inglés" y "Los 90 en castellano" que han pasado a ser "Los primeros 90" y "El año admirable: 1996". Al primero correspondían las lecturas de Hicks 1992 y algunos capítulos de Berdan et al. 1996 y al segundo Kobayashi 1993 y la introducción y primeros capítulos de Carrasco 1996.

> discusiones poco fructíferas sobre el carácter verdadero de los estados indígenas del Nuevo Mundo.
>
> Vale constatar de antemano que ni el concepto europeo de nación, ni tampoco la idea tradicional europea del estado existieron en el México prehispánico. En ambas regiones culturales existían conceptos más o menos comparables respecto a la comunidad local y a las casas señoriales. Es decir, que en ambas civilizaciones, había una nobleza al lado de gente común que por una parte eran dependientes inmediatos y por otra grupos no directamente dependientes de las casas señoriales. Sin embargo esta comparación muestra sus limitaciones cuando entramos en los detalles de la práctica diaria. (Zantwijk 1990: 201)

Lo de la noción de "nación" requeriría más explicaciones. No creo que tengamos clara esa noción para gente del XVI, ni siquiera en Europa.

Advierte Zantwijk de la importancia del dualismo en Mesoamérica y pasa revista a los conceptos de "gobierno local comunal", es decir, *calpulli* y *tlaxilacalli*, como componentes fundamentales de los pueblos; "casa noble (*teccalli*)"; "tlahtocayotl" o "regimen real"; el concepto de "tripletrono", donde la estructura tripartita esta relacionada con las divisiones cósmicas de cielo, tierra e inframundo; el concepto de "culhuateucyotl"; el concepto del "dios patrocinador"; el concepto de "dominación económica militar", que se basa en cuatro aspectos fundamentales: *tequitl*, *coatequitl*, *tlacalaquilli* y *tianquizcayotl*: "Por medio de varias combinaciones de las organizaciones tributarias, del mercado, gremiales y militares el régimen azteca ejercía distintos grados de dominación en regiones diversas en todo el ámbito de las tierras mesoamericanas" (Zantwijk 1990: 207); el concepto de "integración religioso ceremonial supra-gubernamental", donde aparece la guerra florida.

> Resumiendo, se puede constatar que para los aztecas los conceptos fundamentales de su régimen se relacio-

naban íntimamente con las instituciones y organizaciones siguientes:

1. Con una familia real, dividida en dos linajes, uno de los *tlahtoque* y el otro de los *cihuacocoah* y con otras dos familias reales ligadas a la familia real tenochca por lazos de parentesco en las líneas maternas.

2. Con una ordenación jerárquica de *calpultin* y *altepemeh* dominada por el tripletrono azteca.

3. Con el mismo tripletrono y una división cuádruple del mundo relacionada con ello.

4. Con un sistema tributario y de trabajos forzados mantenido por la fuerza militar.

5. Con un aparato justicial que tenía el poder de ejercer la pena máxima.

6. Con el dios Huitzilopochtli y su culto en relación con una red de relaciones ceremoniales interregionales alrededor del templo principal de Quetzalcoatl en Chollullan y con fenómenos que pertenecían a esta esfera social y religiosa como por ejemplo la guerra florida que por su torno influenciaba a la movilidad social en la sociedad azteca. (Zantwijk 1990: 209)

Concluye diciendo que el régimen azteca tenía un carácter propio y que deja a los teóricos de las ciencias políticas decidir qué término le cuadra.

También en 1990 vio la luz en la UNAM (México) el libro de Druzo Maldonado *Cuauhnahuac y Huaxtepec (Tlalhuicas y Xochimilcas en el Morelos Prehispánico)*. Está dividido en cinco capítulos, que tratan del desarrollo histórico de la región en relación con el Valle de México, de la "Estructura político-territorial de Morelos en 1519", de la producción agrícola, el tributo y los mercados, para cerrar con unas conclusiones bastante extensas, en las que se resumen las de los capítulos.

En el capítulo dos analiza la estructura política, con una pormenorizada discusión de las fuentes. Sigue entre otros a

Gerhard, Gibson, Carrasco y Smith y encuentra en la región un "estado" sometido a Cuauhnahuac, además de la provincia del mismo nombre del *Códice Mendoza* y la *Matrícula de Tributos*. Localiza además los sujetos de Tetzcoco y Tlacopan en el área. El cuadro II.3.1.2 nos da los pueblos donde había *calpixque* mexica (16), mexica y acolhua (2), mexica, acolhua y tepaneca (1), acolhua (6), mexica y tepaneca (3), tepaneca (2), tepaneca y funcionario local (1). Esta idea de que haya calpixque de las distintas cabeceras en un mismo lugar es muy importante y debe ser tenida en cuenta para las descripciones de la estructura política. Lo cierto es que, como tendremos ocasión de ver, concuerda con otras interpretaciones que se venían gestando en la misma época. Las fuentes son las habituales: *Códice Mendoza* y *Matrícula de Tributos*, *Memorial de los pueblos*, *Lista de los pueblos sujetos a Tetzcoco*. Interesa extenderse en el resumen del capítulo:

> En conclusión, en este capítulo se ha manejado una gran cantidad de datos, listas de pueblos, sujetos, estancias y barrios que hemos recopilado sistemáticamente y presentado en cuadros y mapas. En base a ellos hemos hecho la reconstrucción de la estructura político-territorial del Morelos prehispánico, que constituye el núcleo de la presente investigación; sin embargo, a pesar de que pudimos reunir tal cantidad de nombres de lugares, quedan una serie de dudas a nivel de la interpretación de estos datos que no hemos podido resolver totalmente puesto que se derivan de la naturaleza de las fuentes mismas. Esto se refleja en la dificultad de encontrar una terminología apropiada para la jerarquía de unidades políticas, dificultad que hemos experimentado a lo largo de este capítulo. ¿Qué características corresponden a las categorías que se han manejado en este capítulo? La terminología y las categorías jurisdiccionales de cabecera-sujeto son introducidos por los españoles en el siglo XVI. Sin embargo, ¿corresponde la estructura de cabecera-sujeto colonial nítidamente a la del señorío prehispánico? ¿cómo funcionaban estos señoríos en la Tlalhuica prehispánica? ¿cuáles eran sus características socio-económicas y políticas, y qué

funcionarios se encargaban de organizar la producción y de mandar sobre los macehuales? Algunos de los aspectos socio-económicos, sobre todo, con referencia a la producción agrícola, al tributo y al comercio serán tratados en los siguientes capítulos. Con respecto a la estructura político-territorial hemos manejado la hipótesis básica a lo largo de este capítulo, que los pueblos-cabecera que reconocieron los españoles en la temprana época colonial, reflejaban la estructura prehispánica de los señoríos, es decir, que estos pueblos eran sedes regionales de la producción y del gobierno y que eran regidos por linaje de tlatoque. Sin embargo, estamos conscientes de que hubo una profunda reestructuración en las décadas inmediatamente después de la conquista, con la creación del Marquesado del Valle, y que algunos pueblos lograron temprano su reconocimiento de cabecera, que en la época prehispánica no habían constituido un señorío aparte. Esto, precisamente, es la problemática en torno a las cinco cabeceras tratadas fuera de Cuauhnahuac y Huaxtepec. La documentación colonial, a partir de Cortés, habla de siete cabeceras (Cuauhnahuac, Huaxtepec, Yauhtepec, Yacapichtlan, Tepoztlán, Totolapan y Ocuituco). ¿Eran todas ellas pueblos-tlatoque y es la existencia de un linaje tlatoani en 1519 prueba suficiente de la existencia de un señorío prehispánico? ¿se trata de los señoríos originales que existían en Morelos antes de la conquista mexica? Según lo indican las fuentes mexica, la *Matrícula de Tributos* y el *Códice Mendocino*, los mexicas crearon en el siglo XV en Morelos dos provincias tributarias que dieron una estructura política más firme a la región. Hemos visto en el capítulo primero, que aunque los otros dos poderes de la Triple Alianza también hicieron conquistas en Morelos en el siglo XV, los únicos que establecieron una provincia fueron los mexicas. Tetzcoco y Tlacopan no lograron una penetración suficientemente extendida: había salpicado en el área extensa de lo que hoy es Morelos, una serie de lugares donde residían calpixque tetzcocanos o tepanecas (véase mapa 17), pero esta penetración difícilmente se puede equiparar a la unidad territorial y administrativa de una provincia. Puede afirmarse que por medio de la conquista, los mexicas crearon una estructura político-territorial nueva, con sus provincias, en la cual se integraban los señoríos existentes con anterioridad. Posteriormente, con la conquista española se aniquilaron estas dos provincias como unidades mayores a nivel imperial. En el siglo XVI, según se ha estudiado en este capítulo, existen siete unidades (cabeceras); sin embargo, no tenemos datos suficientes para afirmar si estas siete unidades corresponden a señoríos existentes en la Tlalhuica anterior a la conquista mexica. El problema que se nos ha presentado a lo largo de este capítulo es cómo proyectar las categorías de la temprana época colonial hacia atrás y si se las puede identificar con las unidades básicas del periodo prehispánico.

En nuestros datos, muchas dudas acerca de la organización socio-política de estos señoríos quedan sin contestar. Lo que revelan las fuentes es, ante todo, la estructura territorial y administrativa, con las listas de pueblos sujetos y estancias. Estamos suponiendo que las jerarquías de dependencias que aparecen en las listas, reflejan en sí una estructura política-territorial que se había configurado a través del tiempo (en los señoríos prehispánicos y por medio de conquistas sucesivas). Se confirma plenamente en nuestros datos una circunstancia que se ha postulado, en general, para la sociedad indígena del Altiplano Central en vísperas de la conquista española, y es, la no contigüidad de los espacios políticos (cf. Carrrasco, Broda et al. 1976: et passim.; Carrasco 1978; Broda, 1985) Los señoríos no eran territorios cerrados ya que en una región convivían grupos étnicos, agricultores y artesanos que dependían políticamente de diferentes entidades estatales, a las cuales entregaban su tributo; así encontramos también en el Morelos prehispánico un territorio salpicado de diferentes lealtades políticas y grados de dependencia de una jerarquía de comunidades que iba desde los barrios, las estancias, hasta las cabeceras, ciudades-capitales y que, finalmente, tenía sus centros rectores en el siglo XV en el Valle de México. (Maldonado 1990: 112-114)

Una primera cuestión a destacar es el uso de la documentación colonial y cómo las investigaciones de la estructura política antes y después de la conquista son mutuamente dependientes. La segunda cuestión, para pensar, es la no aparición de estructura administrativa acolhua o tepaneca. ¿Era así realmente o no aparece por la naturaleza de las fuentes, pues no tenemos *Matrícula de Tributos* más que de Tenochtitlan? De hecho, como el mismo Maldonado nos ha mostrado, existían *calpixque* tanto de Tlacopan como de Texcoco en la región, y quizás cuando dispongamos de estudios similares para otras regiones, podamos constatar que ese patrón se repite, con lo que nos encontraríamos con una estructura similar a la de Tenochtitlan.

El libro es un excelente ejemplo de las posibilidades que los análisis locales tienen para comprender la totalidad del imperio, así como la dependencia que la interpretación de esos datos locales tiene de la visión general que estemos manejando.

Tenemos varios trabajos en el libro publicado por Herbert H. Harvey en 1991 y titulado *Land and politics in the Valley of Mexico. A two thousand year perspective* (Harvey 1991) ["Tierra y estructuras políticas en el valle de México. Una perspectiva de dos milenios"] que reúne doce ensayos de gran nivel. Dos de ellos tienen una relación directa con nuestro tema. El cuarto *The territorial structure of the Aztec Empire* ["La estructura territorial del Imperio Azteca"] de Pedro Carrasco (Carrasco 1991) y el quinto *Land and Lordship in the Valley of Mexico: the politics of Aztec provincial administration* ["Tierra y señorío en el valle de México: las políticas de la administración azteca provincial"] (Hodge 1991).

El trabajo de Carrasco es un anticipo del libro que comentaremos en el capítulo siguiente. Él plantea estudiar la estructura del imperio aprovechando las listas de posesiones de Tlacopan, que ya hemos leído, y de Texcoco, recogida entre otros por Motolinía. Define sus objetivos así:

> My purpose here is to move beyond the historical expansion of the Aztec Empire and to describe

the several ways in which subjugated areas were subordinated to it, with differing kinds of economic obligations and administrative controls. In some places, such as the Valley of Toluca, part of the native population was exiled and replaced with settlers from the Valley of Mexico; colonies were also established as enclaves in strategic locations such as Oztoman on the Tarascan frontier, and Huaxyacac in the Central Valley of Oaxaca. In contrast, most defeated states maintained their own rulers, some of whom entered into marital alliances with the Tenochca dynasty and kept their internal autonomy. The main consequence of conquest in these cases was the payment of tribute. While each of the three allied powers of Tenochtitlan, Tetzcoco and Tlacopan controlled a sizable area close to its capital, each also has dependencies within the territories of the others an all three shared the revenues from certain tributary regions according to a variety of arrangements. As Gibson (1971: 391-92) pointed out, "a single town was subject to many service and tribute demands, and its leaders received tribute from many other towns as well"; further, "because of the way in which lands were subdivided, two towns could pay "tribute" to each other." This resulted in the discontinuity of a town´s ruler´s territories and their intermixing with those of other town or rulers. All this must be taken into account in analyzing the territorial structure of the Aztec Empire. (Carrasco 1991: 94-95)

[Mi propósito aquí es ir más allá de la expansión histórica y de la extensión geográfica del imperio azteca y describir las diferentes maneras en las que las áreas subyugadas se subordinaban a él, con diferentes tipos de obligaciones económicas y controles administrativos. En algunos lugares, como el Valle de Toluca, parte de la población nativa fue exiliada y reemplazada con colonos del Valle de México; también se establecieron colonias como enclaves en lugares estratégicos como Oztoman en la frontera tarasca y Huaxyacac en el valle central de Oaxaca. En contraste, la mayoría de los estados derrotados mantuvieron sus propios señores,

> algunos de los cuales entraron en las alianzas matrimoniales de la dinastía tenochca y conservaron su autonomía interna. La consecuencia principal en estos casos era el pago del tributo. Al mismo tiempo que cada uno de los tres poderes aliados de Tenochtitlan, Tetzcoco y Tlacopan controlaban considerables áreas cerca de sus capitales, cada una tenía también dependientes dentro de los territorios de los otros y los tres compartían los ingresos de ciertas regiones tributarias de acuerdo a diversos arreglos. Como Gibson (1971: 291-92) ha señalado, "una sola ciudad era sujeto de muchas demandas de servicio y tributo, y sus líderes recibían tributo de muchos pueblos también"; y más "debido a la forma en que las tierras eran subdivididas, dos ciudades podían pagar ´tributo´ cada una a la otra". Esto resultó en la discontinuidad de los territorios del señor de una ciudad y en su mezcla con los de las otras ciudades o señores. Todo esto debe ser tenido en cuenta al analizar la estructura territorial del Imperio Azteca].

La importancia de los documentos que usa estriba para Carrrasco en que aparecen los lugares clasificados en distintas categorías políticas y de obligaciones tributarias:

> Thus we can distinguish among: (1) a series of subordinate towns with their own kings that were subject to the great king of their capital city; (2) the immediate rural area in the district of each capital; (3) villages beyond the territory of the capital, without kings of their own, that were administered by stewards and had heavy service and tributary obligations to the capital; and (4) conquered, distant towns that paid tribute to all three capitals of the empire. (Carrasco 1991: 95-96)
>
> [Así, podemos distinguir entre: (1) series de ciudades subordinadas cada una con su propio rey que estaban sujetas al gran rey de la capital; (2) el área rural inmediata en el distrito de cada capital; (3) pueblos más allá del territorio de la capital, sin reyes propios, que eran administrados por mayordomos y tenían pesadas obligaciones tributarias y de servicio con la capital; y (4)

ciudades conquistadas, distantes, que pagaban tributo a las tres capitales del imperio].

Afirma que los folios 17v y 18r del *Códice Mendoza* indican por su formato que se trata de lugares con un status político y tributario diferente. En los documentos tributarios no se ven pueblos con sus reyes sujetos a Tenochtitlan en la forma que aparecen para Texcoco y Tlacopan, pero sí lo hacen en otras fuentes, y sabemos que en algunos casos eran miembros de la dinastía tenochca, como Huitzilopochco, Olac Xochimilco, Azcapotzalco Mexicapan, Tenayocan, Ecatepec y Tula (Carrasco 1991: 100). Más adelante (Carrasco 1991: 102 dice que la provincia de Acolhuacan contiene los tributarios de Tenochtitlan en esa región, entre los que no están las ciudades principales. Cree que había tres organizaciones tributarias separadas y que los tributos que aparecen en la *Matrícula de Tributos* son solamente los de Tenochtitlan, que llegaban a la capital (Carrasco 1991:103). Una extensa discusión sobre las guarniciones, corrigiendo algunas localizaciones de Barlow y Zantwijk sigue.

> All three parts of the alliance included different categories of territory that reflected the political status of their inhabitants and in which different tributary obligations and types of land tenure were prevalent. These can be summarized as follows:
>
> 1. The capital city, ruled by a great king and including both an urban nucleus and a rural district, was the seat of the ruler and high officials, the ceremonial center, and the residence of large numbers of craftsmen and merchants.
>
> 2. Subordinate towns in neighboring areas were ruled by lesser kings, who were members of the dynasty of the capital, allied by marriage to its ruler, or both. These towns has their own rural districts, and their kings participated in the high councils of government of each of the three realms. Their social composition was similar to that of the capitals, and they gave specialized tribute and services to the high king of the

capital, such as military service, building supplies, and construction work.

3. Villages and rural areas in the Valley and some surrounding areas were managed by stewards of the great kings. Some were in the rural area of the capital´s district; others im more distant areas. These places served as major suppliers of staples and labor services for the capital. In these areas, the kings of the three capitals and of subordinate towns, as well as other magnates, also held estates.

4. More-distant areas conquered by the empire basically kept their own political organization but were required to pay tribute, distributed among the three capitals. The "provinces" established for tribute collection were geographically and politically different from the underlying native political units, most of which had their own rulers. In each tributary provinces there was a head steward, or tribute collector, helped by lesser stewards under him. The tribute to be paid in agricultural produce was grown in special fields devoted to this purpose. New settlers from the center of the empire were established in some conquered areas.

5. Colonies of people from the Valley of Mexico settled in places within distant, conquered territories and on the frontiers of the empire that functioned as military garrisons. The sites of some of these garrisons are also included in the lists of localities of a given tributary province, but the garrisons themselves had a separate status because of their military responsabilities and were under military governors. The native population of some areas also acted as military allies, providing military help and supplies as their form of tribute.

This political-territorial structure could be discussed in much more detail, and the history of imperial expansion has also to be analyzed in terms of the growth of this structure. The material presented here suffices to point out some of its features as to territorial distribution and also the manner in which the natural resources of the empire were exploited. (Carrasco 1991: 110-111)

[Las tres partes de la alianza incluían diferentes categorías de territorios que reflejaban el status político de sus habitantes y cuáles de los diferentes tipos de obligaciones tributarias y de tenencia de la tierra eran predominantes. Esto puede ser resumido como sigue:

1. La ciudad capital, gobernada por un gran rey y que incluía tanto un núcleo urbano como el distrito rural, era la sede del gobernante y los altos cargos, del centro ceremonial, y la residencia de gran número de artesanos y comerciantes.

2. Las ciudades subordinadas y las áreas cercanas eran gobernadas por reyes menores que eran miembros de la dinastía de la capital, aliados por matrimonio con su señor, o ambas cosas. Estas ciudades tenían sus propios distritos rurales, y sus reyes participaban en los altos consejos de gobierno de cada uno de los tres reinos. Su composición social era similar a la de las capitales, y daban tributo especializado y servicios al gran rey de la capital, tales como servicio militar, materiales de construcción, y trabajo en la misma.

3. Los pueblos y las áreas rurales en el Valle y en algunas zonas de los alrededores eran dirigidos por mayordomos de los grandes reyes. Algunos estaban en el área rural del distrito de la capital; otros en zonas más distantes. Estos lugares servían como suministradores principales de alimentos y trabajo para la capital. En estas áreas, los reyes de las tres capitales y sus pueblos subordinados, así como otros magnates, también tenían tierras.

4. Las áreas más distantes conquistadas por el imperio básicamente conservaban su propia organización política pero se les requería el pago de tributos, distribuidos entre las tres capitales. Las "provincias" establecidas para la recolección del tributo eran geográfica y políticamente diferentes de las unidades políticas

> nativas subyacentes, la mayoría de las cuales tenían sus propios gobernantes. En cada provincia tributaria había un mayordomo mayor, o recolector de tributos, ayudados por mayordomos menores que estaban a sus órdenes. El tributo en productos agrícolas que debía ser pagado era producido en campos especiales dedicados a este propósito. Nuevos pobladores procedentes del centro del imperio eran establecidos en algunas áreas conquistadas.
>
> 5. Colonias de gente del Valle de México se asentaban en lugares al interior de territorios conquistados distantes y en las fronteras del imperio y funcionaban como guarniciones militares. Los asentamientos de algunas de estas guarniciones también estaban incluidos en las listas de localidades de una provincia tributaria dada, pero las mismas guarniciones tenían un status separado debido a sus responsabilidades militares y estaban regidas por gobernadores militares. La población nativa de algunas áreas también actuaba como aliados militares, proporcionando ayuda y suministros militares como su forma de tributar.
>
> Esta estructura político-territorial puede ser discutida en mucho mayor detalle, y la historia de la expansión imperial debe ser analizada en términos del crecimiento de esta estructura. El material presentado aquí es suficiente para destacar algunas de sus características como la distribución territorial y también la manera en que se explotaban los recursos del imperio].

Concluye explicando someramente la explotación de los recursos y diciendo que el grado de integración era mayor de lo que se ha venido defendiendo.

Este texto formó parte del seminario sobre la estructura de la Triple Alianza que tuvo lugar en el INAH, en México, en 1986 y se presenta como un resumen preliminar de sus contribuciones al tema, que veremos detenidamente en el próximo capítulo (Carrasco 1996).

Hodge trata del status económico y político de los nobles

de entidades dentro del Valle de México que habían sido incorporadas al imperio, por conquista o alianza. Es muy interesante su análisis, basado fundamentalmente en documentos coloniales, de los tributos que recibían los señores locales y los nobles subordinados a ellos. Su análisis de la política y de los cambios producidos por la conquista mexica procede del libro que estudiamos en el tema anterior. Es interesante que leamos sus conclusiones (Hodge 1991: 134-135):

> We have observed changes in the positions of elites in polities in the Valley of Mexico that were conquered by, or formed alliances with, the Triple Alliance capitals -Tenochtitlan, Texcoco and Tlacopan. Over time, the rulers of the Triple Alliance states instituted policies that contributed to more-centralized control of economic and political activities of their dependent city-states. It appears that these changes affected the position of elites in these polities and were used by some city-states elites to promote their own interests. One such policy that directly affected local rulers was the assignement of income from fields in conquered city-states to elites from the Triple Alliance state centers. The empire´s reallocation of tribute-paying lands affected elites in dependent polities in two important ways.
>
> First, rulers who were allies of the Triple Alliance capitals were granted income-rendering fields outside their own city-state territories. Such grants not only enriched local rulers but also served the empire´s end, in that they separated rulers´ income-producing lands from their political domains, making local rulers economically less dependent upon the people they governed. More dependent upon the capital´s rulers for offices and income, they might be less constrained by local loyalties in carrying out policies from the capital to which local elites were opposed. Thus, while allied rulers gained from their alliance with Tenochtitlan or Texcoco, they also became dependent upon the capital´s rulers for their income.

Second, since city-state rulers and elites had controlled all labor and land in their territories before the empire´s tributary demands were imposed, grants of land to elites and institutions in the Triple Alliance centers decreased the local economic base of dependent states´s elites. In addition, while city-states rulers may have gained by receiving tribute from fields outside their city-state territories, some nonruling elites are reported to have lost their land and their incomes.

Another category of change within city-state dependencies of the Aztec Empire involved control of local elites´ acces to offices and the benefits of these offices. There is evidence that city-state political hierarchies in which offices were filled by local pipiltin changed after these polities´ incorporation into the Triple Alliance states. Some elites from dependent city-states who did not hold tlatoani offices appear to have lost political positions and the income attached to them. In other cases, the number of levels in city-state political hierarchies was reduced. Moreover, the functions of local officials are sometimes reported changed, so that they encompassed functions pertinent to imperial goals.

Additionally, individuals from Tenochtitlan rather than local elites were appointed to existing political offices in dependent city-states. Such appointments were yet another means by which imperial rulers could direct resources to elites in Tenochtitlan and Texcoco, and away from elites in dependent city-states. In other cases, new offices were instituted that were filled by Acolhua or Tenochca elites. These adjustments in administrative structures were a means by which the Triple Alliance centers could assume more-direct control over their nearby dependencies without exerting outright force. (Hodge 1991: 134-135)

[Hemos observado cambios en las posiciones de las elites en unidades políticas del Valle de México que fueron conquistadas o formaron alianzas con las capitales de la Triple Alianza -Tenochtitlan, Texcoco y Tlacopan. Con el tiempo, los señores de los estados de la Triple Alianza instituyeron políticas que contribuyeron a un control más centralizado de las actividades políticas y económicas de sus ciudades-estado dependientes. Estos cambios afectaron la posición de las elites en estas unidades políticas y fueron utilizados por algunas elites de las ciudades-estado para promover sus propios intereses. Una política tal que afectaba directamente a los señores locales era la asignación de ingresos de los campos en las ciudades conquistadas a las elites de los centros de la Triple Alianza. La redistribución imperial de las tierras para el pago de tributos afectó a los sitios dependientes en dos formas importantes.

Primero, los señores que eran aliados de las capitales de la Triple Alianza recibían campos que les producían beneficios fuera de los territorios de su propia ciudad-estado. Tales donativos no solamente enriquecían a los señores, sino que también servían para los fines del imperio, separando las tierras productoras de beneficio de los señores de sus dominios políticos, haciendo a los señores locales económicamente menos dependientes de la gente que gobernaban. Más dependientes de los señores de la capital para cargos y beneficios, estaban menos constreñidos por las lealtades locales para llevar a cabo las políticas de la capital a las que se oponían las elites locales. Así, mientras los señores aliados ganaban con sus alianzas con Tenochtitlan o Texcoco, también se hacían dependientes de los señores de las capitales para sus ingresos.

Segundo, ya que los señores y las elites de las ciudades-estado habían controlado todo el trabajo y las tierras en sus territorios antes de que las demandas tributarias del imperio fueran impuestas, la entrega de tierras a las elites e instituciones de los centros de la Triple Alianza disminuyó la base económica local de las elites de los estados dependientes. Además, mientras que los señores de las ciudades-estado pueden haber ganado recibiendo tributo de tierras de fuera de los territorios de sus ciudades-estado, se informa que algunas elites no gobernantes perdieron sus tierras y sus ingresos.

Otra categoría de cambio en las ciudades-estado dependientes del imperio azteca conciernen al control del acceso de las elites locales a los cargos y al beneficio de los mismos. Hay evidencia de que las jerarquías políticas de las ciudades-estado en los que los cargos eran ocupados por pipiltin locales, cambiaron después de su incorporación a la Triple Alianza. Algunas elites de las ciudades-estado dependientes que no eran tlatoanis parecen haber perdido sus posiciones políticas y los ingresos asociados a ellas. En otros casos, el número de niveles en las jerarquías de las ciudades-estado fue reducido. Más aún, se informa algunas veces de que las funciones de los cargos locales cambiaron, ya que asumían funciones pertinentes a los fines imperiales.

Adicionalmente, individuos de Tenochtitlan más que elites locales eran nombrados para ocupar cargos ya existentes en las ciudades-estado. Tales nombramientos eran otro medio por el que los señores imperiales podían dirigir recursos directamente hacia las elites de Tenochtitlan y Texcoco, apartándolos de las elites de las ciudades-estado dependientes. En otros casos, nuevos cargos eran establecidos para ser ocupados por las elites Acolhua o Tenochca. Estos ajustes en las estructuras administrativas eran medios por los que los centros de la Triple Alianza podían asumir un control más directo sobre sus dependientes cercanos sin ejercer directamente la fuerza].

En el punto uno, podemos comentar que este sistema que promete recompensas futuras liga el destino de estos señores a la suerte del imperio, comprometiéndolos de alguna forma en un "destino común". En el dos parece olvidar ahora Hodge la historia de la región, pues una vez más podemos estar ante un sistema no inventado por los mexicas ni impuesto por su expansión, sino ya existente. Hay beneficiados locales de la inclusión en el imperio e injerencia de las capitales en los asuntos provinciales. Ahora bien, ¿no eran las elites parientes? Se podría minimizar algo el impacto en las elites no gobernantes mediante estas alianzas que hacían que un individuo pudiera ser al mismo tiempo tenochca o acolhua y "local", o las tres cosas.

Como homenaje a Armillas, y continuación de la publicación de sus últimas conferencias en México, apareció un análisis de la organización del imperio (Rojas 1991a) en el que el punto fuerte es la estrategia post-conquista, dentro de la cual se analiza el tributo, las guarniciones, con especial atención a los conocidos folios 17v y 18r del *Códice Mendoza* y la organización política. Insiste en la necesidad de un equilibrio entre datos sincrónicos y diacrónicos y afirma que hay datos suficientes en las fuentes para "reconstruir la realidad del imperio mexica" (Rojas 1991a: 164).

> Comprobamos la existencia de una estructura administrativa compleja, con diferentes grados en los funcionarios, que nos pueden hacer presuponer una diferente procedencia social o local. Hay jerarquía en la administración del imperio y las misiones de los funcionarios no se limitan al cobro de tributo. Tienen cometidos militares, políticos o judiciales. El tributo se revela como algo más complejo de lo defendido hasta ahora, por cuanto los documentos "clásicos" no contienen una nómina de pueblos tributarios con expresión de lo que pagaban. Los pueblos son unidades administrativas en las que había calpixque, que tenían un ámbito de influencia, y los tributos son los que llegaban a Tenochtitlan, sin que hayamos resuelto si se trata de un "recibo" de lo efectivamente cobrado o de algo parecido a una "tasación". En el tributo, como en la administración en general, nos encontramos con un panorama complejo, en el que las variantes pueden deberse a costumbres locales, o a hechos como la resistencia a la conquista, la proximidad a zonas belicosas, el tiempo en el que fueron conquistados, o el número de rebeliones protagonizadas. Hay una flexibilidad, pero debe responder a unas "normas" que aún no conocemos. (Rojas 1991a: 164)

Otra entrega de Rojas (1991b) insiste en el impacto regional, con énfasis en las *Relaciones Histórico-Geográficas* y de nuevo la insistencia en situar cada dato en su lugar y tiempo, para poder realizar un estudio amplio en el tiempo y en el espacio. El papel de la nobleza provincial es destacado como punto clave para la comprensión de la estructura imperial. En la misma línea podemos situar la contribución a la edición del Manuscrito de Guatemala de Bernal Díaz del Castillo (Rojas 1992) en la que a través de las dispersas noticias que brinda el cronista se van entresacando temas generales y locales del imperio, como son las comunicaciones, la estructura del imperio, con la guarniciones una vez más y lo que podemos deducir de episodios como el de Cempoala, Cholula o la muerte de Motecuhzoma, para acabar defendiendo la utilidad de los relatos de los españoles que vieron el imperio funcionando:

> Cualquier descripción del imperio mexica que no contemple los testimonios de los únicos europeos que lo vieron en activo habrá de ser mirada con sospecha. Y para un tema que ahora está de moda, la organización de las provincias, las andanzas de aquellos aventureros, descritas por su capitán y por un soldado descontento con el papel que a él y a sus compañeros les estaba dando un historiador peninsular, son de inestimable valor.
>
> Gracias a Cortés, que se arrogó el mando, a López de Gómara que lo pregonó, y Bernal Díaz del Castillo que lo cuestionó, disponemos ahora de tres relatos que presentan analogías, coincidencias y contradicciones, pero que, respondiendo a las preguntas que acertemos a formular, nos permiten reconstruir la vida en la Nueva España cuando aún era el Anahuac (Rojas 1992: 285).

El artículo de Hicks (1992) que tomamos como lectura presenta un argumento muy interesante: la existencia simultánea de dos tipos de entidades: estados sujetos y provincias tributarias, como jerarquías separadas, como él mismo manifiesta en el resumen inicial (Hicks 1992: 1), en el que, además, pone las cosas en su sitio para comenzar y anuncia con claridad de qué va a tratar el artículo. Repasa la organización del Imperio y de los señoríos, entre la que destacamos la mención de que existían *tlahtocayotl* con más de un señor (Hicks 1992: 4), continúa con la política imperial, en la que vemos cómo la creación de nuevos *tlahtocayotl* por el imperio produce beneficiados y perjudicados. Se observa también en su descripción de los calpixque que aunque ha suprimido la palabra "governador" de las cabeceras, que aparece en el *Códice Mendoza*, afirma que la labor de los *calpixque* iba más allá de la recolección de tributos (Hicks 1992: 5). De hecho, niega que los *calpixqueh* tuvieran función de gobernador, pues para eso estaban los *cuauhtlahtoani* (Hicks 1992: 5-6).

Para describir el caso del Acolhuacan, se ve obligado a hacer unas reflexiones previas que sitúan la provincia dentro del conjunto de los códices tributarios. En ese análisis se perciben una serie de rasgos de gran interés que reflejan una situación similar a la que describe Carrasco (1996):

> The tribute province of Acolhuacan includes much of the region that was affiliated with the city of Tetzcoco. Following the head town, the tribute rolls list Huitzilan, Totoltzinco, Tlachiahualco, Tepechpan, Aztaquemecan, Teacalco, Tonanitlan, Cempoallan, Tepetlaoztoc, Ahuatepec, Tizatepec, Contlan, Ixquemecan, Matixco (probably Maquixco, according to Barlow 1949: 96), Temazcalapan, Tizayocan, Tepetlapan, Colyahualco, Tezoyocan, Tlacuilpan, Cuauhquemecan, Epazoyocan, Omeyalco, Cuauhyocan, y Ecatepec. Those places that can be located are all well to the north of Tetzcoco itself. Some are in the region without local *tlahtoque*, and the southernmost is Tepetlaoztoc. At least two of the towns listed —Tonanitlan and Ecatepec— were politically subject to Mexico; Tonanitlan was a dependency of Xaltocan and Ecatepec was a Mexica *tlahtoani* seat. The head town of the province is glossed "Acolhuacan" in the Mendoza and "Acolman" in the *Matrícula* and the *Información of 1554*. The glyph, an arm with water (*atl*) coming from its shoulder, is

a rebus for *acolli* (shoulder), and could denote either Acolhuacan (place of the shoulder people [*Acolhuah*] or Acolman (liyng shoulder, according to Leman 1938: 416). Barlow (1949) believes it refers to Coatlichan, whose ancient name was Acolhuacan, but I fail to see why so late a document should use so ancient name. The pictorials add the name of the *calpixqui* as "Acolmecatl", although a passage in the *Matrícula* has this writen over the crossed-out "Tezcocatl". I suspect the glyph refers to the province as a whole, not to any specific head town.

As an imperial tribute province, Acolhuacan presents a number of special problems that make it worth considering in more detail. (Hicks 1992: 6)

[La provincia tributaria de Acolhuacan inlcuye gran parte de la región que es afiliada a la ciudad de Tezcoco. Siguiendo a la cabecera, las listas tributarias enumeran Huitzilan, Totoltzinco, Tlachiahualco, Tepechpan, Aztaquemecan, Teacalco, Tonanitlan, Cempoallan, Tepetlaoztoc, Ahuatepec, Tizatepec, Contlan, Ixquemecan, Matixco (probablemente Maquixco, de acuerdo con Barlow 1949: 96), Temazcalapan, Tizayocan, Tepetlapan, Colyahualco, Tezoyocan, Tlacuilpan, Cuauhquemecan, Epazoyocan, Omeyalco, Cuauhyocan, y Ecatepec. Los lugares que pueden ser localizados están todos bien la norte del mismo Tezcoco. Algunos están en la región sin *tlahtoque* locales, y el más sureño es Tepetlaoztoc. Al menos dos de las ciudades listadas—Tonanitlan y Ecatepec— estaban políticamente sujetas a México; Tonanitlan era una dependencia de Xaltocan y Ecatepec era una sede *tlahtoani* mexica. La cabecera de la provincia es glosada "Acolhuacan" en el *Códice Mendoza* y "Acolman" en la *Matrícula* y la *Información de 1554*. El glifo, un brazo con agua (*atl*) saliendo del hombro, es un rebus de *acolli* (hombro), y puede denotar tanto Acolhuacan (lugar de la gente con hombro [*acolhuah*] o Acolman (hombro yacente, de acuerdo con Leman 1938: 416). Barlow (1949) cree que se refiere a Coatlichan, cuyo nombre antiguo era

> Acolhuacan, pero no acierto a ver por qué un documento tan tardío usaría un nombre tan antiguo. Las pinturas añaden el nombre del *calpixqui* como "Acolmecatl", aunque un pasaje de la *Matrícula* lo tiene escrito sobre el tachado "Tezcocatl". Sospecho que el glifo se refiere a la provincia como conjunto, no a ninguna cabecera específica.
>
> Como provincia tributaria imperial, Acolhuacan presenta una serie de problemas especiales que merecen considerarlos con más detalle].

Es un buen ejemplo de cómo la evolución de nuestros conocimientos nos puede ayudar a dilucidar dilemas como este. Como veremos en el capítulo siguiente, el entreveramiento de territorios permite aceptar sin problemas que haya una provincia mexica en "territorio" de Tezcoco, con lo que la provincia puede ser tranquilamente Acolman; los problemas a dilucidar cambian, la regularidad de la información tributaria de los códices se recupera y lo que sigue en el artículo puede no ser necesario. Como hemos visto, Carrasco (1991) tiene una opinión similar a la nuestra, aunque no discute la pertinencia del nombre "Acolhuacan".

Podemos añadir a la nota 5 (Hicks 1992: 8) que la madre de D. Pedro era señora de Tula, y su abuelo materno el señor local, por lo que la filiación para las reclamaciones es clara y, de hecho, en la Colonia tuvieron éxito.

Quizá lo más endeble del artículo es la explicación sobre la desaparición de los *calpixque*. Gente con tanto poder ¿desaparece de un plumazo? O como decía la relación de Atitlalaquia, en algunos lugares los *calpixque* se quedaron como señores.

En los reconocimientos vemos cómo Hicks ya tenía copias de los trabajos de algunos de los presentes en Dumbarton Oaks 1986 y menciona el libro como del "92", mientras que la mayoría de los mortales hemos tenido que esperar a 1996. La bibliografía nos ilustra sobre la división de la década: Hicks apenas cita trabajos en castellano y cuando lo hace son de autores de la órbita anglosajona generalmente, como Zantwijk o el propio Carrasco.

Aunque no estemos del todo de acuerdo con este artículo, hay que destacar la sugerente imagen de complejidad que presenta y la riqueza de fuentes utilizadas.

En 1992, Berdan y Smith publicaron *Arcahaeology and the Aztec Empire* ["Arqueología y el Imperio Azteca"]. Se preguntan si hay una arqueología del imperio azteca y revisan las tres razones que se han esgrimido para negarla: que como no había imperio real, no había nada de esto; que sí lo había pero no dejaba huella; y que no lo hemos buscado. Argumentan que la segunda (naturaleza del imperio) y la tercera son las razones para que no lo encontremos. La explicación que dan del imperio es básicamente la del libro colectivo ya mencionado, y concluyen que hay poca evidencia fuera del centro de México. No discuten la brevedad del mismo, ni la posibilidad de una cultura material común que haga difícil distinguir qué es azteca y que no. Aquí hay un excelente tema de reflexión. Algunas ideas relacionadas aparecen en nuestro artículo "Los azteca ¿cultura arqueológica o cultura con arqueología?" (Rojas 1994a).

Ya tuvimos ocasión de hablar de Kobayashi (1993) en el capítulo tres y ahora retomamos su obra, con el comentario del capítulo dos de su libro, titulado "Organización político-territorial de los señoríos de la Cuenca de México bajo la intervención mexica" (Kobayashi 1993: 51-69, más numerosos cuadros y mapas).

El título es muy parecido a algunos de Hodge que hemos visto en capítulos anteriores, pero el tratamiento es algo diferente. Coincide con algunos de los autores vistos en afirmar la importancia de la procedencia de las noticias y su ámbito de aplicación (Kobayashi 19993: 51). Continúa dando su opinión sobre el estado de la cuestión, que para poder comparar mejor con otras, transcribimos aquí:

> El estudio que realizó Barlow (1949) es un trabajo

> pionero en el tema de nuestro interés, aunque contiene algunas afirmaciones que deben ser corregidas. La imagen del imperio culhua-mexica propuesta por este autor, aceptada sin crítica hasta la fecha por varios investigadores, parte de una hipótesis equivocada. Barlow considera que la *Matrícula de tributos* y la segunda parte del *Códice Mendocino* relatan el sistema tributario de la Triple Alianza o el imperio azteca; mientras que, a nuestro juicio, estas dos fuentes nos proporcionan exclusivamente información relativa al sistema tributario impuesto por el *hueytlatoani* de los mexicas, el más poderoso de la Triple Alianza. (Kobayashi 1993: 51-52)

Utiliza las *Relaciones Histórico-Geográficas* para la localización de sujetos de los estados mencionados (Kobayachi 1993: 52), y encuentra que a veces forman un "complejo mosaico". Establece cinco tipos de relaciones entre los pueblos:

> 1)Independencia y de guerra. La relación entre Tenochtitlan y Tlaxcala ejemplifica este tipo.
>
> 2)Independencia y de alianza, como la que había entre Tenochtitlan y Texcoco.
>
> 3)Semidependencia, como en el caso de Acatlan. En esta circunstancia, la soberanía del *tlatoani* nativo de Acatlan era reconocida por el *hueytlatoani* de Tenochtitlan, aunque Acatlan tributaba voluntariamente a este último en señal de reconocimiento de su supremacía (PNE 5: 59-61)
>
> 4)Semidependencia. En este caso, el *tlatoani* nativo gobernaba su pueblo, pero se imponía un *calpixqui* de otro *tlatoani* más poderoso para cobrar los tributos obligatorios. Algunos pueblos enumerados en el Padrón de tributos de Moctezuma ejemplifican este tipo de relación.
>
> 5)Dependencia total. En este caso, la soberanía del *tlatoani* nativo era completamente negada y un gobernador militar o *cuauhtlatoani* nombrado por otro *tlatoani* más poderoso gobernaba el pueblo. También se ponía un *calpixqui*, y en algunos casos habían tierras llamadas

tlatocatlalli destinadas para el *tlatoani* externo, donde trabajaban sus arrendatarios. (Kobayashi 1993: 53)

Algunas diferencias con la terminología habitual se deben a la traducción del japonés al castellano, como es llamar *Padrón de tributos de Moctezuma* a la *Matrícula de Tributos*. Es posible que la idea que a nosotros nos da la "semindependencia" no sea la misma que refleja el japonés, pues consideramos que mantener el señor propio es compatible con la dependencia del superior.

Más adelante, afirma que "Acolhuacan" es "Acolman" (Kobayashi 1993: 55) y al discutir la organización de Tlacopan afirma que Zantwijk (1967) fuerza los datos (Kobayashi 1993: 55), afirmación con la que estamos de acuerdo.

Relacionado con los tipos de dominio y la región elegida para el ejemplo (Acolhuacan-Acolman), sus conclusiones son:

> Es interesante observar que la mayoría de los calpixcazgos de la red de Acolman se distribuyeron en las faldas septentrionales del Cerro Gordo, donde se mezclaban los pueblos que dependían de Texcoco y los que dependían de Tenochtitlan. Texcoco iba perdiendo influencia en esta región, ante la intervención de los mexicas. Esta región estuvo bajo el control de los señores de Texcoco después de la caída de los otomíes de Xaltocan que habían establecido la hegemonía en esta región (Nazareo de Xaltocan 1939-1942).
>
> El análisis arriba desarrollado demuestra las evidencias de la intervención mexica en la región oriental de la cuenca de México, es decir, en la llamada provincia Acolhua. En vísperas de la llegada de los españoles, encontramos cuatro tipos de pueblo en esta región.
>
> 1)Pueblo con su propio *tlatoani*: Teotihuacan y Otompan en el valle de Teotihuacan. Huexotla, Coatlichan, Chimalhuacan y Chiconauhtla en la orilla lacustre del lago.
>
> 2)Pueblo con su propio *tlatoani* y con el *calpixqui* enviado por los *hueytlatoque* de Tenochtitlan: Acolman, Tepechpan y Tepetlaoztoc.
>
> 3)Pueblo sin *tlatoani* propio y con un *calpixqui* enviado

> por el *hueytlatoani* de Texcoco: Coatepec y Ixtapaluca en el sur y Tepepolco y otros pueblos en el valle de Apan.
>
> 4)Pueblos sin *tlatoani* propio y con un *calpixqui* enviado por el *hueytlatoani* de Tenochtitlan. Existe la posibilidad de que en los pueblos de este tipo, situados en las faldas del Cerro Gordo, o sea en el Valle de Pachuca y en el de Teotihuacan , hubiera otros *calpixque* enviados por Texcoco. (Kobayashi 1993: 62)

Con otras palabras, tenemos aquí tanto los lugares con varios *calpixque* que hemos visto en Maldonado (1990), como los territorios entreverados de Carrasco y la coexistencia de administración local e imperial de Hicks (1992). Los mimbres están claros, aunque aún varíen los cestos.

Kobayashi (1993: 64-65) da una explicación distinta a la de Zantwijk del caso de Tollan:

> El caso de Tullan ilustraría esta relación diplomática entre Tlacopan y Tenochtitlan. Es decir, Ixtlilcuechahuac, hijo de Axayacatl y su esposa (hija a su vez de un noble de alto rango de Tullan) ocupó el trono de Tullan (Chimalpahin 1965: 215). De esta manera, el *hueytlatoani* de Tenochtitlan reconocía la condición privilegiada del *tlatoani* de Tullan. Concedía, por ejemplo, una "zona libre", donde el *hueytlatoani* de los mexicas no iba a intervenir. Esta "zona libre" de Tullan era quizá menos extensa que el señorío de Tullan, según lo delimita el Códice Osuna. Asimismo, no estamos seguros de que los 20 pueblos sujetos de Tollan mencionados en el *Códice Chimalpopoca* (folio 64) fueran los pueblos de esta "zona libre" de Tullan. (Kobayashi 1993: 65)

Concluye manifestando la necesidad de hacer estudios comparativos de las distintas fuentes, insistiendo nuevamente en la necesidad de determinar a qué lugar o periodo se refieren. Menciona también el carácter parcial de la *Matrícula de Tributos*, que se refiere solamente a Tenochtitlan y termina refiriendo los cuatro puntos principales de la organización político-territorial que ha analizado en su trabajo.

Un ejemplo de la riqueza que supone para los estudios de conjunto del Imperio el análisis de lugares concretos es el trabajo de Hicks sobre Xaltocan (Hicks 1994a). Utilizando fundamentalmente información local nos describe la población bajo la hegemonía mexica y nos presenta sus lazos con el Acolhucan. Es interesante citar los últimos párrafos:

> The region was taken to add to the hinterland directly dependent on Mexico (i.e. Tenochtitlan and Tlatelolco), and tribute was given to both cities. The picture we obtain, though certainly incomplete, indicates a population primarily of peasants, under the general command of a *teuctlahto* -or, to judge from the *Codex Mendoza*, of a pair of them. There is no evidence for any other landholding noble establishments in Xaltocan itself, but some of the other communities in the area, such as Xoloc, evidently had their own *teuctlahtoqueh*. This negative evidence is hardly conclusive, however. There is, for example, no mention of *calpixqueh* or *tequitlahtoqueh* (tribute collectors) either, though, they must surely have been there. Tribute and service may have been given directly to the royal palace of Tenochtitlan, but it si not clear who received it in Tlatelolco.
>
> What is curious are the statements, in other sources, that Xaltocan had some obligations to Tetzcoco. It suggests that not only did the king of Tenochtitlan have lands in areas politically subject to Tetzcoco, as we know from other sources, but the reverse may also have been true. Finally, the data show that Tlatelolco, despite its defeat in 1473, remained a significant politic-economic power, at least in the northern Valley of Mexico. (Hicks 1994a: 79-80)
>
> [La región fue tomada para añadirla al hinterland directamente dependiente de Mexico (es decir, Tenochtitlan y Tlatelolco) y el tributo se entregaba a ambas ciudades. La imagen que obtenemos, aunque ciertamente incompleta, indica una población principalmente de campesinos, bajo el mando general de un

> *tecuhtlato* —o a juzgar por el *Códice* Mendoza, un par de ellos. No hay evidencia de otros nobles terratenientes establecidos en el mismo Xaltocan, pero algunas de las otras comunidades en el area, como Xoloc, evidentemente tenían sus propios *tecuhtlatoque.* Esta evidencia negativa es escasamente concluyente, sin embargo. No hay, por ejemplo, mención de *calpixque* o *tequitlatoque* (recolectores de tributo) tampoco, aunque seguramente los hubo. El tributo y el servicio puede haber sido dado directamente al palacio real de Tenochtitlan, pero no está claro quien lo recibía en Tlatelolco.
>
> Son curiosas las afirmaciones en otras fuentes de que Xaltocan tenía algunas obligaciones tributarias con Tetzcoco. Sugieren que no solamente el rey de Tenochtitlan tenía tierras en áreas políticamente sujetas a Tetzcoco, como sabemos por otras fuentes, sino que lo contrario podía ser también cierto. Finalmente, los datos indican que Tlatelolco, a pesar de su derrota en 1473, permaneció siendo un poder político-económico significativo, al menos en el norte del Valle de México].

Dado lo disímiles que son las fuentes generales para las tres partes de la Triple Alianza es en la documentación local, como se ve en el artículo comentado y en el libro de Maldonado, donde podemos encontrar esa "realidad del imperio azteca" que Armillas perseguía.

Repitiendo protagonistas llegamos al libro de Mary Hodge y Michael Smith titulado *Economies and polities in the Aztec Realm* ["Economías y Entidades Políticas en el Reino Azteca"] (1994) que es un volumen colectivo procedente de un simposium llevado a cabo en el Congreso de Americanistas de New Orleans, 1991. De sus 478 páginas comentamos varios artículos. Por orden de aparición en el libro, el de Mary Hodge *Polities composing the Aztec Empire´s core* ["Entidades políticas que componían el corazón del Imperio Azteca"] (Hodge 1994) que constituye una nueva entrega de su tema de estudio donde combina material etnohistórico con excavaciones arqueológicas para profundizar en el conocimiento de los lugares sometidos cercanos a las capitales. Varios análisis locales basados en excavaciones arqueológicas y zonas donde tenemos códices, como Tepetlaoztoc, en los que aparece algo del imperio a nivel muy local, y con el número once, *Economic alternatives under Imperial Rule: the eastern Aztec Empire* ["Alternativas económicas bajo el gobierno Imperial: la parte este del Imperio Azteca"] de Frances Berdan (1994). La propuesta principal es que, aunque generalmente se dice que los aztecas en tierras lejanas se limitaban a ponerse a la cabeza del sistema local, en realidad hacían los cambios que les convenían. Por supuesto, utiliza ya el modelo de imperio resultante de la reunión de Dumbarton Oaks, que aparece aquí en prensa con fecha de 1994. Veamos un ejemplo de discusión de las fuentes y lo que de su uso se deduce:

> Upon conquest by the Mexica and their allies, a city-state was typically allowed to retain its traditional ruler(s) and noble-level integration into the imperial structure was solidified through marriage alliances, gift exchanges, and common participation in religious ceremonies and political events. In general, imperial interference in local affairs was minimal (see, for instance, Smith 1986; Berdan 1975). Alongside this locally-based traditional leadership system, a hierarchical tribute collection structure was imposed by the Aztecs in the conquered realms. Documentary support for such a structure comes primarily from the Spanish commentaries accompanying the *Codex Mendoza*: statements on some folios state that Mexica *calpixque* (tribute collectors) were placed in each town listed, and that a Mexica provincial governor presided over them.[10] The implication is that the various *calpixque* collected tributes from their respective localities, delivered them to the head tribute collector ("governor") at the provincial "capital", from whence they were delivered to the Mexica overlords. In the eastern empire, additional documentary information indicates that at least some of the towns in the tributary province of Tochtepec brought tribute to their local rulers, who took it to Tochtepec, from where it was

forwarded to the imperial center(s) (Papeles de la Nueva España 1905-1948: v. 5: 2, 5).[11] Also, Mexica calpixque were placed in Tepeacac and three of its associated towns (Tecalco, Cuauhtinchan and Acatzinco) after its conquest by Motecuhzoma I (Alvarado Tezozomoc 1975: 309), and Acolhua rulers reportedly installed tribute collectors in Tochpan, Tzicoac, and Tulancinco (Alva Ixtlilxochitl 1965: v. 2: 196-199). Additional details on the workings of the tribute system are less precise; usually the specific destination and process of tribute collection are not mentioned at all. Most likely, local rulers and imperial tribute collectors carried out their duties in a parallel but separate fashion. Tribute destined for imperial coffers was collected by imperial *calpixque*, tribute produced for the local *tlatoani* was organized by that leader and his own cadre of officials, who also handled local administrative affairs

The structure of tribute collection was somewhat complicated by the occasional shuffling of traditional headtowns by the conquering Mexica. There are some cases where the most important city-state of a province -in terms of size, hereditary leadership, military strength, and political and economic importance- is not the head town designated by the Mexica for tribute collection and imperial administration.

10. For example, the commentary accompanying the tribute account for the province of Acolhuacan reads as follows:

The lords of Mexico, after having conquered the twenty-six towns drawn and named on the following two pages, placed in each town *calpixques*, and in the principal one, a governor to rule over them, to maintain peace and justice, assure tribute payment, and prevent rebellion... [Codex *Mendoza*, 1992: f. 21r. Translation by the author].

The "governor", according to an earlier folio, is one called *petlacalcatl*. This was an office associated directly with overseeing tribute, probably in the imperial capitals (Sahagún 1950.1982: bk.8: 44). These statements in the Mendoza do not seem to refer to military or political governors such as the *tlacochcalcatl* or *tlillancalqui*.

11. According to Scholes and Warren (1965: 781), "In the

principal settlements of the province the Aztec rulers had placed officials who were responsible for the collection of tribute and exercised supervisory authority, subject to the superior jurisdiction of the military commander and the judges resident in Tuxtepec". Tochtepec was also a major center for *pochteca* who traveled long distances beyond the southern imperial frontier from various Basin of Mexico cities. Additional examples of provincial hierarchies are found in Hicks 1984: 238-239.

(Berdan 1994: 299)

[Tras la conquista por los Mexica y sus aliados, a una ciudad-estado se le permitía generalmente retener su(s) señor(es) tradicionales, y la integración en el nivel noble de la estructura imperial era solidificada a través de las alianzas matrimoniales, el intercambio de regalos, y la participación común en ceremonias religiosas y acontecimientos políticos. En general, la interferencia imperial en los asuntos locales era mínima (ver, por ejemplo, Smith 1986; Berdan 1975). Junto a este sistema de liderazgo basado en las tradiciones locales, se imponía una estructura jerárquica de cobro de tributos en los reinos conquistados. Apoyo documental para tal estructura viene principalmente de los comentarios en castellano que acompañan al *Códice Mendoza*: afirmaciones en algunos folios indican que *calpixque* (recaudadores de tributo) mexica eran situados en cada pueblo de las listas, y que un gobernador provincial mexica presidía sobre ellos.[10] La implicación es que los diversos *calpixque* recaudaban el tributo de sus respectivas localidades, lo entregaban al recaudador de tributo principal ("gobernador") en la "capital" provincial, de donde eran enviados la los señores supremos Mexica. En el imperio oriental, información documental adicional indica que al menos algunos pueblos de la provincia tributaria de Tochtepec entregaban tributo a sus señores locales, que lo llevaban a Tochtepec, de donde era enviado a los centros imperiales (Papeles de la Nueva España 1905-1948: v. 5: 2, 5).[11] También, *calpixque* mexica eran puestos en Tepeaca y tres de sus pueblos asociados (Tecalco, Cuauhtinchan y Acatzinco) después de su conquista por Motecuhzoma I (Alva-

> rado Tezozomoc 1975: 309), y se dice que los señores Acolhua instalaron recaudadores de tributo en Tochpan, Tzicoac y Tulancinco (Alva Ixtlilxochitl 1965: v.2: 196-199). Detalles adicionales del funcionamiento del sistema tributario son menos precisos; habitualmente el destino específico y el proceso de recaudación del tributo no son mencionados. Lo más verosímil es que los señores locales y los recaudadores imperiales de tributo llevaran a cabo sus tareas en una forma paralela pero separada. El tributo destinado a los cofres imperiales era recogido por los *calpixque* imperiales, el tributo producido para el *tlatoani* local era organizado por ese líder y su propio cuadro de encargados, que también manejaban los asuntos administrativos locales.
>
> La estructura de la recaudación del tributo era algo complicada por el ocasional cambio de las cabeceras tradicionales por los conquistadores Mexica. Hay algunos casos en los que la ciudad-estado más importante de una provincia -en términos de tamaño, gobierno hereditario, fuerza militar, e importancia política y económica- no era la cabecera designada por los Mexica para el cobro de los tributos y la administración imperial].

En la nota 10 se ve que Berdan ha traducido bien las palabras del "interpretador" del *Códice Mendoza*, pero ha limitado a su conveniencia el papel militar y político (¿qué es "prevenir rebeliones y mantener en paz y justicia", sino actividades militares y políticas?). Lo del *petlacalcatl* (f. 19v) puede referirse solamente a esa provincia. Los *calpixque* de Tepeaca que menciona aparecen en el *Códice Mendoza* (f. 42r) y no acabo de comprender el sentido de la alusión. En la nota once la cita de Scholes y Warren es de una de las *Relaciones Histórico-Geográficas* que hemos presentado ya, y en la cita que hace en el texto, recorta lo ya dicho. Aprovechemos para destacar que no cita a Armillas ni para desmentirlo, ni a Rojas (1991). La elección de otro centro puede ser una estrategia política concreta.

A continuación aparecen las "provincias estratégicas" una de cuyas principales misiones es hacer de "colchón" con los estados enemigos, como Metztitlan, los Tarascos o Tlaxcala. La idea viene de los "client-states" [estados-clientes] de Luttwak que vimos con Hassig. Es interesante (Berdan 1994: 303-304) que ligue las fortalezas y guarniciones tanto a un tipo de provincias como al otro. En la página 305 se menciona que la mayoría de las conquistas de Motecuhzoma II fueron en "provincias estratégicas " y que esto puede implicar un cambio de política imperial o que las provincias estratégicas con el tiempo se iban transformando en provincias tributarias. La idea de evolución es básica y no la hemos prestado la debida atención, aunque en el Imperio Romano es patente su papel, por ejemplo.

> The city-states that fell to Aztec armies were generally well-accustomed to relations of dominance-subordination, and to tribute production and payment. Aztec conquest did not introduce any particular novel political or economic notions or practices. This does not mean, however, that such conquest had no impact on the subjugated region. (Berdan 1994: 306)

> [Las ciudades-estado que caían bajo los ejércitos aztecas estaban generalmente bien acostumbradas a las relaciones de dominancia-subordinación, y a la producción y pago de tributos. La conquista azteca no introdujo prácticas o nociones políticas o económicas nuevas. Esto no significa, sin embargo, que tales conquistas no tuvieran impacto en la región subyugada].

Esto es poner las cosas en su sitio. Termina el artículo con algunas reflexiones sobre el tributo y los mercados, que a veces eran potenciados por la conquista.

El siguiente trabajo supone una nueva presencia de M. Smith: *Economies and Polities in Aztec-Period Morelos* ["Economías y entidades políticas en Morelos en el periodo Azteca"] (Smith 1994). Se ocupa de la región mencionada, donde encuentra setenta ciudades-estado agrupadas en varios "estados conquistadores". Cuauhnahuac formaba la provincia del mismo nombre en el imperio, y los otros estados formaban la de Huaxtepec. Smith realiza un detallado estudio de la población y los recursos. Hay cuatro niveles de tributo que se corresponden con tres niveles de organización política. Los niveles más bajos se refieren a relaciones entre macehuales y nobles, y relaciones entre nobles (Smith 1994: 331), y no está claro que podamos llamarlos "tributo". Los dos últimos corresponden a relaciones de dominio. El segundo, a las ciudades-estado con su estado conquistador, y el primero el que se pagaba a la Triple Alianza. Para los niveles bajos utiliza documentación colonial y los famosos "Padrones de Morelos".

Con el número catorce tenemos un trabajo que me impactó la primera vez que lo leí. Se trata de *Huaxyacac. Aztec Military Base on the Imperial Frontier* ["Huaxyacac. Base militar azteca en la frontera Imperial"] (Barbosa-Cano 1994). Una de las cosas que destacan es la propuesta de que la conquista mexica incluso cambió el nombre de la localidad, que pasó de llamarse Huaxtlan a ser denominada Huaxyacac. Ese cambio ha dificultado el seguimiento de la historia anterior de la ciudad (Barbosa-Cano 1994: 384-386) y nos abre una interesante vía de investigación que afecta en gran medida a la asociación de lugares imperiales con sitios anteriores. Allí se estableció una "colonia" regida por un "primo" de Motecuhzoma. La organización de los nahuas en la región perduró hasta la colonia. Barbosa-Cano analiza el cambio que se produjo desde "guarnición" hasta "base militar" (1994: 396 y ss.) lo que constituye uno de los pocos ejemplos que tenemos hasta ahora de evolución de los lugares conquistados después de la conquista, tema vital para comprender la evolución del Imperio como conjunto, y de cada una de sus partes.

El quince se llama precisamente *After the Conquest. Quauhtinchan and the Mexica province of Tepeacac* ["Después de la Conquista. Quauhtinchan y la provincia mexica de Tepeacac"] (Rojas 1994b) y en él se analizan las circunstancias de la conquista de la región y la reorganización posterior del territorio, que básicamente se concreta en el paso de Tepeacac de lugar sometido a Cuauhtinchan a lugar preponderante en la región, con el mercado situado en ella. Eso explica su papel en la conquista, donde figuran como "aliados " de los mexica. Si importante es la historia anterior a su incorporación al imperio, tanto o más es la posterior para conocer la configuración y funcionamiento del mismo.

También en 1994 apareció *Factional competition and political development in the New World* ["Lucha de facciones y desarrollo político en el Nuevo Mundo"] editado por Elizabeth Brumfiel y John W. Fox. El tema es muy interesante y alude fundamentalmente a las luchas internas. Hay muchos artículos interesantes. Próximo a nuestro tema está el de Van Zantwijk *Factional divisions within the Aztec (colhua) royal family* ["Divisiones faccionales dentro de la familia real azteca (colhua)"] (Zantwijk 1994) en el que aparecen las luchas dentro de una estructura poligínica, en una sucesión de intrigas que nos pueden permitir suponer qué ocurría en la Gran Familia de la elite mesoamericana. La mayoría de los autores coincide en poner de relieve el papel de las alianzas matrimoniales en la política mesoamericana, pero pocas veces dan el paso siguiente: profundizar en la estructura de relaciones dentro de las familias reales poligínicas y tener en cuenta el papel que suponen para la lucha política.

Gran interés tiene *Alliance and intervention in Aztec imperial expansion* ["Alianza e intervención en la expansión imperial Azteca"] de Frederic Hicks (1994b). Comenta la visión del imperio que se está dando en estos años, como una alianza de las elites y se pregunta inmediatamente por qué si las elites de los lugares sometidos obtenían beneficios de su pertenencia al imperio eran necesarias las conquistas militares (Hicks 1994: 110). Analiza tres casos: Cuauhtitlan, Tollan y Tepeacac:

> Military force was involved in all three cases, but it was more than simply an attack by the imperial forces on those of another state, resulting in the defeat and surrender of the latter. What we find is that the imperial forces intervened in local or internal affairs, supporting one side or faction against the other. If the intervention was succesful, it was the nobles of the favored faction, not all nobles, who benefited

from being in the empire, and their benefits came at the expense not only of their commoners, but also of other nobles. The favored nobles, as Brumfiel (1983: 273-4) points out, become the most powerful in their domain, but also the most dependent on the Triple Alliance, for only with its backing could they retain their power. (Hicks 1994b: 111)

[En los tres casos apareció la fuerza militar, pero fue más que un simple ataque de las fuerzas imperiales a las de otro estado, con el resultado de la derrota y rendición del último. Lo que encontramos es que las fuerzas imperiales intervinieron en asuntos locales o internos, ayudando a un bando o facción contra el otro. Si la intervención tenía éxito, eran los nobles de la facción favorecida, no todos los nobles, los que se beneficiaban de estar en el imperio, y sus beneficios venían no solamente de los macehuales, sino también de otros nobles. Los nobles favorecidos, como Brumfiel ha puesto de manifiesto, se convertían en los más poderosos en sus dominios, pero también en los más dependientes de la Triple Alianza, pues solamente con su apoyo podían mantener su poder].

Vuelve la idea de la mutua necesidad. El Imperio necesita a los señores locales para prosperar, y estos dependen del Imperio para mantener su poder, cuando no su puesto.

En la conquista de Tepeaca dice que fueron los de Cuauhtinchan y Tecalco quienes llamaron a los aztecas, que derrotaron a Tepeaca, pero detecta algo que no cuadra y dice:

Although I have no evidence, I would like to hold open the possibility that they made a deal with the Mexica, because although they were called in to help Cuauhtinchan against Tepeyacac, it was Tepeyacac that eventually emerged as the principal city of the region under the Aztec. (Hicks 1994b: 114)

[Aunque no tengo evidencias, me gustaría mantener abierta la posibilidad de que hicieran un trato con los mexica ya que aunque éstos fueron llamados para ayudar a Cuauhtinchan contra Tepeyacac, fue Tepeyacac quien eventualmente emergió como la principal ciudad de la región bajo los aztecas].

Que es precisamente la tesis de Rojas (1994b). La alianza podía cambiar con el tiempo, sobre todo porque era entre estados de desigual fuerza. Nos advierte también que esta no era la única forma de incorporación, pero que cuando se presentaba una oportunidad, la aprovechaban. No es fácil decir más con tan pocas páginas. Y si las sumamos a las que llevamos vistas de él, ya se ve la importancia que las entregas de Hicks tienen para nuestro tema.

En 1996 apareció el libro de Michael Smith *The Aztecs* ["Los Aztecas"] que es un libro un poco especial, pues habla de los aztecas en las provincias y con incorporación de las evidencias arqueológicas, lo cual no es habitual. Ya conocemos sus ideas. Aquí recalcaremos, como él hace, que la naturaleza del imperio no quiere decir que no hubiera una estrategia. A dos grandes conquistadores, sucedieron grandes consolidadores y no cree que el imperio estuviera en las últimas cuando llegaron los españoles.

Relacionado con esto tenemos una entrega de Smith, procedente de un *Symposium on City-States in Compartive Perspectives* ["Simposio sobre ciudades-estado en una perspectiva comparativa"], que tuvo lugar en enero de 1999 en Copenague (Smith 2000). El título es *Aztec City-States in comparative perspectives* ["Ciudades-estado aztecas en una perspectiva comparativa"]. Una de las cosas a destacar (p. 6) es que afirma que Tula NO fue una capital imperial, aunque los aztecas lo creyeran así. Claro, la Tula que nosotros creemos, gracias a la votación que se llevó a cabo en los 40´s (comunicación personal de M. Graulich). Cita a Lockhart para señalar que las ciudades-estado no eran bloques de territorio, sino gente y asentamientos sujetos al señor de una ciudad. Y esto era igual a niveles superiores (Smith 2000: 6-7). Este patrón recuerda al de los mayas (Grube 1999, artículo en el mismo simposio: *Maya city-states* ["Ciudades-estado mayas"].

Y desde ese punto de vista parece muy lógica su afirmación de que lo que hemos visto como ciudades con más de un señor deben ser consideradas entidades políticas separadas que comparten un centro urbano (p.9).

Desde una perspectiva texcocana, Nielsen (1996) analiza el reparto del tributo según la fórmula 2:2:1. Tiene una óptica de funcionamiento conjunto del imperio, aunque encuentra algunos escollos:

> All three members of the alliance were involved in the subjugations, and all three received their share, but this is not the impression we get from the *Mendocino* text. The Tenochcan tradition mentions 38 provinces, and the text accompanying the painted tribute in *Mendocino* is rather uniform. In most cases it states that the tribute went to *los señores de Mexico.* This is also the case with folios 52 and 54, depicting the tribute from Tochpan and Tziuccoac, but we have just seen that this tribute went to all three members of the alliance. This raises doubts about the absolute validity of the *Mendocino* text. (Nielsen 1996: 211)

> [Los tres miembros de la alianza participaban en las subyugaciones, y los tres recibían su parte, pero esa no es la impresión que sacamos del texto del *Mendocino.* La tradición tenochca menciona 38 provincias, y el texto que acompaña las pinturas del *Mendocino* es muy uniforme. En la mayoría de los casos establece que el tributo iba a los *señores de México.* Este es el caso también de los folios 52 y 54, que muestran el tributo de Tochpan y Tziuccoac, pero hemos visto que el tributo iba a los tres miembros de la alianza. Esto produce dudas sobre la validez absoluta del texto del *Mendocino*].

O simplemente, que el *Códice Mendoza*, como hemos venido viendo, muestra solamente la parte de Tenochtitlan y ahora, como Maldonado nos ha mostrado, debemos ver cuántos lugares tributaban a una sola cabecera, cuáles a dos y cuáles a las tres.

Tras analizar algunos datos de Texcoco, acaba afirmando

que la distribución 2:2:1 no se sostiene y que había una gran variedad de distribución de los tributos.

Vamos a comentar un artículo sobre los inicios del Imperio, que nos habla de lo importantes que eran las luchas políticas que involucraban a miembros de los linajes de los lugares dominante y de los dominados (y por lo que sabemos, muchas veces eran lo mismo). Se trata de "La muerte de Chimalpopoca. Evidencias a favor de la tesis golpista" de Carlos Santamarina (1998). El problema no se limita al hecho puntual de la muerte de Chimalpopoca, sino que incide en el sistema sucesorio y por lo tanto en la política del imperio y nos da claves para entender lo que podía pasar en otros lugares:

> El sistema de alianzas basado en el parentesco y la poliginia, la mezcla étnica entre los *pipiltin*, y la duplicidad de sistemas sucesorios ayudan a entender la formación de facciones en la cúpula del poder tenochca. Se produjo así un enfrentamiento entre la rama culhua-mexica y la culhua-mexica-tepaneca que costó la vida a Chimalpopoca y su descendencia.
>
> En efecto, más que al carácter del *tlatoani* tenochca su muerte se debió a que él era el nexo que unía políticamente a Tenochtitlan con la capital tepaneca. Desde el punto de vista de la facción golpista liderada por Itzcóatl, Moctezuma Ilhuicamina y Tlacaélel, la liberación mexica requería de la eliminación de Chimalpopoca para dar un giro a la línea dinástica hacia la rama culhua-mexica, segando la rama tepaneca. Ello se hace evidente observando el árbol genealógico tenochca, donde se ve claramente quiénes fueron los beneficiarios de la operación: Itzcóatl, Moctezuma y los descendientes comunes de ambos. Así podemos entender otros hechos difícilmente explicables como el ostracismo social al que se vieron sometidos los descendientes del nieto tenochca de Tezozómoc, o la relegación y muerte de Iquehuacatzin. (Santamarina 1998: 311)

Para los no informados, a Motecuhzoma le sucedieron tres

nietos suyos que también lo eran de Itzcoatl, a los que siguieron tres bisnietos de ambos (dos hijos de Axayacatl y uno de Ahuitzotl; es curioso, pero de Tizoc nada. Como señala Santamarina, ahí hay otro caso).

Otro trabajo publicado después de 1996, pero entregado antes, y en el que no aparecen citados los volúmenes comentados ni siquiera en prensa es el de Susan Gillespie (1998) en el que se pone en duda la existencia de la Triple Alianza, que sería una invención colonial, fundamentalmente acolhua (Gillespie 1998: 255), aunque más adelante matiza sus conclusiones:

> Even in the earliest documents, the same three towns are consistently grouped together which indicates that they were probably linked to one another for some other prior purpose even if was not the later manifestation now known as the Triple Alliance. The Triple Alliance is therefore not an invention as much as a transformation of an earlier phenomenon. It appears in the historical accounts and other documents as a manifestation of state "power" or "sovereignity". Understanding its precontact counterpart requires a different investigation into Mesoamerican conceptions of sovereignity. A symbolic approach is needed since, as noted above, the historical narratives themselves compose a symbolic system. As was true of some Old World civilizations (Littleton 1982: 68-69, citing Georges Dumézil), sovereignity in Mesoamerica had a tripartite structure. Furthermore, the values and qualities associated with the three categories in the construction of state power were assigned to the mexica of Tenochtitlan, the Acolhuaque of Texcoco, and the Tepaneca of Tlacopan in both their historical traditions as well as the related religious ceremonies. (Gillespie 1998: 256)

> [Incluso en los documentos más tempranos, las mismas tres ciudades están consistentemente agrupadas lo que indica que probablemente estuvieran ligadas una a otra por alguún propósito anterior incluso si no

> era la más tardía manifestación ahora conocida como la Triple Alianza. La Triple Alianza es, pues, no tanto una invención como una transformación de un fenómeno anterior. Aparece en los relatos históricos y otros documentos como una manifestación de "poder" o "soberanía" estatal. Comprender su contraparte precontacto requiere una investigación distinta de las concepciones Mesoamericanas de soberanía. Una aproximación simbólica es necesaria ya que, como se destaca arriba, las propias narrativas históricas componen un sistema simbólico. Como fue cierto de algunas civilizaciones del Viejo Mundo (Littleton 1982: 68-689, citando a Georges Dumézil), la soberanía en Mesoamerica tenía una estructura tripartita. Más aún, los valores y cualidades asociadas con las tres categorías en la construcción del poder del estado estaban asignadas a los mexica de Tenochtitlan, los acolhuaque de Texcoco y los tepanecas de Tlacopan, tanto en sus tradiciones históricas como en las ceremonias religiosas relacionadas].

La cuestión de la terminología vuelve a ser clave, pues para Gillespie la Triple Alianza es una invención de finales del siglo XVI, pero reconoce que existían entidades tripartitas prehispánicas. Sean transformaciones, pervivencias, o recuerdos del pasado, seguimos viendo a los prehispánicos andar de tres en tres.

Los estudios locales permiten percibir detalles que los generales nos ocultan y la tendencia es que la suma de las partes nos permita ver el conjunto. Claro que la interpretación de los datos de sitios concretos está relacionada con esa teoría general que nos brinda el conjunto, así que vuelta a empezar. De momento, lo que va saliendo es que los lugares conquistados podían estar ligados a una, dos o las tres cabeceras, que los territorios no eran contiguos, que podía haber relaciones recíprocas de sometimiento (seguramente parcial), y que convivían estructuras paralelas. Hicks nos muestra los estados sujetos y el Imperio de Tenochtitlan conviviendo en la misma zona, pero de otros estudios —como Maldonado— podemos sacar que a esas dos estructuras podían añadirse el Imperio Acolhua y el Tepaneca.

Pasemos ahora a ver dos estudios de conjunto de especial trascendencia.

Capítulo VIII
El año admirable: 1996

Los azares del destino determinaron que dos trabajos, destinados a convertirse en un parteaguas de la especialidad, tuvieran un arranque casi simultáneo y acabaran viendo la luz, tras avatares diversos, en un mismo año. En 1986, la conferencia reunida de Dumbarton Oaks tuvo como tema el Imperio Mexica, y resultado de esas sesiones, como es habitual, fue la publicación de una obra colectiva, cuya elaboración se fue dilatando en el tiempo, para nerviosismo de quienes esperábamos su aparición, alentados por las noticias que iban llegando por medio de publicaciones intermedias de los presentes en la conferencia, citas de quienes habían tenido la oportunidad de acceder a los diversos borradores, y conversaciones con los autores. La complejidad del resultado final nos lleva a darle tratamiento aparte y extenso.

Por otro lado, en el mismo verano de 1986 tuvo lugar una reunión en la sede del Departamento de Etnohistoria del Instituto Nacional de Antropología e Historia, en la ciudad de México, de la cual también tendría que haber salido un volumen colectivo. El retraso se fue acumulando, y el trabajo de Pedro Carrasco creciendo, hasta que en 1996 apareció su obra sobre el Imperio. También en este caso tenemos algunas entregas previas que nos fueron permitiendo atisbar por dónde se encaminaban los estudios.

Estas coincidencias, que se extienden a la envergadura de los trabajos y al desafío que representan para el resto de los investigadores, nos llevan a discutirlos en un capítulo propio.

Dumbarton Oaks

En un orden alfabético convencional aparecen como autores del volumen los seis colaboradores que firman después, por parejas, los diversos trabajos: Frances F. Berdan, Richard

E. Blanton, Elizabeth H. Boone, Mary G. Hodge, Michael E. Smith y Emily Umberger (1996)

La introducción (Smith y Berdan 1996a) deja bien claras las cosas desde el principio. El primer párrafo no tiene desperdicio alguno y supone una buena síntesis de los hechos pasados y de las intenciones de los autores:

> In the Aztec year 1 Reed, A.D: 1519, Hernán Cortés and his small cadre of soldiers encountered the large Totonac center of Cempoallan in east central Mexico. They found not an independent city-state, but rather a realm of conquered and dissatisfied Aztec subjects who, ultimately, were rather easily convinced to rebel against their demandings overlords. In his efforts to conquer the peoples of Mexico and brings them under the dominion of Spain, Cortés discovered a fairly wide range of political, military, and economic imperial arrangements. With his eye always on the Mexican capital of Tenochtitlan, he confronted city-states independent of Aztec control, city-states only tenuous attached to imperial power and ripe to rebel, and city-states loyal to the Aztecs due to links such as common heritage, marriage alliances, anticipated rewards, and perceived benefits. Cortes´ general methods of conquest and control were, indeed, not so very different from those used by the prior Aztec conquerors themselves: conquest by force of arms, alliance with the promise of mutual benefit through mutual risk, presentations of gifts and rewards, and nurturing close relations with local rulers and high-ranking nobles.
>
> The Aztec, or Triple Alliance empire developed over the short span of 90 years. But during that period it applied the whole array of Mesoamerican political and military techniques to bring most of central and southern Mexico under its control. The core of the empire was located in the Valley of Mexico, with its dense populations, large city-states centers, powerful and wealthy nobles, and bustling marketplaces. From

this core radiated the energy, marched the armies, and traveled the ambitious merchants to diverse, far-flung regions in search of political rule and economic gain. Imperial control of these outlying areas was achieved in varying degrees and by a varieties of methods. The result was not a uniform, monolithic entity created by a single means, but rather a complex web of political, social and economic relationships forged through a number of strategies. This book investigates those many strategies employed by the Mexicans and their allies in gaining imperial dominance over such vast and varied regions. (Smith y Berdan 1996a: 1)

[En el año azteca 1 Caña, 1519 d. C., Hernán Cortés y su pequeño contingente de soldados encontraron el gran centro Totonaca de Cempoalla en el este del México Central. Encontraron no una ciudad-estado independiente, sino más bien un reino de sujetos conquistados por los Aztecas e insatisfechos, quienes, en último extremo, fueron convencidos bien fácilmente para revelarse contra las demandas de sus señores. En sus esfuerzos por conquistar los pueblos de México y llevarlos al dominio de España, Cortés descubrió un rango bastante amplio de acuerdos imperiales políticos, militares y económicos. Con el ojo siempre en la capital Mexica de Tenochtitlan, enfrentó ciudades-estado independientes del control Azteca, ciudades-estado sólo tenuamente ligadas al poder imperial y maduras para rebelarse, y ciudades-estado leales a los Aztecas debido a lazos tales como la herencia común, alianzas matrimoniales, recompensas anticipadas y beneficios percibidos. Los métodos generales de conquista y control de Cortés no eran, por supuesto, tan diferentes de los usados anteriormente por los mismos conquistadores aztecas: conquista por la fuerza de las armas, alianza con la promesa de beneficios mutuos a través de riesgos comunes, presentación de regalos y recompensas, y la creación de estrechas relaciones con los gobernantes locales y los nobles de alto rango.

El Imperio Azteca, o de la Triple Alianza, se desarro-

> lló en un lapso de 90 años. Pero durante ese periodo aplicó la batería completa de técnicas políticas y militares mesoamericanas para poner la mayor parte del México central y del sur bajo su control. El centro del imperio estaba localizado en el Valle de México, con sus densas poblaciones, grandes ciudades-estado, nobles poderosos y ricos, y mercados bulliciosos. Desde este centro irradiaba la energía, marchaban los ejércitos y viajaban los ambiciosos mercaderes hacia diversas y lejanas regiones en busca del gobierno político y la ganancia económica. El control imperial de estas áreas exteriores era conseguido en diversos grados y por una variedad de métodos. El resultado era una entidad no uniforme ni monolítica creada por un solo medio, sino una compleja red de relaciones políticas, sociales y económicas, forjadas por un surtido de estrategias. Este libro investiga esas muchas estrategias empleadas por los mexicas y sus aliados para ganar el dominio imperial sobre tan vastas y variadas regiones].

Muchos de los temas que han sido expuestos en capítulos anteriores aparecen en esta larga cita: el uso del momento de la Conquista Española como fuente para el conocimiento de las sociedades indígenas; la diversidad de formas de pertenecer al imperio, la existencia de un centro y una periferia, y la pertenencia de los mexica a la tradición mesoamericana. Nos resulta del máximo interés destacar cómo los autores equiparan el Imperio Mexica con el de la Triple Alianza.

En su exposición de los motivos de la expansión, destacamos la presencia de lugares con varios *tlahtoque* y *tlahtoque* que dominan varios lugares (Smith y Berdan 1996a: 3), lo que constituye una circunstancia muy interesante para estudiar la organización política mesoamericana, y la relación entre señores y territorios. Insisten más adelante en la necesidad de abrir nuestro campo de estudio para poder comprender el Imperio Azteca, para lo cual es muy importante salir del Valle de México y adentrarse en las perspectivas regionales (Smith y Berdan 1996a: 5). Por supuesto que esto incluye la precisión en el uso de los datos, que deben aplicarse a su propio espacio y tiempo y no ser extendidos indiscriminadamente a otras regiones o momentos. Aquí es importante destacar el papel de aceptar la variedad del Imperio, pues ella nos permite articular informaciones divergentes en un Imperio único.

Comentan a continuación el papel que en la investigación ha jugado el mapa de Barlow, manifestando que el trabajo presente es el primero que presenta una enmienda al mismo:

> A further benefit of our place orientation is the construction of a new and more accurate map of the empire. Barlow´s (1949a) classic map was a pioneering effort (see above) that has served well for four decades, but two aspects of his methods troubled us as we began our research. First, Barlow constructed his map from the top down. He plotted the towns for each province as listed in the *Codex Mendoza* and other sources, but did not consider the local spatial context of the towns as polities. Our place orientation allowed us to map the empire from the bottom up. We first located the relevant towns (drawing heavily upon Barlow´s work), then plotted them plus their associated towns and dependencies on maps at a scale of 1:250.000. From these locations, we reconstructed local city-states territories. Finally, we considered the imperial status of each town to produce our final maps. We are confident that we have located and plotted nearly all of the city-states making up the empire and its neighboring areas (except for places that have since disappeared and cannot be located).
>
> Second, we were uncomfortable with Barlow´s practice of extending the boundaries of provinces far beyond the area covered by the *Mendoza* towns. He added other imperial towns (those known to have been conquered by or subject to the empire, but not included in the *Codex Mendoza* tribute tally) to the closest province, thereby doubling or even tripling the sizes of those provinces. By maintaining a spatial and analytical separation between the *Mendoza* towns and other

imperial towns, we arrived at significantly provincial borders and a new understanding of the organization of the empire. Briefly, we see the operation of two distinct forms of administration and control in the outer provinces: one for the *Mendoza* towns, organized into what we call "tributary provinces", and one for the other imperial towns, which we group for convenience into "strategic provinces". (Smith y Berdan 1996a: 7)

[Un beneficio adicional de nuestra orientación local es la construcción de un nuevo y más preciso mapa del imperio. El cásico mapa de Barlow (1949a) fue un esfuerzo pionero (ver arriba) que ha servido bien durante cuatro décadas, pero dos aspectos de sus métodos nos preocuparon cuando comenzamos nuestra investigación. Primero, Barlow construyó su mapa de arriba hacia abajo. Localizó las ciudades de cada provincia como estaban listadas en el *Códice Mendoza* y otras fuentes, pero no consideró el contexto espacial local de las ciudades como unidades políticas. Nuestra orientación local nos permitió hacer el mapa del imperio de abajo hacia arriba. Primero localizamos las ciudades relevantes (utilizando ampliamente el trabajo de Barlow), y luego las colocamos junto a sus ciudades asociadas y dependientes, en mapas a escala 1:250.000. Desde estas localizaciones construimos los territorios de las ciudades-estado locales. Finalmente, consideramos el status imperial de cada ciudad para producir nuestros mapas finales. Confiamos en que hemos localizado y situado casi todas las ciudades que formaron el imperio y sus áreas vecinas (excepto para lugares que desde entonces han desaparecido y no pueden ser localizados).

Segundo, estábamos incómodos con la práctica de Barlow de extender las fronteras de las provincias más allá del área cubierta por las ciudades del *Mendoza*. Añadió otras ciudades imperiales (aquellas que se sabía que habían sido conquistadas o sujetadas por el imperio, pero que no estaban incluidas en la lista tributaria del *Mendoza*) a la provincia más cercana, doblando o incluso triplicando así los tamaños de dichas provincias. Manteniendo una separación espacial y analítica entre las ciudades del *Mendoza* y otras ciudades imperiales, llegamos a fronteras provinciales significativamente distintas y a una nueva comprensión de la organización del imperio. Brevemente, vemos la operación de dos distintas formas de administración y control en las provincias exteriores: una para las ciudades del *Mendoza*, organizadas en lo que llamamos "provincias tributarias", y otra para otras ciudades imperiales, que agrupamos por conveniencia en "provincias estratégicas"].

Tenemos en este párrafo resumida la propuesta del libro: las distintas formas de organización, polarizadas en quienes pagaban tributo y los que no lo hacían. Las "provincias tributarias" tienen su base en el *Códice Mendoza*, aunque consideramos que es algo que debe aún revisarse. En cuanto a las "provincias estratégicas", agrupadas por conveniencia, son una gran novedad y el asunto tiene una anécdota. A nosotros nos parece inaceptable lo de "por conveniencia". Si no forman grupos, no los forman y ya está. Lo otro es tergiversar los datos. En el verano de 1998, en el transcurso de un curso sobre el *Imperio Azteca: del mito a la realidad*, que tuvo lugar en El Escorial, pudimos plantearle la cuestión a Michael E. Smith, autor precisamente del capítulo dedicado a estas provincias, y nos manifestó su arrepentimiento por haber hecho eso, afirmando que siempre tuvo sus dudas al respecto. Hoy día prefiere usar "estados-clientes", a la manera del Imperio romano (ver Hassig 1985), aunque confiese que en ocasiones le vence la inercia y sigue apareciendo el término "provincias estratégicas" (comunicación personal, mayo de 2004).

El capítulo se cierra con la presentación de las distintas estrategias imperiales: política, económica, de frontera, de elite, a las que podríamos añadir la propaganda.

De todo ello se ocupa el resto del libro. Tras la introducción que hemos comentado, viene una primera parte *The Empire's Center* [*El centro del Imperio*], con tres capítulos "Political organization of the Central Provinces" [Organización política de las provincias centrales] (Hodge 1996), "The Basin of Mexico

Market system and the growth of the Empire" [El sistema de mercado de la Cuenca de México y el crecimiento del Imperio] (Blanton 1996a) y "Art and Imperial Strategy in Tenochtitlan" [Arte y Estrategia Imperial en Tenochtitlan] (Umberger 1996a). La segunda parte *The Outer Provinces* [*Las provincias exteriores*] tiene cuatro capítulos: "The tributary provinces" [Las provincias tributarias] (Berdan 1996), "The strategic provinces" [Las provincias estratégicas] (Smith 1996), "Aztec presence and material remains in the Outer provinces" [Presencia Azteca y restos materiales en las provincias Exteriores] (Umberger 1996b), "Manuscript painting in service of Imperial Ideology" [La pintura de manuscritos al servicio de la ideología Imperial] (Boone 1996), y una tercera parte de *Imperial Strategies* [*Estrategias imperiales*] con "Imperial strategies and core-peripehery relations" [Estrategias Imperiales y relaciones entre centro y periferia] (Berdan y Smith 1996) y "A consideration on Causality in the Growth of Empire: A comparative perspective" [Una consideración de la causalidad en el crecimiento del Imperio] (Blanton 1996b). Cuatro apéndices completan el cuadro, antes de la bibliografía y los índices: "Data on political organization of the aztec Empire´s central provinces" [Datos sobre la organización política de las provincias centrales del Imperio Azteca] (Hodge y Blanton 1996), "Data on market activities and production specializations of tlatoani centers" [Datos sobre las actividades de mercado y las especializaciones de producción de los centros con tlahtoani] (Blanton y Hodge 1996), "Material remains in the central provinces" [Restos materiales en las provincias centrales] (Umberger 1996c) y "Province descriptions" [Descripción de las provincias] (Smith y Berdan 1996b). La enumeración de los títulos de los capítulos da una buena perspectiva del conjunto y nos permite calibrar hasta qué grado han conseguido sintetizar en la introducción el total de la obra. Y, aunque volveremos sobre ello, hemos de destacar que si importantes son los capítulos descriptivos, tanto o más es la información que nos brindan los *Apéndices*, en los que se pone a disposición de los estudiosos los materiales elaborados por los autores que han dado lugar a sus interpretaciones, por lo que obtenemos un doble beneficio: un rico acervo de datos a nuestra disposición y la posibilidad de reconstruir la metodología seguida en la elaboración de la obra.

Hodge (1996) nos dice que los señores del imperio trataron de integrar en las actividades de la capital a las provincias del centro, para crear una zona central cohesionada (Hodge 1996:17). Las preguntas que formula en las dos páginas siguientes son ¿qué funciones desempeñaron las provincias centrales en el imperio y si hubo variación entre ellas? ¿Qué estructuras regionales creó el Imperio Azteca para coordinar las actividades políticas y administrativas en las provincias centrales? ¿Cómo afectaron a la estructura del centro del imperio las organizaciones políticas de las ciudades-estado y las confederaciones de ciudades-estado que existían antes? Y por último ¿pueden ser identificadas estrategias especiales que caracterizaran la construcción del imperio en las provincias centrales en comparación con las exteriores? Ilustrado con mapas y cuadros trata de responder a estos interrogantes en las páginas siguientes. Llama "ciudades-estado compuestas" a las que tenían varios *tlahtoque* (Hodge 1996: 32).

> The Tenochca regional state political system operated through a three-level hierarchy: (1) Tenochtitlan and its immediate environs; (2) city-states whose tlatoque were directly responsible to Tenochtitlan´s ruler (these were most active in imperial military campaigns and were present at rituals and imperial ceremonies held in Tenochtitlan); and (3) rulers subordinate to those in level two, including *tlatoque* in city-states that had multiple rulers. Polities ruled by military governors constituted a class of administered territories. (Hodge 1996: 37)

> [El sistema político estatal regional operó a través de una jerarquía de tres niveles: (1) Tenochtitlan y sus alrededores inmediatos; (2) ciudades-estado cuyos tlatoque eran directamente responsables ante el gobernan-

te de Tenochtitlan (éstos eran los más activos en las campañas militares y estaban presentes en los rituales y ceremonias imperiales que tenían lugar en Tenochtitlan); y (3) señores subordinados a los del nivel 2, incluyendo *tlatoque* de las ciudades-estado que tenían varios gobernantes. Las entidades regidas por gobernadores militares constituían una clase de territorios administrados].

La mayoría de los "puntos de recaudación" no eran ciudades importantes (Hodge 1996: 41) como ya vimos con Hicks. Como estrategias de consolidación para la zona cita la eliminación temporal o permanente de puestos políticos, la usurpación o adición de puestos de *tlahtoani*, el ajuste de las jerarquías administrativas locales y la diferenciación de actividades creando jerarquías específicas (Hodge 1996: 42-43). Y como estrategias para la posterior estabilización: alianzas matrimoniales, asignación de tierras a las elites y desarrollo de redes económicas como el mercado y el comercio (Hodge 1996: 43).

El capítulo cinco, primero de la segunda parte, de Berdan está basado en los códices que conocemos. La gran novedad es que el contenido de esos documentos no constituye la descripción del imperio, sino solamente de las "provincias tributarias". Una diferencia de peso con autores precedentes es la forma de plasmar en el mapa los lugares, reduciendo considerablemente el tamaño de las provincias, como vimos en la introducción. Discute la organización administrativa utilizando varias fuentes y en el cuadro 5.5 nos ofrece los cargos impuestos por los aztecas en las provincias tributarias. El cuadro 5.6 nos ofrece los tributos que pagaban las provincias según aparecen en fuentes distintas al *Códice Mendoza.* Y en el cuadro 5.7, la disponibilidad de los productos tributados en las provincias que los pagaban. Las provincias tributarias pueden ser llamadas la "estrategia económica primaria del imperio" (Berdan 1996: 134).

> The incorporation of a large number of tributary provinces into the imperial net did have the consequences of encouraging a general *pax Azteca*

over the region and easing trade and marketing interactions. So the economic strategy of the empire involved not only the extraction of specified tributes but also the stimulation of trade and market exchange. Trade, at least by professional merchants, was far more dangerous beyond the imperial bounds than within them, and only selected pochteca were actually given the blessing of the state to travel so far afield in their trading ventures. (Berdan 1996: 135)

[La incorporación de un gran número de provincias tributarias a la red imperial tuvo la consecuencia de estimular una *Pax Azteca* general en la región y de facilitar el comercio y los intercambios mercantiles. Así la estrategia económica del imperio comprendió no sólo la extracción de tributos específicos sino también la estimulación del comercio y el mercado. El comercio, al menos el de los comerciantes profesionales, era mucho más peligroso más allá de las fronteras imperiales que dentro de ellas, y solamente pochteca selectos recibían realmente la bendición del estado para viajar tan lejos en sus aventuras comerciales].

Smith comienza señalando la intrigante presencia de los lugares no conquistados dentro del imperio (Smith 1996:137). Reitera el uso de "provincia" como conveniencia ya que hay poca evidencia de que actuaran de forma corporativa. Usa el término "client state", como hemos visto, para referirse a entidades incluidas en el imperio pero que no aparecen como tributarios en las listas del *Códice Mendoza* o la *Matrícula de Tributos*. Ha identificado 134 localidades, de las que ochenta son claramente "estados clientes", pero de las otras 54 no tenemos información sobre su relación con el imperio (Smith 1996:137).

There are several reasons for assuming that most of these states whose relationship with the Aztecs is not documented were in fact client states under the empire. First, local areas were usually integrated cultural and economic units, and it is unlikely that only a portion of the states in a given region would be subject to the empire. Second, there is no positive evidence for the existence of "neutral zones" within the empire. Polities were either subject to the empire or else they were unconquered enemies, and the latter were clustered in the five well-known regions discussed below. (Smith 1996: 137-138)

[Hay varias razones para asumir que la mayoría de estos estados cuya relación con los aztecas no está documentada eran de hecho estados clientes del imperio. Primero, las áreas locales estaban habitualmente integradas en unidades culturales y económicas y no es verosímil que sólo una parte de los estados de una región dada estuviera sometida al imperio. Segundo, no hay evidencia de la existencia de "zonas neutrales" dentro del imperio. Las unidades políticas estaban sujetas al imperio o eran enemigos no conquistados, y los últimos estaban agrupados en las cinco regiones bien conocidas que se discuten abajo].

El primer argumento no nos parece muy fuerte. Con ese tipo de razonamientos nunca hubieran aparecido las provincias estratégicas. El argumento segundo *a contrario*, que podemos caracterizar como "si hubieran sido enemigos lo sabríamos" parece mejor, pero todo son conjeturas. El cuadro 6.1 ofrece la lista de las "provincias estratégicas" en el Imperio Azteca, con información del número de ciudades que las componían, tanto las que eran consideradas ciudades-estado como las que no alcanzan ese status, y las provincias en las que Barlow las englobó. El cuadro 6.2 amplia la información, dándonos las características de los sujetos de cada una de las provincias enumeradas en el Cuadro 6.1. Tras la discusión de los enemigos viene la organización de la frontera, pues las provincias estratégicas suelen estar situadas en ellas. Aparecen las guarniciones, listadas en el cuadro 6.5 y las "Relaciones con el Imperio" que es lo que nos concierne:

Two aspects of the client states´relations with the empire reinforce our model of their crucial role in frontier defense: tribute payments and imposed rulers. The strategic provinces paid imperial tribute just as the tributary provinces did, but there are three significant differences in the nature of their tribute: (1) military service is emphasized, (2) the term *tribute* is avoided in favor of gifts and presents, and (3) periods of payment were not always regular (see Hicks [1984a] for a similar situation in the Valley of Mexico). The available data are listed in Table 6-6. Military service is more common here than in the tributary provinces, particular if several frontier states from table 6-5 with local fortressess (but no explicit statement about tribute) are added on the presumption that their military service counted as imperial tribute.

A number of towns in the strategic provinces also gave tribute in war material and captured enemy soldiers. There are a number of strategic provinces not located along active enemy frontiers that supplied Aztec troops on the march. These are located on major travel routes, including Acatlan (3701) along the trail to the south, Cuauhchinanco and Xicotepec (4901 and 4902), along the major route to Totonacapan and the Huaxteca, and several towns in Tecpantepec (province 24) along the Pacific coast of Guerrero toward Cihuatlan.

A second significant aspect of the tribute from strategic provinces is that it is often not called tribute in the sources. for example, "these people did not pay tribute, they only guarded the fortress [of Oztoma]" (Acapetlahuaya, Paso y Troncoso 1905-06, 6: 116). For Totoltepec, it is reported:

> The Mexican king Axayacatl made war [on the people of Totoltepec] until he subjugated them. They did not bring him tribute because they were on the Tarascan frontier; they supplied the Mexica soldiers that were stationed there and at the fortress of Oztuma. A few times each year they sent presents to Mexico consisting of *mantas*, green stones, and copper (Paso y Troncoso 1905-06, 6: 149; author´s translation).

Finally, tribute from client states was often delivered at irregular intervals. For example, Temazcaltepec contributed soldiers "when necessary" and goods "when requested" (Paso y Troncoso 1905-06, 7 [1]: 20). The second two points -avoidance of the term tribute and the irregular payment schedules- contrast strongly with the payments made by the tributary provinces (Chap. 5). Although the empire benefitted from the tribute of client states, it seems clear that the frontier functions far outweighed the economic functions of these areas.

A final method of integration for the strategic provinces was the imposition of Mexica officials (Table 6-7). Most of those listed in the sources are called *calpixqui* or *mayordomo* (tribute collector), and Davies (1987: 207) argues that when Spanish administrators recorded *gobernador* for an imposed official, they actually meant *calpixqui.* If so, then there are no cases of imposed rulers (tlatoque) in client states, in contrast to states in the tributary provinces where imposed rulers are occasionally found (Chap. 5). Some of the towns with tribute collectors are also included in the list of towns with recorded imperial tribute payments (Table 6-6); it is likely that *calpixque* were present in all of the other tribute-paying client states but were simply nor recorded. (Smith 1996: 147)

[Dos aspectos de las relaciones de los estados clientes con el imperio refuerzan nuestro modelo de su papel crucial en la defensa de las fronteras: el pago de tributos y los señores impuestos. Las provincias estratégicas pagaban tributo imperial tal como lo hacían las provincias tributarias, pero había tres diferencias significativas en la naturaleza de sus tributos: (1) se enfatiza el servicio militar; (2) el término "tributo" es eludido en favor de regalos y presentes, y (3) los periodos de pago no eran siempre regulares (ver Hicks 1984 para una situación similar en el Valle de México). Los datos disponibles están listados en la Tabla 6.6. El servicio militar es más común aquí que en las provincias tributarias, particularmente si algunos estados de frontera de la tabla 6.5 con fortalezas locales (pero sin declaración explícita de tributos) son añadidos bajo la presunción de que el servicio militar contaba como tributo imperial.

Cierto número de pueblos de las provincias estratégicas también daban tributo en material de guerra y soldados enemigos capturados. Hay algunas provincias estratégicas no localizadas junto a fronteras enemigas activas que suministraban tropas en ruta. Estaban localizadas en rutas principales, incluyendo Acatlan (3701) en el camino del sur, Cuauhchinanco y Xicotepec (4901 y 4902) en la ruta principal al Totonacapan y la Huaxteca, y algunos pueblos en Tecpantepec (provincia 24), a lo largo de la costa del Pacífico de Guerrero hacia Cihuatlan.

Un segundo aspecto significativo del tributo de las provincias estratégicas es que a menudo no se le llama tributo en las fuentes. Por ejemplo, "esta gente no pagaba tributo, solamente guardaban la fortaleza [de Oztoma]" (Acapetlahuaya, Paso y Troncoso 1905-06: 116). De Totoltepec se dice:

> El rey mexicano Axayacatl hizo la guerra [al pueblo de Totoltepec] hasta que los subyugó. No les puso tributo porque estaban en la frontera tarasca; daban a los Mexica soldados que eran estacionados allí y en la fortaleza de Oztoma. Algunas veces en el año enviaban presentes a México consistentes en mantas, piedras verdes y cobre. (Paso y Troncoso 1905-06, 6: 149)

Finalmente, el tributo de los estados clientes era entregado a intervalos irregulares. Por ejemplo, Temazcaltepec contribuía con soldados "cuando era necesario" y bienes "cuando los pedían" (Paso y Troncoso 1905-06, 7: [1] 20). Los segundos dos puntos -elusión del término tributo y los patrones de pago irregulares-contrastan fuertemente con los pagos hechos por las provincias tributarias (Cap. 5). Aunque el imperio se beneficiaba del tributo de los estados clientes, parece claro que las funciones fronterizas sobrepasaban largamente las funciones económicas de estas áreas.

> Un método final de integración de las provincias estratégicas era la imposición de funcionarios mexicas (tabla 6.7). La mayoría de los listados en las fuentes son llamados *calpixqui* o *mayordomo* (recaudador de tributos), y Davies (1987: 207) arguye que cuando los administradores españoles registraron "gobernador" para un cargo impuesto, querían realmente decir *calpixqui*. Si es así, entonces no hay casos de señores impuestos (tlatoque) en los estados clientes, en contraste con estados en las provincias tributarias donde ocasionalmente se encuentran gobernantes impuestos (ver Cap. 5). Algunos de los pueblos con recaudadores de tributos también están incluidos en la lista de pueblos con pagos de tributo imperial registrado (ver tabla 6.6); es verosímil que hubiera *calpixque* en todos los otros estados clientes pagadores de tributo pero simplemente no se ha registrado].

Un problema con esto es que en el centro sólo aparecen provincias tributarias y ahora vemos que hay situaciones, como la descrita por Hicks, que se parecen a las provincias estratégicas. Las decisiones de Davies son muy discutibles. A lo mejor es que el *calpixqui* no es solamente recaudador de tributos (Armillas) y puede que no sea equivalente a "señor impuesto", por lo que este razonamiento es un poco endeble. De hecho, habría que cotejar estas ideas con las expuestas por Hicks (1992) sobre las estructuras separadas de los estados sujetos y las provincias tributarias, separadas y en muchos casos superpuestas.

Queda todavía camino por hacer, aunque lo hecho en este libro es abrumador. De hecho, se podría construir un curso solamente con él.

El capítulo nueve (Berdan y Smith 1996) pone en relación temas analizados particularmente en los anteriores. Comienza afirmando que los mexicas adoptaron estrategias ya existentes, pero que tuvieron que realizar innovaciones ya que la escala que alcanzaron nunca antes había aparecido. Comentan (Berdan y Smith 1996: 213) la intervención en el sistema de mercados. Un apartado llamado "*The social effects of imperialism: the elite*" [Los efectos sociales del imperialismo: la elite] profundiza en las ideas que ya conocemos de Smith y, aunque no lo citen, de Armillas. Las elites conquistadas tenían obligaciones y derechos, pero su incorporación al imperio les brindaba nuevas oportunidades. Un cambio sustancial era la proveniencia del poder. Antes de la conquista procedía de una relación con los sujetos, después, de la voluntad del señor universal (ver Berdan y Smith 1996: 214).

Los apéndices resumen la información de manera útil, acompañada de mapas donde se plasma la nueva geografía del imperio. Tenemos un mapa general donde vienen las provincias estratégicas y las tributarias, con sus capitales, y mapas parciales agrupando varias provincias, con el detalle de los lugares sujetos, cuyos datos hay que buscar en los cuadros del Apéndice 4. Como hemos comentado ya, mucho material para trabajar y para pensar.

Pedro Carrasco

Dejamos para el final la extensa lectura que supone el principio de un libro "de peso", publicado en una colección que no responde cabalmente a sus características. Es de destacar la capacidad de trabajo de Carrasco y cómo a los 75 años es capaz de presentar una obra como ésta: *Estructura político-territorial del Imperio Tenochca. La Triple Alianza de Tenochtitlan, Tetzcoco y Tlacopan* (Carrasco 1996). Con el título ya podemos presumir por dónde van a ir los tiros, pero conviene ver con atención esta entrega "anunciada" en el trabajo que analizamos en el tema anterior. Son 670 páginas de texto en las que conviene demorarse.

Ya en la introducción (Carrasco 1996: 13-39) percibimos claramente el estilo de Carrasco: minuciosidad y llamar a las cosas por su nombre. Comienza, como es casi obligado, por referirse a los términos utilizados, entre los que destaca "imperio":

> El término *imperio* implica desde luego una organización estatal a gran escala, en la que hay dominio de un pueblo sobre otros, e igualmente de un rey supremo sobre otros subordinados; el concepto de emperador

> como rey de reyes lo expresa concisamente. Ambas ideas sirven para describir las unidades políticas mesoamericanas de mayor complejidad. (Carrasco 1996: 13)

Como es también de rigor en una obra sobre el Imperio Azteca, Carrasco da su opinión sobre las ideas de Barlow, antes de pasar revista a otros autores como Kelly y Palerm (1952):

> Los trabajos de Barlow han sido los más usados para localizar las distintas unidades tributarias del Imperio. Aunque también estudió las conquistas de los reyes tenochcas, su monografía sobre la extensión del Imperio se basa casi exclusivamente en las fuentes tenochcas sobre tributos, es decir, la *Matrícula* y el *Mendocino*. Sin embargo, no trata de elucidar la naturaleza administrativa de tales unidades ni su papel dentro de la organización imperial. Llama *provincia* al conjunto de lugares listados en una misma lámina de la *Matrícula* y añade a cada una de ellas lugares vecinos mencionados como tributarios en otras fuentes, principalmente en las relaciones geográficas, de manera que no pasa de ser una compilación y localización de los lugares que pagaban tributo. (Carrasco 1996: 15-16)

Carrasco es muy claro en sus valoraciones. Como muestra, una frase sobre lo que nos gustaría hacer y lo que se puede hacer:

> Sería conveniente determinar las consecuencias de cada conquista para la organización política y tributaria en conexión con el imperio, cosa que pocas veces es posible. (Carrasco 1996: 16)

Ya tenemos otra vez la perspectiva local en relación con el Imperio, y la importancia de estas relaciones para poder determinar la estructura. Y esa importancia no la podemos dejar de lado, aun cuando no nos sea posible estudiarla.

A continuación, sintetiza los objetivos del trabajo:

> El propósito de este trabajo es ir más allá de la mera catalogación y localización de conquistas y lugares tributarios. Toma la estructura total del Imperio, incluidas las tres partes de la Alianza; define los distintos tipos de

> entidades territoriales que constituían el Imperio; y trata de determinar cómo se hallaban bajo distintas condiciones de dominio económico y político, y desempeñaban distintas funciones en la organización global.
>
> El análisis aquí presentado da importancia fundamental a los informes procedentes de Tetzcoco y Tlacopan para definir la estructura tripartita del Imperio y para interpretar algunos datos de las fuentes procedentes de Tenochtitlan sobre la organización interna de la parte tenochca del Imperio. Expone la estructura del Imperio desde el centro rector, con su estructura tripartita, tanto en la zona central dominada directamente por los tres reinos de la Alianza, como en las regiones lejanas sometidas. Será imposible exponer aquí todas las variaciones en cuanto a la estructura territorial de los reinos componentes de cada una de las tres partes de la Alianza y de las regiones sometidas, tema que merece ser investigado con base en estudios regionales. (Carrasco 1996: 17)

En una nota cita como ejemplos de esos estudios los de Hodge y como una tipología general, las ideas de Hassig. En esta declaración de intenciones vemos claramente los puntos de contacto con el libro de Dumbarton Oaks, como son la variedad y la importancia de los estudios regionales, y la gran diferencia: la Triple Alianza de Tenochtitlan, Texcoco y Tlacopan, lo que nos obliga a analizar la estructura de los tres, y no quedarnos solamente con Tenochtitlan.

Elementos clave para el análisis van a ser la segmentación política y el faccionalismo.

Procede a continuación a presentar y comentar sus fuentes (Carrasco 1996: 19-26). Tiene muy en cuenta las desviaciones y partidismos de las mismas y ve, por ejemplo, la importancia que tiene el que Ixtlilxochitl, pese a su acendrado partidismo por Texcoco, acepte el predominio tenochca (Carrasco 1996: 20-21). Sobre el *Códice Mendoza*, destaca que, como el resto de documentos tributarios, no da un cuadro completo del imperio

(Carrasco 1996: 23) y que además, representa solamente el punto de vista tenochca (Carrasco 1996: 24). Dedica a continuación otro epígrafe a la terminología, precisando en qué sentido va a usar cada palabra, las localizaciones y las citas, para terminar con el plan del libro, del que transcribimos las primeras líneas:

> Desde la constitución de la Triple Alianza hacia 1428 hasta la conquista española iniciada en 1521, la entidad política que estudiamos duró casi todo un siglo. Dentro de ese periodo, el momento histórico en que se pueden discutir los problemas aquí planteados está limitado por la naturaleza de las fuentes existentes. Los documentos tenochcas sobre provincias tributarias tratan del tiempo de Motecuhzoma Xocoyotzin. Las fuentes sobre la extensión de los dominios imperiales procedentes de Tetzcoco y Tlacopan también se presentan como la situación que prevalecía a la llegada de los españoles, pero en ciertos aspectos de la organización tal vez destacan el periodo inicial del Imperio, cuando la influencia de Tetzcoco fue más fuerte.
>
> Los datos sobre la organización política del Imperio, incluida la estructura territorial, son escasos, inconexos y frecuentemente confusos, a veces contradictorios. Es difícil exponer la información disponible como una serie de hechos bien atestiguados y conforme a un plan determinado por la conexión entre los distintos aspectos de la estructura que examinamos. En gran parte es preciso discutir los distintos temas a partir de las fuentes con todas las limitaciones y complicaciones que afectan su interpretación.
>
> Este estudio sigue una ordenación temática de la estructura territorial del Imperio durante todo el siglo de su existencia, sin dividirlo en periodos, aunque señala, cuando es posible, el tiempo en que tuvieron lugar los sucesos relatados y se dedica un capítulo a la historia del Imperio que bosqueja brevemente el desarrollo de la estructura territorial. (Carrasco 1996: 37-38)

No olvida Carrasco la importancia de la diacronía, sino que

nos advierte de la dificultad de conocerla. Presenta a continuación brevemente cada parte y los capítulos que la forman:

Primera Parte: La estructura tripartita y las categorías territoriales (4 capítulos)
Segunda Parte: El reino Culhua-Mexica de Tenochtitlan (6 capítulos)
Tercera Parte: El reino Acolhua-Chichimeca de Texcoco (7 capítulos)
Cuarta Parte: El reino Tepaneca de Tlacopan (3 capítulos).
Quinta Parte: Las regiones sometidas a la Triple Alianza (10 capítulos)
Sexta Parte: Las entidades territoriales en la organización imperial (1 capítulo)

A todo esto, se añade la conclusión, los índices y la bibliografía. Repasémoslo brevemente.

En la Primera Parte, destacan la importancia de la historia anterior como evidencia de la verosimilitud de la Triple Alianza (Carrasco 1996: 44) y la división del Imperio en tres partes (Carrasco 1996: 48-49). Dentro del reparto de la tierra una idea muy importante es el **entreveramiento de territorios** (Carrasco 1996: 56-58) que afecta de forma especialmente señalada a la configuración geográfica del Imperio:

> La política recién citada de repartir tierras (o derechos a tributos) en un mismo lugar entre los distintos componentes de una entidad social da por resultado que casi todos ellos tenían tierras en las mismas partes, y que la población de un mismo lugar daba prestaciones a varios señores. Estos fenómenos están íntimamente ligados, y consecuencia de ello es el entreveramiento de derechos a la tierra y a los tributos que se encuentra en todos los niveles de la estructura social. México, Tetzcoco y Tlacopan tenían sujetos, cada uno en los territorios de los otros dos y, además, las tres capitales tenían posesiones separadas en varias regiones tributarias, como Tlalhuic, Chalco y Tolocan. Dicho de otra

> manera, en cada región había posesiones de las tres capitales. (Carrasco 1996: 56)

Algo de este entreveramiento hemos visto en el análisis de Maldonado (1990).

Dedica a continuación algunas páginas al "Desarrollo histórico de la estructura imperial", donde, tras la evolución de la alianza, llegan las facciones y Motecuhzoma se aprovecha, quedando Tenochtitlan como el poder hegemónico.

Justo en la página siguiente a las que nuestros alumnos leían continúan las precisiones de Carrasco. Así comienza el capítulo III: "Las categorías político-territorales en las fuentes de Tetzcoco y Tlacopan":

> LAS DIVERSAS UNIDADES TERRITORIALES que conformaban el Imperio tenían distintas funciones en su organización y, de acuerdo con éstas, sus miembros pertenecían a distintos niveles sociales. Para determinar las categorías fundamentales en la estructura político-territorial del Imperio, los documentos tenochcas -la *Matrícula de tributos* y el *Códice mendocino*- no son el mejor punto de partida. A pesar de ser las fuentes más completas en cuanto a listas de lugares tributarios y la naturaleza y cantidad de los tributos, tienen muy poca información sobre las características administrativas de cada provincia, presentándolas en general como entidades todas ellas de un mismo tipo. Es preferible comenzar con la documentación de Tetzcoco y Tlacopan que, aunque menos detallada sobre los tributos, tiene la ventaja de que nos permite identificar las distintas categorías de unidades territoriales del Imperio con base en sus obligaciones económicas y su condición política. (Carrasco 1996: 70)

Esta es una idea fundamental en la obra y de gran trascendencia para nosotros. Dependemos de nuestra documentación, pero no debemos olvidar que lo que tenemos es solamente una parte, aleatoriamente seleccionada, de lo que había. La hipótesis de Carrasco de que nos han llegado documentos de distinto tipo para las distintas partes, pero que debemos presumir que cada una de ellas tenía una organización similar, por formar parte de la misma tradición mesoamericana, y por tanto, debían usar documentación parecida, es de gran valor y supone uno de los contrastes más fuertes con el libro de Dumbarton Oaks. Añadamos que los diferentes tamaños que encontramos para las distintas áreas de influencia deben estar relacionados con la propia evolución del Imperio. El orden de los capítulos está, pues, profundamente meditado y nos lleva de la mano por la visión que Carrasco tiene del Imperio.

Los documentos a que se refiere son el *Memorial de los Pueblos* y la lista de Motolinía. En esta aparecen varias categorías:

> Las seis categorías se definen de la manera y en el orden siguientes:
>
> 1. Pueblos sujetos a Tetzcoco con reyes propios casados con hijas de Nezahualcoyotl, "el cual con sus hijas daba a sus maridos el señorío". Estos pueblos no servían más que en obras de construcción y en el suministro de leña para medio año. Todos ellos se localizan en el Acolhuacan.
>
> 2. Pueblos de campesinos, donde "no había señor sino mayores y principales que los regían. Todos eran como renteros del señor de Tezcuco, y demás de sus tributos tenía en estos pueblos el señor de Tezcuco muchas tierras que le labraban". También daban leña para medio año. Todos ellos se localizan en el Acolhuacan.
>
> 3. Pueblos que tributaban a las tres capitales del Imperio y que corresponden a la provincia tributaria de Tochpan en el *Códice mendocino.*
>
> 4. Pueblos que tributaban a las tres capitales y que corresponden a las provincias de Tlatlauhquitepec, Tlapacoyan y Tziuhcoac en el *Mendocino.*
>
> 5. Otros pueblos que tributaban a las tres capitales, y corresponden a la provincia de Tochtepec en el *Mendocino*

> 6. Cuauhnahuac con otros pueblos, cuyos tributos eran todos de Tetzcoco.
>
> Los lugares de los grupos 1, 2 y 6 constituían el reino acolhua de Tetzcoco, y se tratan en los capítulos XI a XVII. Los grupos 3, 4 y 5 de pueblos que tributaban a las tres capitales son únicamente parte de las numerosas regiones sometidas que tributaban al Imperio según otras fuentes; aproximadamente corresponden al sector tetzcocano que define Torquemada; se discuten en el capítulo XXIX. Sobre el gobierno de estos pueblos, el "Memorial" de Motolinía sólo dice que recogían los tributos los mayordomos de cada uno de los tres reyes de la Alianza. (Carrasco 1996: 74-75)

El *Memorial de los pueblos* ya lo hemos comentado en el capítulo de las fuentes. En el cuadro III.1 compara los dos documentos.

Hay que destacar la forma en que Carrasco presenta cada fuente, discute los datos que ofrece y el orden en que los muestra, para efectuar después la comparación entre unas y otras.

> La *Matrícula* está hoy encuadernada en forma de libro. Ya Boturini escribió en su catálogo: "Una matrícula de tributos... Es de diez y seis fojas en papel indiano, aunque le falta algo del principio y fin".[12] Pero no aclara si eran fojas sueltas o si ya estaban encuadernadas. En su estado actual, las láminas de amate están pegadas verso contra verso para formar las hojas del libro con pinturas en cada lado. En las láminas fragmentarias (como las 1, 2, 3 y 4), o rotas en los bordes, el amate está pegado a pedazos de papel para completar la hoja, como se percibe en las ediciones facsimilares. El examen del códice no deja dudas al respecto; sin embargo, los estudiosos de la *Matrícula* no han notado este hecho.[13] En su forma original podría haber sido una serie de hojas sueltas o una tira en biombo que se haya recortado en secciones para pegarlas una contra otra y formar las hojas con pinturas en ambos lados. El orden en que se describen las provincias en la *Información* es el mismo que el de la *Matrícula* y el *Mendocino*, excepto en el caso

de Apan, como se indica en el cuadro. Si el documento presentado a los testigos estaba en hojas sueltas, se entendería esta variación en la secuencia mejor que si estaba en forma de tira o de libro: tres de los testigos describieron el verso antes que el recto de lo que en la Matrícula es la foja 8

12. Boturini 117

13. Luis Reyes (Ms.) discute más en detalle esta cuestión. Cf. Robertson (p.73): "Close examination of the original by me showed no indication that the actual Matrícula represents a screenfold cut and bound into the Post-Conquest book form".

(Carrasco 1996: 113, 116)

Creo que ilustra este párrafo muy bien la sensación que tenemos de que siempre Carrasco va por delante. Y en este caso, su publicación es anterior a la de Mohar o la nuestra. En su momento mencionamos las líneas que se perciben a mitad de página en el facsímil y que son trozos pegados. Seguimos creyendo que eso indica que era una tira o biombo, sin perjuicio de que los informantes de 1554 hayan podido tener hojas, o un ejemplar en el que se haya encuadernado mal una página.

La condición social y política de los lugares pintados en los dos códices es de distintos tipos, desde ciudades con reyes propios hasta estancias rurales de las que los memoriales de Tetzcoco y Tlacopan describen habitadas por "renteros". No todas las ciudades con reyes sujetos a Tenochtitlan están representadas; sólo aparecen Huitzilopochco, Olac, Xochimilco, Cuitlahuac y Mizquic, en la provincia de Petlacalco; Ecatepec está en la provincia de Acolhuacan. Faltan por lo tanto Colhuacan, Mexicatzinco, Itztapalapan y Tenayocan. De las ciudades con reyes tepanecas, se encuentran Cuauhtitlan y Xilotepec, que son cabeceras de sendas provincias. De las que tienen reyes sujetos a Tetzcoco, Acolman es la cabecera de la provincia de Acolhuacan, y en esta misma provincia están Tezoyocan y Tepechpan. Tollantzinco está incluido en la provincia de Atotonilco el Grande.

> Estos casos demuestran que el *Mendocino* y la *Matrícula* siguen un criterio muy distinto del de los memoriales de Tetzcoco y Tlacopan. Cuando se pinta el glifo de una ciudad como Cuitlahuac, Cuauhtitlan o Tollantzinco, esto no quiere decir que la totalidad de los tributos fuera a Tenochtitlan, mientras que las ciudades no representadas no pagaban nada. Las ciudades pintadas en estos códices deben ser aquellas en que había posesiones tenochcas y en las que un mayordomo recogía el tributo para Tenochtitlan. Las ciudades no representadas pagarían tributos y servicios a sus propios reyes y al gran rey de la capital de quien dependían, pero no tributaban a Tenochtitlan; o bien, no daban sus prestaciones en los tributos en especie representados en estos códices. De esta manera se entiende por qué un mismo lugar puede aparecer en distintas láminas —como pueblo tributario y como guarnición— o ser mencionado en otras fuentes con obligaciones distintas. No se trata de contradicciones, sino del resultado de las múltiples obligaciones que podía prestar una ciudad y de la variedad de poseedores de tierras y terrazgueros que podía haber en el territorio de una ciudad. (Carrasco 1996: 120)

La gran novedad en el análisis de Carrasco es que no basta con localizar los pueblos, sino que hay que atender a su condición, ya que ésta es clave para comprender el sistema. La segunda opción para los pueblos que no aparecen en *Códice Mendoza* y *Matrícula de Tributos* puede ser compatible con nuestros "niveles de tributo" y el carácter administrativo de los códices.

> Tomando en cuenta todo lo anterior, se pueden ordenar las posesiones del reino tenochca en categorías semejantes a las de los otros reinos de la Alianza, descritos en los memoriales de Tetzcoco y Tlacopan.
>
> 1. La capital, que comprendía la isla con el centro cívico-religioso, no se menciona en las fuentes tenochcas como unidad tributaria. Algunas dependencias rurales de los islotes aledaños, así como varios lugares que en la época colonial eran estancias de la ciudad de México

y de Tlatelolco, se enlistan en las provincias (Citlaltepec y Petlacalco) situadas en el territorio de Tenochtitlan y de los reinos que dependían de ella.

2. Las ciudades con reyes dependientes de Tenochtitlan, que se han identificado en las fuentes históricas, no se encuentran en la *Matrícula* ni en el *Mendocino* como una categoría en sí. Esto contrasta con los memoriales de Tetzcoco y Tlacopan, que dan listas de ciudades con reyes dependientes de esas capitales. Los reinos del dominio tenochca sólo aparecen en el *Mendocino* cuando son sede de calpixques que tendrían a su cargo las tierras que en ellos pertenecían a Tenochtitlan.

3. Las provincias o calpixcazgos de los tributarios, correspondientes a los que los memoriales de Tetzcoco y Tlacopan describen como renteros, se localizaban en el territorio perteneciente a una o a otra de las tres partes de la Alianza. Pero cada una de las tres capitales tenía calpixcazgos tanto en su propio dominio como en los dominios de las otras dos. El Mendocino y fuentes relacionadas describen las provincias organizadas para recaudar el tributo destinado a Tenochtitlan de la manera siguiente:

> a. Provincias de lugares sujetos a Tenochtitlan en regiones donde se encontraban las ciudades con reyes que dependían directamente de Tenochtitlan: el distrito militar de la Cuenca encabezado por Citlaltepec (f. 17v del Mendocino), Tlatelolco y Petlacalco. Dentro de estas regiones también tenían posesiones los reyes de Tetzcoco y Tlacopan, de manera semejante a como Tenochtitlan las tenía en las regiones b y c.
>
> b. Provincias de sujetos de Tenochtitlan en los reinos dependientes de Tetzcoco: Acolman y parte de Atotonilco el Grande.
>
> c. Provincias de sujetos de Tenochtitlan en los reinos dependientes de Tlacopan: Cuauhtitlan, Axocopan, Atotonilco de Tula, Hueypochtlan, Xilotepec, Cuahuacan.

4. Varias provincias en el centro del Imperio que no estaban gobernadas por reyes sujetos directamente a una u otra de las tres capitales. Parece que estaban sujetos al Imperio en su conjunto, aunque bajo el predominio tenochca; sin embargo, cada una de las tres capitales tenía en ellas posesiones separadas. El Mendocino enlista las posesiones de Tenochtitlan en Cuauhnahuac, Huaxtepec, Chalco y Tolocan.[37]

Las provincias de estas cuatro categorías eran la parte tenochca de la zona nuclear del Imperio, que se describe en los capítulos V a X. Tributaban a Tenochtitlan aparte de los pueblos que en esas mismas regiones tributaban a Tetzcoco o a Tlacopan, que están identificados en las fuentes de esas dos capitales. El resto de las provincias tributarias pintadas en la *Matrícula* y el *Mendocino* corresponden a las regiones que los memoriales de Tetzcoco y Tlacopan describen como tributarias del Imperio en su conjunto, cuyos tributos se repartían entre las tres capitales. Estos tributos iban a Tenochtitlan, pero, según el procedimiento general descrito por Ixtlilxochitl, partes de ellos se repartían desde allí a las otras dos capitales.[38] El *Mendocino*, como el Memorial de Tlacopan, abarca todo el Imperio, aunque difieren en la composición de las provincias. En contraste, las fuentes de Tetzcoco se concentran en el sector nororiental o tetzcocano del Imperio y dan poca información sobre los sectores de Tlacopan y Tenochtitlan. Todas estas provincias de las regiones conquistadas que tributaban a las tres capitales no se han enumerado aquí; se discuten en los capítulos XXIV a XXIX. Otra categoría bien distinta es la de los distritos militares, que no tributaban en especie. El de la Cuenca se discute en el capítulo VII y las guarniciones lejanas en el capítulo XXX.[39]

37. La situación de Chalco y de Tolocan se presta a distintas interpretaciones, véanse caps. XXIV y XXV, sección 3.
38. Esta cuestión se discute en el cap. XXII.
39. La discusión anterior se ha apegado a las fuentes pictóricas tenochcas interpretadas a la luz de los memoriales de Tetzcoco y Tlacopan. Otros informes que dan un

> cuadro general, pero algo distinto, de las provincias del imperio se discuten a continuación en las secciones 2 y 3. (Carrasco 1996: 126-127)

Este material se compara en el cuadro IV.2.

Del conjunto y de la nota 39 se manifiesta la oportunidad de la secuencia de análisis de Carrasco: comenzando por las fuentes no tenochcas consigue una mejor comprensión de éstas.

Sobre los parecidos y diferencias del *Memorial de Tlacopan* y el *Códice Mendoza*, puede ser que la organización de las provincias sea diferente en los dos reinos. Nosotros no estamos seguros de que los tributos que aparecen en las láminas "compartidas" sean para repartir. Más bien, si el *Códice Mendoza* y la *Matrícula de Tributos* tratan de los tributos de Moctezuma, creemos que aparece la parte de éste y nada más. En los documentos similares supuestos para Tetzcoco y Tlacopan, figurarían los de cada uno.

En los capítulos siguientes se ocupa de analizar con detalle provincia por provincia. Es interesante que algunos topónimos no designan entidades, sino parte de ellas (como Olac, que es parte de Xochimilco), pues parece apoyar la idea de que nos encontramos ante señoríos y no localidades, o por emplear la terminología nahuatl, *tlahtocayotl* y no *altepetl*.

Hay que destacar la variedad de fuentes que utiliza para las localizaciones, en la que figuran muchos documentos de archivo.

Los *calpixque*, sus ubicaciones y funciones reciben el correspondiente apartado.

> No explica Torquemada cuál era el origen social de los calpixques. En general parece ser que eran macehuales en los niveles inferiores de *tequitlatos* y *tlayacanques*, pero nobles en los grados superiores de la jerarquía. Los calpixques eran nombrados por las ciudades conquistadoras: Sahagún dice que después de una conquista fijaban un tributo anual "de lo que en aquella provincia se criaba y se hacía y luego elegían gobernadores y oficiales [*calpixque*] que presidiesen en aquella provincia, no de los naturales de ella, sino de los que la

habían conquistado".[35] Los informes tanto de Tenochtitlan como de Tetzcoco sugieren que se nombraban calpixques de entre los nobles de ascendencia real,[36] pero probablemente se refieren a los niveles más altos. Parece excepcional lo que se dice de Coaixtlahuacan, donde, muerto el rey Atonal, su viuda fue nombrada mayordoma (*cihuacalpixqui*).[37]

Una cuestión no bien explicada en las fuentes es hasta qué punto los funcionarios del Imperio se encargaban de organizar la producción. Cuando varias relaciones de Oaxaca distinguen entre el pago de parias a Moteuczoma y el hacer sementeras para el señor local, lo más probable es que el Imperio no interviniera directamente en la producción de los bienes tributados; aunque la demanda de tributo provocara su producción, ésta quedaría a cargo de los funcionarios locales. Así sería en los casos en que Ixtlilxochitl dice que el tributo procedía de las rentas del señor.[38] Por otra parte, cuando había reparto de tierras a las ciudades conquistadoras, se puede pensar que los calpixques locales responsables ante el Imperio se encargarían de reclutar los trabajadores y organizar la producción. Un caso concreto es el de Ichcatlan, en la Mixteca, donde se describe otro procedimiento: Moteuczoma desposesionó al señor local nombrando un gobernador y mandó alimentar al primer señor "de la mitad de los tributos", lo cual implica que los mexicanos administraban la totalidad de los tributos y asignaron la mitad al señor local[39]. Éste es un tema que se debe investigar más a fondo.

35. Sahagún 1969b 2: 317 (Lib. 8, cap. 17). El texto náhuatl da *calpixque* para los gobernadores y oficiales pero no explica que se escogieran de entre los conquistadores (1954: 53-54)

36. Según Zorita (1941: 151) los *tlatoque* nombraban a los mayordomos de entre los *pilli*. Moteuczoma Ilhuicamina ocupó a sus hijos en las armas, las artesanías y la escribanía (*Tlacuilocayotl*) (Tezozomoc, 1949: &201). Nezahualcoyotl ganó 44 reinos, "y para la sujeción y cobramiento de estos lugares envió a sus hijos por generales". Pero

> aquí cobramiento tal vez signifique conquista, no cobro de tributos (Ixtlilxochitl, 1: 446). Sobre los calpixques de la zona nuclear, véanse Hicks, 1978, y el cap. XIII, secciones 2 y 3.
> 37. AC: 51 & 189.
> 38. Ixtlilxochitl, 2: 104. Véase cap. XX.
> 39. RG, 2: 229. Véase cap. XXVI, sección 1.
>
> (Carrasco 1996: 327-328)

Continúa ocupándose del reparto de los tributos, discutiendo las distintas fórmulas y discute si entre las funciones de los *calpixque* se encontraba la organización de la labranza de las tierras entregadas a los conquistadores.

El capítulo XXIII se ocupa de "los tres sectores del imperio". Vuelve a discutir las fuentes y nos anuncia lo que sigue:

> Los capítulos siguientes discuten todas las entidades tributarias que tradicionalmente se han descrito con el nombre de provincias; se conserva este término para las unidades descritas en el *Mendocino*, pero los grupos de lugares del *Memorial de Tlacopan* se identifican con el número del párrafo en que esta fuente los enumera.[31]
>
> Nos interesan principalmente las cuestiones generales de organización territorial que se han esbozado en capítulos anteriores, con hincapié en las divisiones territoriales y su administración. La extensión de cada provincia se compara con la historia de su conquista para ver en qué medida la organización de las provincias tributarias se relaciona con las regiones sometidas en las campañas militares relatadas en las crónicas, y cómo pueden haber cambiado en el curso de la historia.
>
> No es necesario tratar por completo la cuestión de la naturaleza o la cuantía de los tributos, temas que requieren atención especial.[32] Tampoco se intenta dar un cuadro completo de las conquistas del Imperio.[33] En cada provincia se trata de identificar la existencia previa de unidades políticas indígenas y su continuidad bajo el dominio del Imperio. Como ya se ha dicho, no se puede tomar la lista de lugares de una provincia

como una serie de señoríos, ni siquiera de subdivisiones políticas, a menos que haya datos concretos que lo afirmen; eran sólo lugares que pagaban o donde se recogían tributos en especie. Se verá asimismo qué informes hay sobre los calpixques imperiales existentes en cada provincia y qué se sabe sobre movimientos de población, especialmente el envío de colonos de la Cuenca, aunque esto toca ya al tema de fortalezas y guarniciones militares, que se trata en el capítulo XXX.

En la definición de las provincias tributarias del Imperio se ha seguido tradicionalmente la lista del *Mendocino*. Aquí seguiremos el mismo proceder, pero se dan las variantes de la *Matrícula* y de la *Información* cuando añaden algo de importancia para las cuestiones de este estudio. Objetivo especial es el comparar los materiales de estas fuentes tenochcas con los de las tetzcocanas y tlacopanecas.[34] Cuando es posible se combinan las fuentes de las tres capitales para discutir una provincia dada, pero los materiales del *Memorial de Tlacopan* se discuten por separado en los casos en que dan una organización territorial muy distinta.[35]

Las provincias tributarias comprendían más lugares de los que registran el *Códice mendocino* y la *Matrícula de Tributos*. La *Información de 1554* da para unas pocas provincias un número de pueblos mayor que los códices pictóricos.[36] Las fuentes de Tetzcoco y de Tlacopan añaden más lugares en las provincias del sector tetzcocano. Tochpan es el caso mejor documentado; cada uno de los siete pueblos que pone el *Mendocino* en esa provincia era la cabecera de toda una serie de lugares, y el caso de Tziuhcoac parece haber sido semejante.[37] En el sector meridional la situación es más complicada; el *Memorial de los pueblos de Tlacopan* comprende muchos pueblos no registrados en el *Mendocino*, pero la división en regiones es muy distinta. Las fuentes locales informan, a veces, de lugares que enviaban los tributos a pueblos registrados en el *Mendocino*. Así Tixtla y Tzompanco, en Guerrero, los mandaban a Ohuapan, que era parte de la provincia de Tepecuacuilco,[38] y Tecuicuilco e Itztepexic, en la Sierra Juárez, tributaban a Huaxyacac.[39] Los capítulos siguientes citarán informes de otras fuentes, especialmente las relaciones geográficas, sobre lugares de las regiones abarcadas por cada provincia, pero sin implicar que hayan sido parte de ellas a menos que haya razones de peso. Cuando los informes dicen que ciertos lugares tributaban al Imperio, sin precisar el centro de recolección, éste podría estar en una u otra de las provincias cercanas, o bien formar otra provincia que falta en el Mendocino. Este códice registra las provincias que enviaban a Tenochtitlan tributos en especie, pero además había otras formas de organización local, cuya relación con las provincias tributarias no está bien documentada. Podía tratarse de tributos para el uso local y no para enviar a México.

31. Véase la Introducción, para el uso en las fuentes de la palabra provincia.

32. Barlow (1949b), Mohar (1987 y 1990) y Berdan (1980 y 1992), entre otros, han dedicado especial atención a estos temas.

33. Se han discutido las conquistas principales en el capítulo II. Los principales estudios sobre el tema son Barlow (1990), Kelly y Palerm (1952), y Hassig (1988).

34. Gibson (1971), en su mapa 2, marca los lugares registrados en el *Códice mendocino* y los que tributaban a las tres capitales, indudablemente según datos del *Memorial de Tlacopan*, pero no toma en cuenta la organización en distintas provincias o párrafos que dan estas fuentes.

35. Otro problema no tratado más que en parte es el de dilucidar el significado del orden en que se enumeran los lugares de cada provincia del *Mendocino* o de cada párrafo del *Memorial de Tlacopan*.

36. Véanse los casos de Petlacalco (cap. VII), Acolman (cap. VIII), Cuauhtitlan (capítulo IX) y Tlalhuic (cap. X), aunque todas ellas están en la zona nuclear.

37. Véase cap. XXIX, sección 2.

38. Véase cap. XXV, sección 2.

39. Véase cap. XXVI, sección 1, sobre Coyolapan.

(Carrasco 1996: 352-354)

Si es posible, no se hacen afirmaciones no probadas, lo

que contrasta con otros autores. La discusión de cada punto es pormenorizada.

En el capítulo XXX se ocupa del trascendental punto de "Guarniciones y colonias militares".

> Los cronistas a veces usan *guarnición* o *presidio* para una fuerza que defiende temporalmente una plaza, pero también para los nuevos pobladores militares asentados permanentemente para la defensa del territorio. Lo importante para definir la organización de las entidades territoriales con funciones militares es identificar el procedimiento de reclutamiento y remuneración del personal militar, especialmente sus derechos a la tierra en los lugares donde se asentaban. Las fuentes dan material suficiente para identificar los rasgos generales.
>
> Aunque no había ejército permanente en el sentido moderno de la palabra, el Imperio disponía permanentemente de fuerzas armadas compuestas de nobles, mancebos del *telpochcalli* y campesinos que tenían la obligación de servir en las guerras. Las salas de palacio donde asistían los guerreros de alto rango (*tecpilcalli* y *cuauhcalli*), la *cuicacalli* donde acudían los mandones de los mancebos (*telpochtlatoque*) y las casas de mancebos (*telpochcalli*) eran los centros para la organización y coordinación de sus actividades. Los tipos de tenencia de tierras concedidos a nobles y guerreros meritorios eran la forma de mantener el personal militar de alta graduación.
>
> En las regiones conquistadas se usaban los mismos procedimientos mediante el establecimiento de colonos de la Cuenca que daban servicio militar y la demanda de servicios semejantes a pueblos de la región.
>
> Los autores modernos han abusado del término *mercenario* para pueblos que prestaban ayuda militar. Era general en el México antiguo que los distintos segmentos sociales que constituían un señorío desempeñaran funciones diferentes en la organización social y política.[13] Había pueblos cuya obligación era principalmente militar, de la misma manera que otros eran especialistas

en el comercio o las artesanías y daban por lo tanto tributos y servicios relacionados con su especialización. La existencia de pueblos que actuaban como auxiliares militares no implica que fueran guerreros a sueldo, como se entiende normalmente de los mercenarios; eran gente que daba servicio militar en vez de tributos en especie. No hay datos fidedignos que describan el asoldamiento de guerreros.[14] Si hubo soldados mercenarios no fueron de importancia suficiente para dejar rastro en las crónicas.

Los pueblos con deberes militares asentados en regiones estratégicas no eran tropas mercenarias sino colonos militares, como los que se asentaron en Oztoman que se describen adelante.[15] Igualmente, Tlaxcallan y Michoacán acogieron a otomíes y matlatzincas, que huían de los mexicanos, y les dieron tierras en sus fronteras para la defensa contra el Imperio. Es notable que estos colonos eran extranjeros, mientras que la Triple Alianza trasladó principalmente a pueblos de la Cuenca. Por otra parte, se dice que Nezahualpilli ordenó un cambio en la ley para que el guerrero culpable de adulterio, en vez de la pena de muerte, fuera condenado "a perpetuo destierro en una de las fronteras y presidios que el imperio tenía".[16]

El mejor material sobre las guarniciones militares como un tipo distintivo de entidad político-territorial es el del *Códice mendocino*. Las láminas correspondientes de la *Matrícula* sólo han sobrevivido en fragmentos y por lo tanto hay que basarse principalmente en el *Mendocino*.[17]

La disposición de los glifos en la *Matrícula* muestra la asociación de algunas guarniciones en grupos que siempre constan de una guarnición, con uno o dos gobernadores, y de otro lugar o lugares para los que no se indica que tuvieran gobernadores. Es de suponer que estos últimos estuvieran al mando del lugar con gobernadores, formando un distrito militar. La localización geográfica de las distintas guarniciones confirma los agrupamientos que muestra la *Matrícula*.

13. Véase el concepto de pueblos compuestos en Kirchhoff 1963.
14. Hay un texto de los *Anales de Tlatelolco* (& 13, 14) sobre la guerra de Axayacatl contra Moquihuix de Tlatelolco donde se ha traducido motetlaquehui como "alistar soldados mercenarios". Esto se basa en la acepción que da Molina: "*tlaquehuia. ninote.* alquilar obreros", "*tlaqueualli.* alquilado o mercenario". Pero también da "*tlaquehuia. nite.* buscar, o alquilar a alguno para que haga mal a otro" y "*tetlaqueualiztica.* alquilando, o con traición". El contexto sugiere que los alistados (o buscados) fueron los que traicionaron a los tlatelolcas, como se describe en los párrafos (10-12) precedentes. La HMP (p.237), al describir brevemente esta guerra, explica que, según la mujer de Moquihuix, éste decía que "ganó a los de Cotasta y a los de México, y para ello alquilaron los comarcanos". Pero no queda en claro quién alquila a quién y para qué. Otro texto difícil de interpretar que usa *tetlaquehuia* (alquilar) se halla en la *Leyenda de los Soles* a propósito de la estadía de los mexicanos en Chapoltepec y su sometimiento a Colhucan. Tal vez aquí se trate de guerreros alquilados (Velázquez: 127, p. 83 del facsímil; Lehmann: 384)
15. Véase Weber (pp. 761-765) para una breve tipología de los ejércitos en las sociedades patrimoniales. En el mundo clásico los colonos con obligaciones militares (*klerouchoi*) fueron de importancia especial en el período helenístico (Tarn: 62, 146, 188).
16. Ixtlilxochitl, 2: 171.
17. Son las páginas donde están los pueblos de Citlaltepec y las guarniciones de las regiones conquistadas; véanse caps. III, sección 5, y VI.

(Carrasco 1996: 533-534)

A continuación, revisa las guarniciones que aparecen en la documentación y resume la situación:

El hecho de que casi todos estos lugares falten en las listas de tributarios en especie del *Mendocino* puede deberse a que sus obligaciones eran militares, aunque no tan bien definidas o importantes como las de las guarniciones de las láminas 17-18 del Mendocino, y por eso no se enlistan como tales. Acaso su incorporación al sistema imperial no fue tan segura o tan duradera como la de las otras.

En conclusión: había lugares que daban tanto servicio militar como tributos en especie, pero el *Mendocino* muestra que los dos tipos de servicios se registraban por separado y que se distinguía entre los gobernadores de las guarniciones y los calpixques.

A juzgar por sus títulos, los gobernadores de las guarniciones del *Mendocino* eran de rango superior al de los calpixques de las provincias tributarias. ¿Cuál sería la relación entre los gobernadores militares de las guarniciones y los calpixques de las provincias tributarias? ¿Estarían estos gobernadores a cargo de grandes subdivisiones territoriales que comprendieran varias de las provincias tributarias? No hay datos para contestar a estas preguntas, pero conviene comparar las guarniciones del *Mendocino* con las secciones del *Memorial de Tlacopan,* puesto que este documento no enumera únicamente pueblos que tributaban en especie sino que también incluye algunos que sólo daban ayuda militar.

Todas las guarniciones del *Mendocino*, salvo Atzaccan, están incluidas en las secciones 7 y 8 del *Memorial de Tlacopan*, que corresponden al sector meridional, o tenochca, del Imperio. En el párrafo 7.2 (Cuetlaxtlan) están Zozollan y Cuauhtochco, aunque falta Quecholtetenanco, cabecera del distrito en que entra Cuauhtochco. En el párrafo 7.4 (Oztoman) están Huaxyacac y Oztoman.[110] Xoconochco se encuentra en la sección 8. Atlan se ubica geográficamente en el sector nororiental o tetzcocano del Imperio, pero en el *Memorial de Tlacopan* está en la lista del párrafo 7.1 (Cempohuallan). Atzaccan es la única guarnición que falta en estas secciones 7 y 8 del *Memorial de Tlacopan.* Si tenía alguna relación con un párrafo del *Memorial de Tlacopan* puede haber sido el 7.2, que incluye los lugares de la provincia de Tochtepec más cercanos a Coatzacualco, aunque Tochtepec está en uno de los párrafos (6.3) relacionados con Tetzcoco. O bien, puede haber esta-

> do vinculada con la sección 8 que incluye a Xaltepec y Tecuantepec, también en la frontera de Coatzacoalco.
>
> La preponderancia de Tenochtitlan dentro del Imperio, especialmente en lo referente a la guerra, explica el control tenochca de las guarniciones militares. Por eso, aunque la región noreste del Imperio constituía el dominio acolhua, la provincia de Atlan, sede de una de las principales guarniciones, no se incluye en los informes de las fuentes tetzcocanas.
>
> Los casos concretos que hemos examinado confirman el informe general de los agustinos de que "algunos pueblos solamente servían de gente de guerra y otros de mantener".[111] Las guarniciones o presidios de las fuentes se pueden definir con mayor precisión como colonias militares, es decir, poblados establecidos en lugares estratégicos con la obligación de prestar servicio militar. Por ello estaban exentos de otros tipos de tributos y, aunque puedan haber practicado el cultivo y otras artes para su propio sustento, desde el punto de vista de la organización imperial se deben considerar como especialistas en la guerra.
>
> 110. Véase cap. XXVI, sección 3.
> 111. Parecer de la Orden de San Agustín en Carrasco, 1968: 121.
>
> (Carrasco 1996: 550-552)

El Mapa 30 muestra las guarniciones localizadas.

La sexta parte se ocupa de la participación de las distintas entidades territoriales en acontecimientos diversos. Destacaremos el aprovechamiento de las crónicas de Durán y Tezozomoc para estudiar la presencia de representantes de muchos lugares en acontecimientos como entronización de *tlahtoque* o la inauguración del Templo Mayor. El último párrafo es concluyente:

> La enumeración de los componentes del Imperio se da con base en las unidades políticas locales más que de provincias tributarias como las del *Mendocino*; confirman así la distinción entre la organización política sub-

> yacente y las provincias tributarias establecidas para la recaudación de tributos. (Carrasco 1996: 583)

En conclusión, el Imperio es bastante más que lo que aparece en el *Códice Mendoza* y en la *Matrícula de Tributos*. Nuevas visiones de fuentes conocidas aportan diferentes resultados. Carrasco hace énfasis en la Triple Alianza y nos muestra cómo el sistema era muy complejo, con existencia de lugares que pagaban tributos y otros que contribuían de manera diferente. Es muy interesante el entreveramiento de los territorios con la presencia de lugares sometidos a una de las cabezas en territorios de otra, la importancia que se da a la Triple Alianza y el papel de los señores locales. Parece que hay más de una estructura, como decía Hicks, y ahora toca ver el funcionamiento y utilidad de cada una.

Capítulo IX
El presente y el futuro: perspectivas y propuestas

Una de las propuestas que realizábamos en la última lección del curso es la de aprender de lo que se hace para aplicarlo a otros tiempos o lugares. La lectura elegida, aunque nos hace remontarnos unos años en el tiempo, es muy ilustrativa. Hoekstra (1990) nos sirve, entre otras cosas, para reafirmar la idea de que los estudios sobre la organización prehispánica y la colonial están muy relacionados. De hecho, esta investigación ha sido hecha al tiempo que Rojas (2010), en un ir y venir entre el Prehispánico y la Colonia, en una especie de realimentación continua. Al analizar los señores coloniales se aprende mucho de los prehispánicos, y una muestra de ello encontramos en la reforma tributaria de la segunda mitad del siglo XVI y el conflicto de intereses entre macehuales y señores (Hoekstra 1990: 63), y en la definición de los dueños de la tierra en el caso de Cuauhtinchan presentado por Hoekstra:

> Several other witnesses declared how this situation came to be: the *tlahtoani* took the autonomy from the *calpulli* and made all members of the *calpullis* into their *macehuales*. (Hoekstra 1990: 64)
>
> [Algunos otros testigos declararon cómo se produjo la situación: el *tlahtoani* tomó la autonomía del *calpulli* y convirtió a los miembros de los los *calpullis* en sus *macehuales*].

Es una forma de ver el inicio del sistema de señores y como consecuencia de ello los calpullis pleitean por restituir "el status quo anterior" en cuanto tienen ocasión.

Lo más importante para nosotros es la distinción entre *Personenverband* (organización personal) y *Territorialverband* (organización territorial):

> In the system of *Personenverband* the lords had domains in which they had authority over the people associated

with them. In the domains they had the threesided position outlined above. As a reward a lord could assign a number of subjects to particularly meritorious vassals. In the long run such an assignment might become a new domain, by becoming hereditary and thus independent of the lord. Even though the bonds between lords and vassals did not necessarily vanish if a domain got independent, this was by no means the intention of the lord, because it affected his authority. The people assigned could live in a joint area, but this was not necessary. At the basis of the system lies the idea of mutuality. The lord has rights, but also duties. The subjects has duties, but also rights. The position of the lords is clear. So are the duties of the subjects, but their rights are less evident. A subject has the right to a plot of land of sufficient size to maintain himself and his family. He has the right to be protected from attacks on his lands and looting by foreign powers. We can possibly count as an economic right the provision of sustenance in difficult times, like help in the case of illness or poverty. The bonds between higher and lesser lords are maintained and strenghtened by the exchange of gifts. The size of gifts is a sign of the wealth and power of the offering lord[29]. Whenever a lord fails to fulfill his duties as a protector he either offers himself as a vassal to a higher lord —often a former rival— or he is subjected and deposed by an assailant.

29. Slicher van Bath, *Agrarische geschiedenis*, 35-36, 44. For an analysis of the system of *Personenverband* in some Duthc regions see: Slicher van Bath, "Hoven op de Veluwe", in Slicher van Bath, *Bijdragen tot de agrarische geschiedenis* (Utretch, 1978), 268-303, also *Een samenleving onder spanning. Geschiedenis van het platteland in Overijssel* (Utretch 1957), esp. Chapter VIII: "Eigendom en pacht", 610-728, in which pages 673-728 are most important. In this last monograph the slow transition to the *Territorialverband* is described.

(Hoekstra 1990: 70, 82)

[En el sistema de *Personenverband* los señores tenían dominios en los cuales tenían autoridad sobre la gente asociada con ellos. En los dominios tenían la posición tripartita esbozada arriba. Como recompensa, un señor podía asignar cierto número de sujetos a un vasallo particularmente meritorio. A la larga, tal asignación podía convertirse en un nuevo dominio, haciéndose hereditario y de esa manera independiente del señor. Incluso aunque los lazos entre señores y vasallos no desaparecían necesariamente si un dominio se hacía independiente, eso no era la intención del señor, porque afectaba su autoridad. La gente asignada podía vivir concentrada, pero no era necesario. En la base del sistema se situaba la idea de la mutualidad. El señor tenía derechos, pero también obligaciones. Los vasallos tenían obligaciones, pero también derechos. La posición de los señores es clara. También lo son las obligaciones de los sujetos, pero sus derechos son menos evidentes. Un sujeto tenía derecho a una parcela de tierra de suficiente tamaño para mantenerse él y su familia. Tenía derecho a ser protegido de ataques en sus tierras y saqueo por poderes forasteros. Posiblemente podemos contar como un derecho económico el abastecimiento de alimentos en tiempos difíciles, así como ayuda en caso de enfermedad o pobreza. Los lazos entre señores mayores y menores eran mantenidos y fortalecidos por el intercambio de regalos. El tamaño de los regalos es un signo de riqueza y poder del señor oferente.[29] Cuando un señor no podía cumplir sus obligaciones como protector se ofrecía a sí mismo como vasallo de un señor más poderoso -frecuentemente un antiguo rival- o era sometido y depuesto por un asaltante."

29. Slicher van Bath, *Agrarische geschiedenis*, 35-36. Para un análisis del sistema de *Personenband* en algunas regiones holandesas ver: Slicher van Bath, "Hoven op de Veluwe", en *Slicher van Bath, Bijdragen tot de agrarische geschiedenis* (Utrecht, 1978), 268-303, también *Een samenleving onder spanning. Geschiedenis van het platteland in Overijssel* (Utrecht 1957), esp. Capítulo VIII: "Eigendom en pacht," 610-728, de las que las páginas 673-728 son las más importan-

tes. En esta última monografía es descrita también la lenta transición al *Territorialverband*].

Un mundo de señores, como señalaba Smith (1986), o mucho antes aparece en la obra de Zorita, que es interpretada por Hoekstra en términos de *Personenverband* (Hoekstra 1990: 71), o una selva de reyes como felizmente titularon su libro Schele y Freidel (1999). La coincidencia con el mundo maya refuerza la posición teórica y abre nuevas perspectivas, como tendremos ocasión de ver. Siguiendo con Zorita, queda clara la posición de Hoekstra:

> Taking Zorita´s description as a point of departure I am now able to outline a coherent picture of the structure of the pre-Hispanic society; see Appendix. There was a fundamental division between commoners, *macehuales*, and nobles, principales (Nahuatl: *pipiltin*). One can probably best translates this as a division between liability to tribute and entitlement to tribute. Tribute was given in kind and in services, according to the possibilities of the *macehual* in question. In principle, all tribute fell to the supreme lord (*tlahtoani*). He could assign usufruct, however, to his faithful followers in return for services in war or administration. As the lords of a *teccalli* they could pass on rights in the same way to their followers. Such a bestowal was usually valid for just a lifetime and did not include jurisdiction over the *macehuales* liable for tribute. Only in the case of conquests were rights to tribute conferred definitively. This was for example the case in the *señorio* of Huejotzingo, after the conquest of the valley of Atlixco.
>
> Usually the local ruler remained in office, but he had to make a declaration of vassalage to the conqueror. Such declarations of vassalage were also expected if the higher lords organized celebrations, and upon succesion of lower lords. Conquered rulers retained most of their tribute rights on subordination, but they had to reserve part of them for the conqueror. Other tributes were assigned to the temples. As the Aztec

Empire and the indigenous temples disappeared, their rights returned to the local lords. Sometimes a local lord was replaced or driven away. Thus, the Aztecs appointed governors on strategic locations. As I argued above in Tepeaca heads of *calpullis* were degraded to *macehuales* and in the valley of Atlixco the lords were driven from Quauhquechollan. In the last case it is not clear how many followers they took with them.

It has become clear from the analysis above that as a result of the historical political and military developments society in Central Mexico was like medieval European society highly complicated and locally divers. Although the *calpulli* may originally have been a clan-like organization, it had a different nature in Central Mexico at the time of the coming of the Spaniards. From the documents the *calpulli* appears mainly to have been an instrument for the organization of tribute collection. It was subdivided into groups of 20 and 100 men (i.e. households). Such an interpretation is supported by the exclusion of widows and elderly people from the *calpulli* organization in the *Matrícula de Huexotzinco*. They were exempted from tribute obligations. Herewith is also explained the use of the name of calpulli for varying social groups, as Carrasco has noted.

The duty of the leaders of groups within the *calpulli* was to collect tribute goods and divide labour obligations. They might have been *principales* but that was not necessary. From the protocols of lawsuits one gets the impression that they represented the communities in litigations. Presumably they were the ones Zorita dessignates as the leaders of the *calpulli*. In the colonial period, in any case, there were heads of *calpullis* for whom lands were worked, and who consequently were entitled to tribute. They had extensive records of the *macehuales* entrusted to them. From Zorita´s treatise it appears they had maps of the plots assigned to the *macehuales* too. On these maps the plots reserved for the lord and the temples would be represented.

The sort of landownership of the *calpullis* discussed here does not match with the picture of the structure of indigenous society in Central Mexico outlined above. In colonial times both principales and *macehuales* —united in the *calpullis*— could claim land with reason, considering the rights both parties had to usufruct. It is important to realize this was not a question the Indian world had ever reflected on before: landownership was trivial. (Hoekstra 1990: 73-74).

[Tomando la descripción de Zorita como punto de partida estoy ahora en condiciones de esbozar una imagen coherente de la sociedad pre-Hispánica; ver Apéndice. Había una división fundamental entre plebeyos, *macehuales*, y nobles, principales (Nahua: *pipiltin*). Uno puede probablemente traducir mejor esto como una división entre disposición de tributo y obligación de tributar. El tributo era dado en especie y servicios, de acuerdo con las posibilidades del *macehual* en cuestión. En principio todo el tributo llegaba al señor supremo (*tlahtoani*). Él podía asignar usufructo, sin embargo, a sus fieles seguidores como pago por servicios en la guerra o la administración. Como señores de un *teccalli* podían pasar sus derechos en la misma forma a sus seguidores. Tal concesión era usualmente válida por una vida y no incluía jurisdicción sobre *macehuales* tributarios. Sólo en caso de conquista eran conferidos definitivamente derechos sobre el tributo. Este era, por ejemplo, el caso en el señorío de Huejotzingo, después de la conquista del valle de Atlixco.

Usualmente el señor local permanecía en el cargo, pero tenía que hacer reconocimiento de vasallaje al conquistador. Tales declaraciones de vasallaje eran también esperadas si el señor superior organizaba celebraciones, y cuando se producía la sucesión de los señores inferiores. Los señores conquistados retenían la mayoría de sus derechos tributarios en la subordinación, pero tenían que reservar parte de ellos para el conquistador. Otros tributos eran asignados a los templos. Cuando el imperio azteca y los templos indígenas desaparecieron, sus derechos regresaron a los señores locales. A veces un señor local era reemplazado o suprimido. Entonces los aztecas designaban gobernadores en localidades estratégicas. Como se argumentó en Tepeaca, los *calpulleque* fueron degradados a *macehuales* y en el valle de Atlixco los señores fueron llevados de Quauhquechollan. En el último caso no está claro cuántos seguidores llevaron con ellos.

Ha resultado claro del análisis que antecede que, como resultado de la historia política y los desarrollos militares, la sociedad del México central era como la sociedad europea medieval muy complicada y localmente diversa. Aunque el *calpulli* puede haber sido originalmente una organización semejante al clan, tenía una naturaleza muy diferente en el México central en el momento de la llegada de los españoles. Según la documentación, el *calpulli* parece haber sido principalmente un instrumento para la organización del cobro de tributos. Estaba subdividido en grupos de 20 y 100 hombres (es decir hogares). Tal interpretación es sostenida por la exclusión de viudas y ancianos de la organización del *calpulli* en la *Matrícula de Huexotzinco*. Estaban exentos de las obligaciones tributarias. Con esto se explica también el uso del nombre *calpulli* para varios grupos sociales, como Carrasco ha señalado.

La obligación de los dirigentes de los grupos dentro del *calpulli* era cobrar el tributo y repartir las obligaciones de trabajo. Deben haber sido *principales* pero no era necesario. De los protocolos de los pleitos uno saca la impresión de que representaban a las comunidades en litigio. Presumiblemente eran los que Zorita designaba como señores de los calpullis. En el periodo colonial, en cualquier caso, eran cabezas del *calpulli* para los que se trabajaban tierras y consecuentemente, recibían tributos. Su remuneración prehispánica por los señores que representaban puede haber sido también una exención de la obligación de tributar. Tenían extensos registros de los macehuales confiados a ellos. Del tratado de Zorita consta que tenían mapas de las tierras asignadas a los macehuales también. En estos mapas estarían representados los campos reservados para el señor y los templos.

El tipo de tenencia de la tierra de los *calpullis* discutida aquí no concuerda con la imagen de la estructura de la sociedad indígena en el México Central esbozada arriba. En los tiempos coloniales tanto los principales como los *macehuales* —unidos en *calpullis*— podían reclamar tierra con razón, considerando ambas partes que tenían derecho al usufructo. Es importante percibir que esto no era un problema que el mundo indígena hubiera considerado antes: la tenencia de la tierra era irrelevante].

El énfasis en este factor diferenciador es la base de su interpretación del sistema azteca:

> In my opinion it is wrong to speak of a "state" in the cases of the pre-Hispanic *señorios* or the Aztec Empire. The Aztecs had an empire like the Carolingian rather than a modern state. In this respect the *señorios* did not differ from the Aztec Empire. There were supreme lords. But their authority was restricted. Jurisdiction was divided and was not monopolised by a central body of government. The domains of the various lords were separate. This was also valid for tribute rights. The stratum of *principales* is not adequately described as a "bureaucracy", considering the association with different higher lords and domains, the autonomy of the lords with a domain and their inviolable privileges within the *señorio*, and the mutuality in their relations with their subjects. (Hoekstra 1990: 76).
>
> [En mi opinión es equivocado hablar de "estado" en los casos de los *señoríos* prehispánicos y el Imperio Azteca. Los aztecas tenían un imperio como el Carolingio más que como un estado moderno. Respecto a esto los *señoríos* no diferían del Imperio Azteca. Había señores supremos, pero su autoridad estaba restringida. La jurisdicción estaba dividida y no era monopolizada por un cuerpo central de gobierno. Los dominios de los distintos señores estaban separados. Esto era váli-

> do también para los derechos tributarios. El estrato de *principales* no está adecuadamente descrito como una "burocracia", considerando la asociación con diferentes señores y dominios superiores, la autonomía de los señores con un domino y sus inviolables privilegios dentro de un *señorío*, y la mutualidad de sus relaciones con sus sujetos].

Un modelo que se reproduce. Cada uno tiene relaciones con sus inferiores y con sus superiores. El apéndice de Hoekstra tiene muchas similitudes con el modelo propuesto por López Austin (1985). La clave está en las relaciones personales, no en los territorios, y esa idea se compagina extraordinariamente bien con el "entreveramiento", que no es de territorios sino de vasallos. Cobran otro aspecto las geografías de los componentes de la Triple Alianza y los problemas que vimos con los dos libros del 96 o con el artículo de Hicks (1992). De hecho, una de las tareas que nos esperan es integrar la información y ver cómo se compaginan las afirmaciones de Berdan *et alia* con las de Carrasco. Como ya hemos señalado, una de las diferencias fundamentales, a nuestro parecer, es que unos hablan del Imperio de Tenochtitlan y el otro de la Triple Alianza, con tres estados independientes que se alían en unas relaciones cambiantes y fuertemente personales. Es decir, Carrasco y Hoekstra juntos.

Las reacciones ante las obras reseñadas en el capítulo anterior no se hicieron esperar, sobre todo por parte de quienes estaban implicados en investigaciones de temática similar. Vamos a comentar la reseña que publicó Hanns J. Prem (1997a), ligándola con muestras de su propio trabajo. En su comentario sobre la obra de Berdan y compañía, Prem destaca el enorme trabajo realizado y el aporte que supone, pero pone dos grandes "peros", que en realidad podrían reducirse a uno. Censura el que Berdan, tras la propuesta de enmienda a los presupuestos generales de Barlow, acabe siguiendo la misma pauta, en lo que se refiere a "completar" la información contenida en el *Códice Mendoza* con la que aparece en otras fuentes, principalmente en las *Relaciones Histórico-Geográficas*. A su juicio falta un trabajo de análisis profundo de las fuentes en el que se incluya una jerarquización de las mismas. De hecho la segunda crítica, que podemos decir que es la general, es sobre el tratamiento de las fuentes, pues se aceptan demasiadas cosas literalmente, sin realizar la oportuna crítica y se emplean con demasiada frecuencia fuentes de segunda mano, e incluso obras del siglo XX aparentemente con el mismo valor. En general, estamos de acuerdo con esta crítica; la propuesta es muy interesante, pero está hecha antes de completar el trabajo previo, que podría haber llevado, como ya hemos comentado, a no considerar la existencia de las "provincias estratégicas", pues no hay evidencia documental de la existencia de tales provincias.

La crítica de Prem está profundamente relacionada con su propia forma de trabajar. Su trabajo de 1997 "Límites de reinos mexicanos tempranos. ¿Qué forma de realidad representan?" comienza con una propuesta de evaluación de las fuentes, que incluye varios puntos que resumimos a continuación (Prem 1997b: 475-477):

> 1. El nivel técnico: ¿Cuál es el mejor — el más completo y el más seguro— estado de cada fuente?
>
> 2. El nivel tradicional; es decir, relativo al proceso de tradición: ¿Qué tan cerca está el enunciado del hecho?
>
> 3. El nivel del contenido: ¿Cuál es el contenido que se presenta?
>
> 4. El nivel intencional. ¿Qué mensaje (no expresado o disimulado) intentaba el autor o redactor transmitir a su lector; de qué asunto el lector debía estar convencido?

Un ejemplo de su visión es el análisis realizado en el trabajo. Hablando de la extensión del imperio tolteca critica a Kirchhoff, afirmando (Prem 1997b: 485-486, n.4) que el texto nahuatl de la *Historia Tolteca-Chichimeca* no habla de linderos, sino que califica a los nombres de pueblos: "De hecho, el manuscrito da la mayoría de los nombres en la forma gramática de nombres de etnias". Más adelante viene un ejemplo, la provincia mexica de Tepeyacac, que está inmerso en el tema de este libro. Prem (1997b: 497) compara la lista de pueblos de la provincia con las listas de conquistas y encuentra que la mayoría de los primeros no figura en las últimas. Los sitúa en el mapa y encuentra dos agrupaciones, más un pueblo aparte y busca una explicación, tras de la cual está la evaluación de la interpretación de qué es el *Códice Mendoza*:

> El *Códice Mendoza* sí informa sobre una realidad, pero la realidad es diferente de lo que se interpreta muchas veces: en este caso no da la extensión absoluta del imperio de los aztecas, el área bajo su dominio político o militar, sino ofrece datos de una categoría muy diferente, a saber, quiénes eran obligados a pagar tributo según la opinión de los gobernantes de Tenochtitlan. Que esto no tiene que corresponder a los ingresos recibidos por Tenochtitlan es obvio.
>
> La realidad histórica completa escondida tras estas agrupaciones de pueblos tributarios debe buscarse por medios adicionales. Aunque ya no hay duda de que el *Códice Mendoza* es un documento tenochca, todavía siguen existiendo dudas en cuanto a la interpretación de sus listas de pueblos, tanto en lo referente a la administración tributaria de ellos como a coincidencias con pueblos que tributaban también a Tetzcoco. Hay que recordar que Ixtlilxochitl y otros autores atribuyen la conquista de la región referida a Tetzcoco. Una de las editoras de la reciente edición magnífica del *Códice Mendoza* hace hincapié en esta temática sin entrar en el fondo del problema. Yo tampoco lo puedo hacer aquí. Pero mi lista mental de estudios urgentes incluye el de la localización exacta de los pueblos tributarios a Tetzcoco y Tlacopan y una interpretación conjunta de la totalidad de las listas de tributos. (Prem 1997b: 498-499)

Algo de lo que propone Prem ha sido ya hecho por Carrasco, pero aún falta mucho, por ejemplo, los mapas de los imperios de Texcoco y Tlacopan, que podamos superponer al mapa del Imperio de Tenochtitlan.

Otro aporte de Prem, en la misma línea, se titula "La extensión del dominio mexica" (Prem 2000), elaborado, como él menciona, antes de conocer la obra de Berdan y compañía, y no modificado después para la publicación. Como es habitual, comienza por evaluar las fuentes, y transcribimos un largo párrafo por su interés y como muestra de la forma de trabajar del autor:

> *Información equívoca*
>
> Si bien las fuentes de tradición autóctona no ofrecen una visión por parte de los mexicas; sin embargo, dan amplia información en forma de indicios. Los hay en primer lugar respecto a dos tipos de acontecimientos o situaciones que siempre se refieren a lugares, nunca a otras entidades:
>
> > -Conquistas; es decir, actos de subyugación por conquistas o por amenazas, y
> >
> > -Relaciones tributarias; es decir, del reconocimiento del dominio mexica por la entrega de mercancías sin recompensa.
>
> Estos dos tipos de indicios nos llevan a unas preguntas fundamentales en cuanto a las consecuencias para definir el territorio dominado por los mexicas. Respecto de las conquistas destacan dos preguntas [sic]:
>
> > 1. Las fuentes no distinguen entre victorias o conquistas. Como consecuencia queda sin resolver la pregunta: ¿Hubo siempre el efecto de reducir el lugar o la región referida al dominio continuo de los mexica? Indudablemente las victorias constituyeron muchas veces solamente los primeros pasos hacia una futura conquista definitiva pero ésta no siempre se llevaba a cabo.
> >
> > 2. Los lugares que bajo la amenaza de los mexica y se sometieron voluntariamente, evitando la guerra, por ese mismo hecho no aparecen entre los lugares conquistados.
> >
> > 3. Una vez conquistados los lugares siempre pueden haberse rebelado, de lo que las fuentes escritas

hacen mención repetidas veces. Hasta volver a repetirse su conquista hay que considerarlos como independientes.

En cuanto al tributo hay más dudas:

1. Obviamente no pagaban tributo todos los lugares que reconocían el dominio de los mexica.

2. En las fuentes narrativas se repite varias veces que tal o cual lugar o provincia se rebeló. No cabe duda de que en tal situación también dejaron de pagar tributo, aunque ya estaban y siguieron considerados como obligados a hacerlo. ¿Cómo se expresaba tal hecho en los diferentes tipos de fuentes?

3. ¿Significaba la inclusión de un lugar en las listas respectivas que fuera considerado por los mexica obligado a tributar o que en realidad tributaba? ¿Son las listas existentes sumas de cargos o de ingresos?

4. ¿Cómo se puede diferenciar entre regalos de reconocimiento y tributo? Con los primeros se manifestó cierta forma de reconocimiento político que no necesariamente expresaba una relación asimétrica.

5. Posiblemente los mexicas interpretaron como reconocimiento de su dominio bienes que recibieron de otros lugares, aunque allá se consideraran regalos.

Se ponen estas preguntas aquí con la finalidad de advertir que las cualidades "tributo" y "conquista" usadas en las fuentes escritas, son de ninguna manera precisas ni unívocas sino requieren de una reflexión cautelosa que no se puede emprender en el presente estudio. Antes de poder acercarse a la respuesta de estas cuestiones hay que asegurarse de la información de las fuentes. (Prem 2000: 596-597)

Y de las características de las formaciones políticas mesoamericanas, que es donde entra el análisis de trabajos como el de

Hoekstra, y la necesidad de abarcar un marco amplio (ver Rojas 2005). Prem ofrece a continuación un análisis comparativo de las listas de conquistas en varias fuentes, reconstituyendo listas. Menciona que Hassig, entre otros, ha tomado como lugares variantes de los nombres, y termina mostrando la utilidad de combinar diferentes tipos de información, que es donde aparece su propuesta de análisis de la extensión del imperio mexica:

> Si se rehace el trabajo de Barlow, pero sin mezclar las informaciones, se llega a resultados totalmente diferentes de los suyos (mapa 2). Definiendo cada provincia tributaria solamente por medio de los lugares registrados en el *Códice Mendocino*, aparece un mosaico de provincias que no cubren el país de forma continua, sino que entre ellas dejan libres regiones más o menos extensas. Pero también las provincias mismas no aparecen siempre como regiones compactas ni constituyen cada una zona continua: La provincia de Tepeaca (provincia 31 según Barlow), por ejemplo, consiste de tres partes constituyentes, otras provincias de dos, separadas entre sí por zonas donde a lo menos no se encuentran lugares tributarios en las listas sobrevivientes. El resultado es un cuadro final del imperio mucho menos macizo que el del mapa de Barlow. Se nota especialmente una amplia zona vacía entre el valle de Tehuacán y el del río Balsas superior, una parte de la cual Barlow consideraba como el semiindependiente Señorío de Teotitlán —el cual se ha ido conservando con esta denominación en las publicaciones más recientes, a pesar de que hace 30 años lo había refutado Nigel Davies con buenos argumentos. (Prem 2000: 609)

Discute a continuación la pertinencia de utilizar el *Memorial de los Pueblos* sujetos a Tlacopan, en el que figuran como tributarios de Tenochtitlan, por ejemplo, algunos pueblos que contribuirían a llenar el vacío de la región de Teotitlan. Nuestra opinión es que en el *Códice Mendoza* no hay pueblos tributarios, sino pueblos con representante de Tenochtitlan, lo que obligaría a introducir una categoría más a las propuestas por Prem, para poder continuar con nuestro trabajo de reconstrucción del Imperio.

Algunas obras recientes, pensadas y redactadas después de 1996, nos dejan ya algunas pautas de por dónde están marchando las investigaciones. Tanto en su tesis como en dos artículos relacionados, René García Castro (1999a, 1999b, 2001) nos muestra el potencial de la información local para el estudio del Imperio:

> Toda el área otomiana estaba dividida en 39 señoríos individuales, aunque sometidos al imperio de la Triple Alianza. En cada uno de ellos había un número determinado de casas señoriales, al frente de las cuales estaba un señor o principal, quien recibía el tributo de sus subordinados; y al frente de cada señorío estaba un señor o *tlahtoani*. (García Castro 1999a: 125)

Otra cita deja bien clara la vinculación de los estudios coloniales con los prehispánicos, sobre todo para los análisis locales:

> Hemos insistido en que el elemento clave de la continuidad del gobierno indio, en las primeras décadas del colonialismo europeo, fue la subsistencia de la figura del señor o *tlatoani*, llamado cacique por los españoles, quien daba unidad y cohesión política al grupo y a las casas señoriales, y definía el ámbito territorial del pueblo. En el caso de nuestra área de estudio se observa con claridad que esta continuidad colonial de los *tlatoque* implicó la inminente recuperación de la esfera de autoridad del cacique sobre aquellas partes y subdivisiones de los *altepeme* otomianos que habían sido ocupadas o retenidas por los miembros de la Triple Alianza. Para los primeros caciques otomianos esta recuperación representó, en los primeros tiempos coloniales, una especie de revancha y nueva legitimación en el poder frente a sus antiguos dominadores, los "mexicanos". De esta forma, no sólo se restauró la integridad territorial del *altepetl* en cada uno de los pueblos indios coloniales, sino que también se recreó la naturaleza de su organización piramidal al confir-

> mar a los antiguos *tlatoque* como sus líderes naturales. Claro que todo esto fue posible sólo en el ámbito local, y nunca más en el de los grandes estados indígenas. (García Castro 1999b: 331-332)

La importancia de lo "local" es enorme. Hemos comenzado a estudiar los efectos post-conquista, pero también hemos de atender a la situación anterior si queremos comprender la totalidad. Y, como señala García Castro, había más de un gran estado. No solamente estaban los componentes de la Triple Alianza, sino que debemos tener en cuenta a Tlaxcala, Cholula, Huexotzinco, los señoríos mayas y el Imperio Tarasco. Algo de eso apuntamos hace años en un espacio de poca difusión (Rojas 1996) y en una línea convergente se encuentra el trabajo de Santamarina (2005) en el que se analiza el modo de hacer política en tiempos aztecas y se centra en el estudio del Imperio Tepaneca. Volveremos sobre este argumento más tarde.

Volvamos con García Castro. El cuadro 1 "Reparto hecho por Axayacatl del señorío de Calixtlahuaca. Siglo *xvi*" (García Castro 2001: 199-201) nos da un panorama muy interesante de lo que pasó allí y lo que pudo haber pasado en otros sitios. Tenemos en él lugares asignados al Señor de Toluca (11 lugares), a Tenochtitlan (8), a Texcoco (8), a Tlacopan (4), a Tlatelolco (2), a Azcapotzalco (5), a Ahuitzotl (3) y a Axayacatl (5).

Como ya hemos anunciado, Michael Smith sigue marcando la pauta de hacia dónde debemos ir. Así, encontramos análisis de las posibilidades de estudio de los imperios y el imperialismo a través de la arqueología (Smith y Montiel 2001), donde proponen los criterios arqueológicos para identificar imperios (ver Tabla 1 en Smith y Montiel 2001: 247), entre los que las tres variables fundamentales son la existencia de una capital imperial, el dominio de un territorio y la proyección de su influencia en un contexto internacional más grande. Los ejemplos analizados son Tenochtitlan, Teotihuacan y Tula. Entre sus conclusiones llama la atención el que crean que no hubo Imperio Tolteca (Smith y Montiel 2001: 269). Esto último no lo tenemos tan claro, aunque sí estamos de acuerdo con los autores en que Tula de Allende no parece haber sido la capital de tal entidad, por lo que habría que volverla a buscar. Para nosotros, las candidatas mejor situadas son Cholula y Teotihuacan, pero es uno de los temas que requieren investigación.

Smith (2001) también ha contribuido a difundir los nuevos vientos del imperio Azteca en obras de comparación. La situación del Imperio Azteca dentro de un sistema mesoamericano de larga duración y extensión se relaciona con algunas aportaciones anteriores y sobre todo con una obra de conjunto dedicada al tema (Smith y Berdan 2003). Un total de 38 capítulos divididos en seis partes, tratan de "un sistema mundial antiguo", de "entidades políticas", de "redes económicas", de "redes de información", de "estudios de caso regionales" y "síntesis y comparaciones". Aún son muy autónomas las diferentes contribuciones, pero se ha iniciado un camino importante, en el que lo fundamental es el marco mayor y en él deben encuadrarse las aportaciones locales (ver Rojas 2005).

Con los trabajos de Hoekstra o Smith se ve la importancia que los modelos siguen teniendo para la interpretación de los datos, aunque eso no quiere decir que sean "altares inviolables". También nos encaminamos ya a una de las tareas que nos aguardan, que es integrar estas nuevas visiones en un modelo operativo, si se puede. Eso puede incluir refinar algunos modelos, o descartar algunas partes. En esta línea hoy día se pueden consultar algunas actualizaciones de la idea del Imperio (Rojas y Smith 2007; Smith 2012; Ohnersorgen y Venter 2012) o de los mismos modelos, tanto orientados hacia los precedentes (Santamarina 2007) o comparando con la llegada de los españoles (Chance y Stark 2007). El trabajo no está acabado, para consuelo de los que se han embarcado en investigar temas de este tipo, o los que lo hagan a partir de ahora. Dos líneas que están aportando muchas cosas son el estudio de las provincias (Berdan 2007; Garraty y Ohnersorgen 2009; Garraty y Stark 2002; Ohnersorgen 2006; Sergheraert 2009; Silverstein 2001;

Venter 2008) en los que la aplicación de nuevas tecnologías dan resultados importantes (Garraty 2007) y los análisis estilísticos y de materiales que permiten identificar estilos y procedencias (Skoglund, Atark, Neff y Colascock 2006; Umberger 2007). Sabemos más del centro y de la periferia y eso es muy alentador.

Hemos visto en nuestro seguimiento de la idea de "imperio" cómo ésta se ha mantenido más o menos uniforme mientras nuestra imagen de las fuentes de Barlow no ha cambiado. Es un magnífico ejemplo de dependencia: mientras los códices tributarios recogían la totalidad del imperio, éste tenía un aspecto marcadamente economicista, con poco interés por la política. Cuando hemos asumido que los códices solamente representan una parte del Imperio, las cosas han cambiado. Los anglosajones siguen hablando de *Aztec Empire*, pero han incorporado nuevas provincias con otro tipo de obligaciones, como el grupo de Dumbarton Oaks, o han mostrado la superposición de estructuras, como ha hecho Hicks. Y creo que las dos ideas pueden conjugarse, fundamentalmente eliminando esa noción de "provincia" que es marcadamente territorial. Con otras palabras, incorporando las ideas de Hoekstra a la interpretación de los datos. De hecho el artículo de Smith del año 1986 que tanta trascendencia ha tenido y su ponencia de 1999 sobre las ciudades-estado, sobre todo las que tenían más de un señor están en esa línea.

Carrasco se ha inclinado por una unidad mayor, la Triple Alianza, con un supuesto reparto de áreas, que luego resultan estar entreveradas. También es más fácil entender el entreveramiento tras leer a Hoekstra. Y eso va por las unidades mayores y por las menores, por los tributarios de Tenochtitlan en el Acolhuacan o por esos glifos del *Códice Mendoza* que no representan pueblos, sino parte de ellos. Carrasco también nos ha abierto los ojos sobre la importancia de los centros que tenían calpixque, que en general era poca. Tenemos que seguir esa línea y ver la interactuación de las dos (o más, ¿por qué no?) jurisdicciones y tratar de comprender la presencia y papel de las guarniciones.

Otra vía es la del papel de los centros sometidos, con la pista del crecimiento de Cuauhnahuac cuando ya estaba sometida. Quizá debamos entender las conquistas que los mexicas hicieron cuando estaban sometidos a Azcapotzalco de una manera semejante, salvo en que cuando se rebelaron tuvieron éxito. De hecho, otro de los grandes cambios es considerar al Imperio dentro de la tradición mesoamericana, cambiando solamente el tamaño. Ojalá un paso siguiente sea dar cabida a los imperios contemporáneos de él, como el tarasco, es decir, estudiar Mesoamérica y sus imperios.

El último punto que queremos destacar es la importancia del concepto de faccionalismo. Hemos visto los artículos de Zantwijk, Hicks y Santamarina, para ver el juego que esto puede dar, unido al análisis de las fuentes y la importancia de las versiones que arrojan. Los documentos fueron concebidos con finalidad y hay que tenerla en cuenta, antes de seguir propagando lo que los tenochcas quisieron que se creyera de ellos. El vuelco que la interpretación de algo tan tangible como el *Códice Mendoza* y la *Matrícula de Tributos* ha dado, y las consecuencias que ha tenido deben constituir una lección para todos nosotros.

Y esa es fundamentalmente la lección que ha animado la gestación y parto de esta investigación. Avisados quedamos y terminamos con un pensamiento de Pedro Armillas, quien decía, más o menos: "por fortuna los problemas son complicados; si no fuera así, los resolveríamos enseguida, y ya no tendríamos nada que hacer".

Hemos avanzado mucho y nos hemos encontrado con que hay mucho más que hacer. Esto es un final y un principio.

Bibliografía

Abreviaturas:

CEDLA: Centro de Estudios y Documentación Latinoamericanos, Ámsterdam.

CIESAS: Centro de Investigaciones y Estudios Superiores en Antropología Social, México D.F.

CISINAH: Centro de Investigaciones Superiores del INAH, México D.F.

ENAH: Escuela Nacional de Antropología e Historia, México D.F.

FCE: Fondo de Cultura Económica.

HMAI: *Handbook of Middle American Indians*

IIA: Instituto de Investigaciones Antropológicas, UNAM, México.

IIH: Instituto de Investigaciones Históricas, UNAM, México.

INAH: Instituto Nacional de Antropología e Historia, México.

UAM: Universidad Autónoma Metropolitana, México D.F.

UCLA: Universidad de California en Los Angeles

UNAM: Universidad Nacional Autónoma de México.

Acuña, René

1984a *Relaciones geográficas del siglo* XVI*: 2. Antequera, tomo primero.* IIA, UNAM, México.

1984b *Relaciones geográficas del siglo* XVI*: 3. Antequera, tomo segundo.* IIA, UNAM, México.

1984c *Relaciones geográficos del siglo* XVI*: 4. Tlaxcala, tomo primero.* IIA, UNAM, México.

1985a *Relaciones geográficas del siglo* XVI*: 5. Tlaxcala, tomo segundo.* IIA, UNAM, México.

1985b *Relaciones geográficas del siglo xvi: 6. México, tomo primero.* IIA, UNAM, México.

1986a *Relaciones geográficas del siglo xvi: 7. México, tomo segundo.* IIA, UNAM, México.

1986b *Relaciones geográficas del siglo xvi: 8. México, tomo tercero.* IIA, UNAM, México.

AGI Justicia 203 número 5

1554 Los Yndios de Mixtitlan con el fiscal de S.M. s[ob]re pagar los diezmos de la Nueva España: es una información hecha en México. (Es el texto conocido generalmente como *Información de 1554 sobre los tributos que los indios pagaban a Moctezuma*). Ver Rojas 1997.

ALCOCK, Susan E., Terence D´ALTROY, Kathleen D. MORRISON y Carla M. SINOPOLI

2001 *Empires.* Cambridge University Press, Cambridge.

ARMILLAS, Pedro

1987 *La realidad del Imperio Azteca.* En Rojas 1987: 13-33.

BANDELIER, Adolph

1877 On the Art and mode of warfare of the Ancient Mexicans. *Tenth Annual Report of the Trustees of the Peabody Museum of American Archaeology and Ethnology* 95-161.

1878 On the ditribution and tenure of lands, and the customs with respect to inheritance, among the Ancient Mexicans. *Eleventh Annual Report of the Trustees of the Peabody Museum of American Archaeology and Ethnology* 385-448.

1879 On the social organization and mode of government of the Ancient Mexicans. *Twelfth Annual Report of the Trustees of the Peabody Museum of American Archaeology and Ethnology* 557-669.

BARBOSA-CANO, Manlio

1994 Huaxyacac. Aztec military base on the Imperial Frontier. En Hodge y Smith 1994: 377-404.

BARLOW, Robert H.

1944 Algunas consideraciones sobre el término "Imperio Azteca". *The Americas* 1: 345-349. También en Obras Completas III: 213-219. (1990).

1945 La crónica X. *Revista Mexicana de Estudios Antropológicos* VII: 65-87.

1949 *The Extent of the Empire of the Culhua-Mexica.* Ibero-Americana, Berkeley. Edición facsímil en AMS Press, 1979. También en *Obras Completas IV* (1992).

1990 La formación del Imperio de los Culhua Mexica. *Obras Completas III*: 211.

BATALLA, Juan José

2007 The scribes who painted the Matrícula de Tributos and the Codex Mendoza. *Ancient Mesoamerica:* 18,1: 31-51.

BERDAN, Frances F.

1975 *Trade, Tribute and Market in the Aztec Empire.* Tesis Doctoral, University of Microfilms, Ann Arbor.

1976 La organización del tributo en el Imperio Azteca. *Estudios de Cultura Nahuatl* 12: 185-195.

1978a Tres formas de intercambio en la economía azteca. En Carrasco y Broda 1978: 77-95.

1978b Replicación de principios de intercambio en la sociedad mexica. En Carrasco y Broda 1978: 175-193.

1980 The Matrícula de Tributos- Imperial Tribute. En MATRÍCULA DE TRIBUTOS 1980: 27-45.

1982 *The Aztecs of Central Mexico: an Imperial Society.* Holt, Rinehart and Winston, New York.

1992 The Imperial Tribute Roll of the *Codex Mendoza.* En Berdan y Anawalt 1992: 55-79.

1994 Economic alternatives under Imperial rule: the Eastern Aztec Empire. En Hodge y Smith 1984: 291-312.

1996 The tributary provinces. En Berdan, Blanton, Boone, Hodge, Smith y Umerger 1996: 115-135.

2007 En la periferia del Imperio: provincias tributarias aztecas en la frontera imperial. *Revista Española de Antropología Americana* 37-2: 119-138.

BERDAN, Frances F. y Patricia R. ANAWALT

1992 *The Codex Mendoza*. Edición facsimilar y estudios. University of California Press, Los Angeles, 4 vols., con facsímil

BERDAN, Frances F., Richard E. BLANTON, Elizabeth H. BOONE, Mary G. HODGE, Michael E. SMITH y Emily UMBERGER

1996 *Aztec Imperial Strategies*. Dumbarton Oaks, Washington D.C.

BERDAN, Frances F. y Michael E. SMITH

1992 Archaeology and the Aztec Empire. *World Archaeology* 23: 353-367.

1996 Imperial Strategies and Core-Periphery Relations. En Berdan, Blanton, Boone, Hodge, Smith y Umberger 1996: 209-217.

BERNAL, Ignacio

1976 *Tenochtitlan en una isla*. Utopía, México.

BLANTON, Richard E.

1996a The Basin of Mexico Market System and the growth of the Empire. En Berdan, Blanton, Boone, Hodge, Smith y Umberger 1996: 47-84.

1996b A consideration of casuality in the growth of the Empire: a comparative perspective. En Berdan, Blanton, Boone, Hodge, Smith y Umberger 1996: 219-225.

BLANTON, Richard E. y Mary G. HODGE

1996 Appendix 2: Data on market activities and production specializations of *tlatoani* Centers. En Berdan, Blanton, Boone, Hodge, Smith y Umberger 1996: 243-246.

BOONE, Elizabeth H.

1996 Manuscript painting in Service of Imperial ideology. En Berdan, Blanton, Boone, Hodge, Smith y Umberger 1996: 181-206.

BOONE, Elizabeth H. y Tom CUMMINS

1998 *Native traditions in the Postconquest World*. Dumbarton Oaks, Washington D.C.

BORAH, Woodrow y Sherburne F. COOK

1963 *The aboriginal population of Central Mexico in the Eve of the Spanish Conquest.* Ibero-Americana 45, Universidad de California Press.

BRAY, Warwick

1987 [1968] *Everyday life of the Aztecs.* Dorset Press, New York.

BRODA, Johanna

1976 Los estamentos en el ceremonial mexica. En Carrasco y Broda 1976: 37-66.

1978 El tributo en trajes guerreros y la estructura del sistema tributario mexica. En Carrasco y Broda 1978: 113- 174.

1979 Aspectos socio-económicos e ideológicos de la expansión del Estado Mexica. En J. Alcina, ed. *Economía y sociedad en los Andes y Mesomérica*: 73-94. Universidad Complutense de Madrid.

BRUMFIEL, Elizabeth H. y John W. FOX

1994 *Factional competition and political development in the New World.* Cambridge University Press, Cambridge.

BRUNDAGE, Burr Cartwright

1982 *Lluvia de dardos. Historia política de los aztecas-mexicas.* Diana, México.

BUENO, Isabel

2000 *México y Roma. Claves comunes en el discurrir de sus imperios.* Tesis de Licenciatura, Universidad Complutense de Madrid.

2003 *La guerra mesoamericana en época mexica.* Tesis Doctoral, Universidad Complutense de Madrid.

CALNEK, Edward E.

1982 Patterns of Empire Formation in the Valley of Mexico. En Collier, Rosaldo y Wirth 1982: 43-62.

CARRASCO, Pedro

1950 *Los otomíes. Cultura e historia prehispánica de los pueblos mesoamericanos de habla otomiana.* UNAM, México.

1971 *Social organization of Ancient Mexico.* HMAI 10: 349- 375.

1972 La casa y la hacienda de un señor tlalhuica. *Estudios de Cultura Nahuatl* 10: 225-244.

1974 Sucesión y alianzas matrimoniales en la dinastía teotihuacana. *Estudios de Cultura Nahuatl* 11:235-241.

1977 La sociedad mexicana antes de la Conquista. *Historia General de México I*: 165-288. El Colegio de México.

1984 Royal marriages in Ancient Mexico. En Harvey y Prem 1984: 41-81.

1991 The territorial structure of the Aztec Empire. En Harvey 1991: 93-113.

1996 *Estructura político-territorial del Imperio Tenochca. La Triple Alianza de Tenochtitlan, Tetzcoco y Tlacopan.* Fideicomiso de las Américas, Fondo de Cultura Económica y El Colegio de México, México D.F.

CARRASCO, Pedro y Johanna BRODA

1976 *Estratificación social en Mesoamérica prehispánica.* CISINAH, México.

1978 *Economía política e ideología en el México Prehispánico.* Editorial Nueva Imagen, México.

CASTILLO, Víctor

1974 La Matrícula de Tributos. Comentarios, paleografía y versión. *En Historia de México vol. 3*: 523-588. Salvat, México.

CHANCE, John K. y Barbara STARK

2007 "Estrategias empleadas en las provincias imperiales: perspectivas prehispánicas y coloniales en Mesoamérica." *Revista Española de Antropología Americana* 37-2: 203-233.

CHAVERO, Alfredo

1884-89 *Historia Antigua y de la Conquista. México a través de los siglos. Tomo I*, México.

CHIMALPAHIN, Domingo Francisco de San Antón Muñón

1965 *Relaciones originales de Chalco Amaquemecan*. FCE, México.
CLAVIJERO, Francisco Javier
1980 *Historia Antigua de México*. Ed. Porrúa, México.
CLINE, Sarah
1993 *The Book of Tributes. Early Sixteenth-Century Nahuatl Censuses from Morelos*. UCLA, Los Angeles.
CÓDICE MENDOZA
1992... Ed. Facsímil. Ver Berdan y Anawalt 1992.
CÓDICE RAMÍREZ
1987... Relación del origen de los indios que habitan esta Nueva España según sus historias. En Orozco y Berra *Crónica Mexicana y Códice Ramírez* 9-92.
COLLIER, George, Renato ROSALDO y John WIRTH
1982 *The Inca and Aztec States 1400-1800: Anthropology and History*. Academic Press, New York.
CORTÉS, Hernán
1979 *Cartas de relación de la Conquista de México*. Espasa Calpe, Madrid.
DAVIES, Claude Nigel Byam
1968 *Los señoríos independientes del Imperio Azteca*. INAH, México.
1973 *Los mexicas, primeros pasos hacia el Imperio*. IIH, UNAM, México.
1977 [1974] *Los Aztecas*. Ed. Destino, Barcelona.
1977 *The Toltecs until the fall of Tula*. University of Oklahoma Press, Norman.
1980 *The Toltec Heritage*. University of Oklahoma Press, Norman.
1983a *The Ancient Kingdoms of Mexico*. Penguin, Londres.
1983b *Sacrificios Humanos*. Ed. Grijalbo, Barcelona.
1987 *The Aztec Empire*. University of Oklahoma Press, Norman.
DÍAZ CADENA, Ismael
1978 *Libro de Tributos del Marquesado del Valle*. INAH, México.

DÍAZ DEL CASTILLO, Bernal

1984 *Historia Verdadera de la Conquista de la Nueva España.* 2 vols. Historia 16, Madrid.

DURÁN, Fray Diego

1967 *Historia de las Indias de Nueva España e Islas de Tierra Firme.* 2 vols, Ed. Porrúa, México.

FUENTES, Mª del Socorro

1985 *La convención plástica prehispánica en la representación de las mantas del Códice Mendocino.* Tesis de Licenciatura en Arqueología, ENAH, México.

GARCÍA CASTRO, René

1999a Pueblos y señores otomianos frente a la colonización española. Cambios económicos y sociales en la región de Toluca, siglos XVI y XVII. *Relaciones* 78: 111-154.

1999b *Indios, territorio y poder en la provincia Matlatzinca.* El Colegio Mexiquense, CIESAS, Conaculta e INAH, México.

2001 De señoríos a pueblos de indios. La transición en la región otomiana de Toluca (1521-1550). En González Hermosillo 2001: 193-211.

GARIBAY, Angel M.

1962 Relaciones internacionales de los pueblos en la meseta de Anáhuac. *Estudios de Cultura Nahuatl* III: 7-22.

GARRATY, Christopher

2007 Intercambio de mercado y consolidación en el corazón del Imperio Azteca. *Revista Española de Antropología Americana* 37-2: 139.164.

GARRATY, Christopher y Michael A. OHNERSORGEN

2009 Negotiating the Aztec Landsacape: the Geopolotics of Aztec control in Outer provinces of the Empire. En *The Archaeology of Meaningful Places*, Brenda J. Bowser y María Nieves Zedeño, eds: 107-131. University of Utah Press, Salt Lake City.

GARRATY, Christopher y Barbara STARK

2002 Imperial and Social Relations in post-Classic South-Central Veracruz, Mexico. *Latin American Antiquity* 13: 3-33.

GIBSON, Charles

1971 Structure of the Aztec Empire. HMAI 10: 376-394.

GILLESPIE, Susan

1998 The Aztec Triple Alliance: A Postconquest tradition. En Boone y Cummings 1998: 233-263.

GLASS, John y ROBERTSON, Donald

1975 A census of Native Middle American Pictorial Manuscripts. HMAI 14: 81-252.

GONZÁLEZ HERMOSILLO, Francisco

2001 *Gobierno y economía en los pueblos indios del México Colonial.* INAH, México.

GRAULICH, Michael

1996 "La mera verdad resiste mi rudeza". Forgeries et mensonges dans l'*Historia Verdadera de la Conquista de la Nueva España* de Bernal Díaz del Castillo. *Journal de la Société des Americanistes* 82: 53-95.

HANSEN, Magnus Hermann

2000 *A comparative study of thirty City-States Cultures.* The Royal Danish Academy of Sciences and Letters, Copenhagen.

HARNER, Michael

1977 The ecological basis of Aztec sacrifice. *American Ethnologist* 4: 117-135.

HARRIS, Marvin

1981 *Caníbales y Reyes.* Argos Vergara, Barcelona.

HARVEY, Herbert H.

1991 *Land and politics in the Valley of Mexico. A two thousand year perspective.* University of New Mexico Press, Albuquerque.

HARVEY, Herbert H. y Hanns J. PREM

1984 *Explorations in Ethnohistory*. University of Mexico Press, Albuquerque.

HASSIG, Ross

1985 *Trade, tribute and transportation. The sixteenth century political economy of Central Mexico*. University of Oklahoma Press, Norman.

1988 *Aztec Warfare*. University of Oklahoma Press, Norman

1992 *War and society in Ancient Mesoamerica*. University of California Press, Berkeley y Los Angeles.

1994 *Mexico and the Spanish Conquest*. Longman, New York.

HICKS, Fréderic

1984 La posición de Temazcalapa en la Triple Alianza. *Estudios de Cultura Nahuatl* 17: 235-260.

1992 Subject States and tribute provinces. The Aztec Empire in the northern Valley of Mexico. *Ancient Mesoamerica* 3: 1-10.

1994a Xaltocan under Mexica domination, 1435-1520. En Marcus y Zeitlin 1994: 67-85.

1994b Alliance and intervention in Aztec imperial expansion. En Brumfiel y Fox 1994: 111-116.

HINZ, Eike, Claudine HARTAU, y Marie Louise HEIMANN-KOENEN

1983 *Aztekischer Zensus zur Indianischen Wirtschaft und Gesellschaft im Marquesado aus 1540*. Verlag fur Ethnologie, Hannover.

HODGE, Mary G.

1984 *Aztec City-States*. University of Michigan, Ann Arbor.

1991 Land and lordship in the Valley of Mexico: the politics of Aztec imperial administration. En Harvey 1991: 113-139.

1994 Polities composing the Axtec Empire´s core. En Hodge y Smith 1994: 43-71.

1996 Political organization of the Central Provinces. En Berdan, Blanton, Boone, Hodge, Smith y Umerger 1996: 17-45.

HODGE, Mary G. y Richard E. BLANTON

1996 Appendix 1: Data on political organization of the Aztec Empire´s Central Provinces. En Berdan, Blanton, Boone, Hodge, Smith y Umerger 1996: 229-241.

HODGE, Mary G. y Michael E. SMITH

1994 *Economies and polities in the Aztec Realm.* Institute for Mesoamerican Studies, SUNY, Albany.

HOEKSTRA, Rik

1990 A different way of thinking: contrasting Indian and Spanish social and economic views in Central Mexico (1550-1600). En Ouweneel y Miller 1990: 60-86.

IXTLILXOCHITL, Fernando de Alva

1975-77 *Obras Históricas.* 2 vols. UNAM, México.

KATZ, Friedrich

1966 [1956] *Situación social y económica de los aztecas durante los siglos xvi y xvi.* IIH, UNAM, México.

1989 [1972] *Ancient American civilisations.* Weidenfeld and Nicolson, Londres.

KEEN, Benjamin

1984 *La imagen Azteca.* FCE, México.

KELLY, Isabel y Angel PALERM

1952 *The Tajin Totonac.* Smithsonian Institution, Washington.

KOBAYASHI, Munehiro

1993 *Tres estudios sobre el sistema tributario de los mexicas.* CIESAS y Universidad de Kobe, México.

KÖHLER, J.

1924 [1892] *El derecho de los Aztecas.* Escuela Libre de Derecho, México.

LAMEIRAS, José

1985 *Los déspotas armados.* El Colegio de Michoacán, Zamora, Michoacán, México.

1994 *El encuentro de la piedra y el acero*. El Colegio de Michoacán, Zamora, Michoacán, México.

León Portilla, Miguel

1980 *Toltecyotl, aspectos de la cultura nahuatl*. fce, México.

Litvak, Jaime

1971a Las relaciones entre México y Tlatelolco antes de la conquista de Axayavatl. Problemática de la expansión mexica. ECN IX: 17-20.

1971b *Cihuatlan y Tepecoacuilco. Provincias tributarias de México en el siglo xvi*. iih, unam, México.

López Austin, Alfredo

1961 *La constitución real de México-Tenochtitlan*. iih, unam, México.

1973 *Hombre-Dios: religión y política en el mundo nahuatl*. iih, unam, México.

1974 Organización política en el Altiplano Central de México durante el postclásico. *Historia Mexicana* xxiii: 515-550.

1981 *Tarascos y mexicas*. SEP/80 y fce, México.

1985 Organización política en el Altiplano Central de México durante el postclásico. En Monjarás, Brambila y Pérez Rocha 1985: 197-234.

Luttwak, Edward N.

1976 *The Grand Strategy of the Roman Empire*. John Hopkins University Press, Baltimore.

Maldonado, Druzo

1990 *Cuauhnahuac y Huaxtepec (Tlalhuicas y xochimilcas en el Morelos Prehispánico)*. unam, México.

Marcus, Joyce y Judith F. Zeitlin

1994 *Caciques and their people. A volume in Honor of Ronald Spores*. Ann Arbor, Michigan.

Matrícula de Tributos

1980.... Edición facsimilar. Akademische Druck und

Verlaganstalt, Graz, Austria.

1997... Edición facismilar. Akademisch Druck und Verladganstalt y Fondo de Cultura Económica, México.

MOHAR, Luz María

1976 *El tributo mexica en el siglo xvi: análisis de dos fuentes prehispánicas.* Tesis de Licenciatura en Antropología Social, Universidad Iberoamericana, México.

1983a *Trajes de guerrero (Catálogo comparativo de Matrícula de Tributos y Códice Mendocino).* CIESAS, México.

1983b *Modificaciones del Tributo Prehispánico en Oaxaca en el siglo xvi.* CIESAS, México.

1987 *El tributo mexica en el siglo xvi: análisis de dos fuentes pictográficas.* CIESAS, México.

1991 *La escritura en el México Antiguo.* UAM y Plaza y Valdés, México.

1997 De amate, colores y líneas en la Matrícula de Tributos. *Códices y Documentos sobre México. Segundo Simposio vol. II*: 63-81, INAH, México.

MOLINS FÁBREGA, N.

1954-55 El códice Mendocino y la economía de Tenochtitlan. *Revista Mexicana de Estudios Antropológicos* XIV,1: 303-335.

MONJARÁS-RUIZ, Jesús

1980 *La nobleza mexica.* Edicol, México.

MONJARÁS-RUIZ, Jesús, Rosa BRAMBILA y Emma PÉREZ ROCHA

1985 *Mesoamérica y el Centro de México.* INAH, México.

MORENO, Manuel M.

1962 [1930] *La organización política y social de los Aztecas.* INAH, México.

MORIARTY, James Robert

1969 The Pre-Conquest Aztec State. A comparison between progressive evolutionists and other historical interpretations. *Estudios de Cultura Nahuatl* VIII: 257-270.

MORGAN, Lewis H.

1876 Montezuma's dinner. *North American Review* 122.

1975 *La sociedad primitiva.* Ed. Ayuso, Madrid.

MOTOLINÍA

1971 Historia de los Indios de Nueva España. En García Icazbalceta 1971 I: 1-249.

NAZAREO, Pablo

1566 Carta al rey don Felipe II. *Epistolario de la Nueva España* X: 89-129.

NIELSEN, Hjordis

1996 The 2:2:1 Tribute distribution in the Triple Alliance. Analyzing the Tetzcocan manuscripts. *Ancient Mesoamerica* 7: 207-214.

OFFNER, Jerome

1983 *Law and politics in Aztec Texcoco.* Cambridge University Press, Cambridge.

OHNERSORGEN, Michael A.

2006 Aztec provincial organization at Cuetlaxtlan, Veracruz. *Journal of Anthropological Archaeology* 21 (3): 371-395.

OHNERSORGEN, Michael A. y Marcie L. VENTER

2012 Aztec boundary interactions. En *The Oxford Handbook of Mesoamerican Archaeology* 525-535.

OROZCO Y BERRA, Manuel

1978[1880] *Historia Antigua y de la Conquista de México.* 4 vols. Porrúa, México.

OUWENEEL, Arij y Simon MILLER

1990 *The Indian community of Colonial Mexico*, CEDLA, Amsterdam.

PREM, Hanns J.

1997a Reseña de Berdan, Blanton, Boone, Hodge, Smith y Umberger *Aztec Imperial Strategies* (1996). *Anthropos 92*:

214-217.

1997b Límites de reinos mexicanos tempranos. ¿Qué forma de realidad representan? *Códices y documentos sobre México. Segundo Simposio*. Vol. I: 475-504.

2000 La extensión del dominio mexica. *Códices y documentos sobre México. Tercer Simposio* 595-615.

PRESCOTT, William H.

1844 *History of the Conquest of Mexico*. Londres.

RELACIÓN DE CHINANTLA

1984[1579] ... En Acuña 1984 a: 95-109.

RELACIÓN DE JUSTLAHUACA

1984[1580] ... En Acuña 1984 a: 277-324.

RELACIÓN DE MACUILSUCHTL

1984[1580] ... y su partido. En Acuña 1984 a: 325-390.

RELACIÓN DE TECUICUILCO

1984[1580] ... Antepeque, Zoquiapa y Xaltianguiz. En Acuña 1984b: 83-102.

RELACIÓN DE UCILA

1984[1579] ... En Acuña 1984b: 265-276.

ROBERTSON, Donald

1975 Techialoyan manuscripts and paintings, with a Catalog. *Handbook of Middle American Indians* 14: 153-280.

REYES, Luis

1997(Ver Matrícula de Tributos 1997)

ROJAS, José Luis de

1983 Los compradores en el mercado de Tenochtitlan. *Revista Española de Anropología Americana* 13: 95-108.

1986 *México-Tenochtitlan. Economía y sociedad en el siglo xvi*. El Colegio de Michoacán y Fondo de Cultura Económica, México.

1987a *La aventura intelectual de Pedro Armillas*. El Colegio de

Michoacán, Zamora, Mich. México.

1987b El control del granero del Imperio y la consolidación del Estado mexica. En Gail Mummert *Almacenamiento de productos agropecuarios en México* 29-38. El Colegio de Michoacán y ANDSA, Zamora, Mich., México.

1989 El Xoconochco: ¿una provincia aislada del Imperio?. *Revista Española de Antropología Americana* 19: 91-107.

1991a La organización del imperio Mexica. *Revista Española de Antropología Americana* 21: 145-169.

1991b Impacto regional de la expansión mexica: Fuentes antiguas y nuevas letras. *Revista de Indias* 191: 179-191.

1992 La estructura indígena percibida por un enemigo. En Bernal Díaz del Castillo *Historia Verdadera de la Conquista de la Nueva España*, ed. Facsimilar del manuscrito de Guatemala, con transcripción y estudios, Francisco de Icaza, ed. Gobierno del Estado de Chiapas, Gobierno de Guatemala y Editorial Porrúa, México.

1993 *A cada uno lo suyo. El tributo indígena en la Nueva España en el siglo xvi.* El Colegio de Michoacán, Zamora (Michoacán), México.

1994a Los Azteca ¿cultura arqueológica o cultura con arqueología?. *Revista Española de Antropología Americana* 24: 75-92.

1994b After the Conquest: Quauhtinchan and the Mexica Province of Tepeaca. En Hodge y Smith 1994: 405-431.

1996 Los aztecas y sus vecinos: amores y odios. Los pueblos del Sol. *Civilizaciones del México Antiguo* 67-75. Instituto de México en España, Madrid.

1997a Al César lo que es del César: Alonso de Zorita y los estudios sobre organización política y social del centro de México. *Relaciones* 70: 63-103.

1997b *Información de 1554 sobre los tributos que los indios pagaban a*

Moctezuma. Edición y paleografía. CIESAS, México. Ver AGI, Justicia 203.

2002 El Imperio en el México central en el Postclásico: a vueltas con las fuentes y con las ideas. *Revista Española de Antropología Americana* 32: 115-126.

2004 Influencias externas e internas en la valoración de las crónicas: mi experiencia con Bernal Díaz del Castillo y Alonso de Zorita. *Lecturas y ediciones de crónicas de Indias. Una propuesta interdisciplinaria*: 195-208. I. Arellano y F. del Pino, eds. Iberoamericana, Madrid.

2005 Mesoamérica en el Postclásico: el contexto imprescindible. *Historia Mexicana* 215: 677-695.

2010 *Cambiar para que yo no cambie. La nobleza indígena en la Nueva España*. Ed. SB Buenos Aires.

ROJAS, José Luis de y Michael E. SMITH

2007 El Imperio de la Triple Alianza (Tenochtitlan, Texcoco y Tlacopan) en el siglo XXI. *Revista Española de Antropología Americana* 37-2: 81-97.

ROUNDS, Jeffrey R.

1979 Lineage, class and power in the Aztec State. *American Ethnologist* 6,1: 73-86.

SAHAGÚN, Fray Bernardino

1975 *Historia General de las cosas de la Nueva España*. Ed. Porrúa, México.

SANTAMARINA, Carlos

1998 La muerte de Chimalpopoca. Evidencias a favor de la tesis golpista. *Estudios de Cultura Nahuatl* 28: 277-316.

2005 *El sistema de dominación azteca: el Imperio Tepaneca*. Tesis Doctoral, UCM, Madrid.

2007 Azcapotzalco antes de Tenochtitlan: reflexiones en torno a un modelo azteca de Imperio. *Revista Española de Antropología Americana* 37-2: 99.118.

SCHELE, Linda y David FREIDEL

1997 *Una selva de reyes. La asombrosa historia de los antiguos mayas.* FCE, México.

SCHOLES, Frances F. y Eleanor B. ADAMS

1957 *Información sobre los tributos que los indios pagaban a Moctezuma, año de 1554.* México.

SERGHERAERT, Maëlle

2009 *L'Expansion mexica (1430-1520) après J.C.: La question du contrôle imperial dans les provinces exterieures de l'Empire.* Tesis de Doctorado, Departamento de arqueología, Universidad de Paris 1, Panthéon-Sorbonne.

SILVERSTEIN, Joy E.

2001 Aztec Imperialism at Oztuma, Guerrero: Aztec-chontal relations during the Late Postclassic and Early Colonial periods. *Ancient Mesoamerica* 12: 31-48.

SKOGLUND, Thanet, Barbara L. STARK, Hector NEFF y Michael COLASCOCK

2006 Compositional and Stylistic Analysis of Aztec-Era Ceramics: provincial Strategies at the Edge of the Empire, South-Central Veracruz, Mexico. *Latin American Antiquity* 17 (4): 542-559.

SMITH, Michael E.

1983 El desarrollo económico y la expansión del Imperio Mexica. Una perspectiva sistémica. *Estudios de Cultura Nahuatl* 16: 135-164.

1986 The role of social stratification in the Aztec Empire: a view from the provinces. *American Anthropologist* 88,1: 70-91.

1987 The Expansion of the Aztec Empire: A case study in the correlation of diachronic archaeological and ethnohistorical data. *American Antiquity* 52: 37-54.

1994 Economies and Polities in Aztec-Period Morelos. En Hodge y Smith 1994: 313-348.

1996a The Strategic Provinces. En Berdan, Blanton, Boone, Hodge, Smith y Umberger 1996: 137-150.

1996b *The Aztecs*. Blackwell, New York.

2000 Aztec city-states. En Hansen 2000: 581-595.

2001 The Aztec Empire and the Mesoamerican World System. En Alcock, D´Altroy, Morrison y Sinopoli 2001: 128-154.

SMITH, Michael E. y Frances F. BERDAN

1996a Introduction. En Berdan, Blanton, Boone, Hodge, Smith y Umberger 1996: 1-9.

1996b Appendix 4: Province Descriptions. En Berdan, Blanton, Boone, Hodge, Smith y Umberger 1996: 265- 349.

2003 *The Postclassic Mesoamerican World*. The University of Utah Press, Salt lake City.

SMITH, Michael E. y Lisa MONTIEL

2001 The archaeological Study of Empires and Imperialism in Pre-Hispanic Central Mexico. *Journal of Anthropological Archaeology* 20: 245-284.

SMITH, Michael E. y Maëlle SERGHERAERT

2012 The Aztec Empire. En *The Oxford Handbook of Mesoamerican Archaeology*: 448-458.

SOUSTELLE, Jacques

1983 [1956] *La vida cotidiana de los aztecas en vísperas de la Conquista Española*. FCE, México.

SULLIVAN, Thelma D.

1976 *Compendio de la gramática nahuatl*. UNAM, México.

TEZOZOMOC, Hernando Alvarado

1975 *Crónica Mexicayotl*. UNAM, México.

1987 [1598] *Crónica Mexicana*. Ed. Porrúa, México.

TORQUEMADA, Fray Juan de

1975-79 *Monarquía Indiana*. 7 vols. UNAM, México.

TOWNSEND, Richard F.

1979 *State and Cosmos in the Art of Tenochtitlan.* Studies in Pre-Columbian Art and Archaeology, 20. Dumbarton Oaks, Washington D.C.

UMBERGER, Emily

1996a Art and Imperial Strategy in Tenochtitlan. En Berdan, Blanton, Boone, Hodge, Smith y Umberger 1996: 85-106.

1996b Aztec presence and material remaind in the Outer Provinces. En Berdan, Blanton, Boone, Smith y Umberger 1996: 151-179.

1996c Appendix 3: Material Remains in the Central Provinces. En Berdan, Blanton, Boone, Hodge, Smith y Umberger 1996: 247-264.

2007 Historia del Arte e Imperio Azteca: la evidencia de las esculturas. *Revista Española de Antropología Americana* 37-2: 165-202.

VENTER, Marne L.

2008 *Community Strategies in the Aztec Imperial Frontier: Perspectives fron Totogal, Veracruz, Mexico.* PH.D: Dissertation, Department of Anthropology, University of Kentucky, Lexington.

VAILLANT, George C.

1973 [1941] *La civilización azteca.* FCE, México.

WOLF, Eric

1975 [1959] *Pueblos y culturas de Mesoamérica.* Ed. Era, México.

ZANTWIJK, Rudolph A. Van

1967 La organización de once guarniciones aztecas. *Journal de la Societé des Américanistes* LVI-1: 149-160.

1969 La estructura gubernamental del estado de Tlacopan (1430-1520). *Estudios de Cultura Nahuatl* VIII: 123-155.

1985 *The Aztec Arrangement.* University of Oklahoma Press,

Norman.

1990 El concepto del "Imperio Azteca" en las fuentes históricas indígenas. *Estudios de Cultura Nahuatl* 20: 201-211.

1994 Factional divisions within the Aztec (colhua) royal family. En Brumfiel y Fox 1994: 103-110.

IMPERIO AZTECA
HISTORIA DE UNA IDEA

Se mandó imprimir en Madrid, España, durante el mes de diciembre de MMXVI en los talleres de Estilo Estugraf Impresores, S.L.

La edición estuvo a cargo de

Rosa Ma Porrúa Ediciones